Unser
Kleinkind
Monat für Monat

Unser
Kleinkind
Monat für Monat

**Herausgegeben von
Dr. Tanya Byron**

DORLING KINDERSLEY

DORLING KINDERSLEY
London, New York, München, Melbourne und Delhi

Herausgeberin Dr. Tanya Byron
Text The Doris Partnership
Beratung Dr. Sarah Gregory, Sarah Sutton

Chefbildlektorat Helen Spencer
Lektorat Laura Nickoll
Cheflektorat Adèle Hayward
Herstellung Luca Frassinetti
Art Director Peter Luff
Programmleitung Stephanie Jackson

Produziert für DK von
Emma Forge, Dawn Bates, Corinne Roberts

Fotos Vanessa Davies
Register Sue Bosanko
Bildrecherche Myriam Megharbi, Romaine Werblow
Fotoassistenz Fanny Du Pont, Kate Malone
Shooting-Assistenz Laura Green
Illustration Philip Wilson

Für die deutsche Ausgabe:
Programmleitung Monika Schlitzer
Projektbetreuung Florian Bucher
Herstellungsleitung Dorothee Whittaker
Herstellung und Covergestaltung Mareike Hutsky

Bibliografische Information Der Deutschen Bibliothek
Die Deutsche Bibliothek verzeichnet diese Publikation in
der Deutschen Nationalbibliografie;
detaillierte bibliografische Daten sind im Internet über
http://dnb.ddb.de abrufbar.

Titel der englischen Originalausgabe:
Your Toddler Month By Month

© Dorling Kindersley Limited, London, 2008
Ein Unternehmen der Penguin-Gruppe

© der deutschsprachigen Ausgabe by
Dorling Kindersley Verlag GmbH, München, 2009
Alle deutschsprachigen Rechte vorbehalten

Übersetzung Jeanette Stark-Städele

ISBN: 978-3-8310-1367-8

Color reproduction by Colourscan, Singapore
Printed and bound in Singapore by Star Standard

Besuchen Sie uns im Internet
www.dk.com

Meiner besten Freundin
Samantha Berlevy und ihren Söhnen
Toby und Jonnie gewidmet sowie
meinen Kindern Lily und Jack

Inhalt

8 Einführung

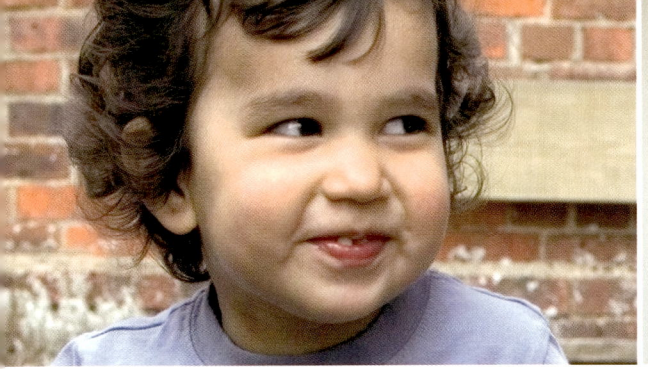

Ihr selbstständiges Kind

3–4 Jahre

Familienleben

»Genießen Sie die Kleinkindjahre; sie schaffen diese einzigartige, so kostbare Beziehung zwischen Eltern und Kind. Sie sind eine Zeit voller Entdeckungen und ebnen den Weg in die weitere Kindheit.«

Einführung

Ich habe das Glück, sowohl Psychologin als auch Mutter zu sein, mit über 18 Jahren Erfahrung in der Arbeit mit Familien, Teenagern und kleinen Kindern und 13 Jahren als Mutter. Damit habe ich zwar großes Vertrauen in meine beruflichen Fähigkeiten, verstehe aber nur zu gut auch die Unsicherheiten, Ängste sowie Hoffnungen und Freuden, die das Elternsein mit sich bringt – ebenso wie die unzähligen Fragen, die man sich stellt:

■ Ist dieses Verhalten normal?

■ Warum will mein Kind nicht essen/schlafen?

■ Muss ich mir Sorgen machen, weil mein Kind nicht krabbelt/läuft/spricht?

■ Was soll ich tun, wenn sich mein Kind schlecht benimmt?

■ Entwickelt sich mein Baby normal?

■ Schadet es meinem Kind, wenn ich wieder arbeiten gehe?

■ Mache ich etwas falsch?

Viele Eltern sind in dieser Übergangsphase, wenn aus dem von ihnen völlig abhängigem Baby ein energisches Kleinkind wird, ziemlich verunsichert. In dieser Zeit vollziehen sich weitreichende, rapide Veränderungen für Eltern und Kind. Das Gehirn eines Kindes entwickelt sich nie mehr so schnell wie zwischen ein und vier Jahren. Ihr Kind lernt in dieser Zeit eine Vielzahl neuer Fähigkeiten – mehr als jeder Erwachsene oder der fleißigste Student; erst in der Adoleszenz wird sein Körper ähnlich rasch wachsen und sich verändern. Zwar ist es weiterhin in vielem von Ihnen abhängig, doch es beginnt in diesen Jahren, eine eigene Persönlichkeit auszubilden, und es zeigt Eigenschaften, die ihm lebenslang bleiben werden. Es ist für Sie alle eine Zeit voller Freude und Spaß, voller Herausforderungen und manchmal auch der totalen Erschöpfung.

DR. TANYA BYRON –
Psychologin und Mutter
von zwei Kindern

Ein Buch für alle Eltern

Dieses Buch vermittelt Eltern und Betreuungspersonen das erforderliche Wissen, um zu verstehen, welche Verhaltensweisen eines Kindes normal und in bestimmten Phasen der Kleinkindzeit altersgemäß sind. Keineswegs will es zur Erziehung des »perfekten« Kindes anleiten, sondern dazu, jedes Kind in seiner Einzigartigkeit zu erkennen und zu respektieren. Es vertritt einen kinderzentrierten Erziehungsstil und stärkt Ihr Vertrauen in Ihre eigenen

Fähigkeiten – damit Sie und Ihr Kind harmonisch und glücklich miteinander leben können.

Die Eltern, die ihre Geschichte in diesem Buch erzählen (s. Kästen »Aus dem wirklichen Leben«), sind ganz normale Menschen aus allen Bereichen des Lebens. Es sind Eltern mit einem Kind oder mehreren Kindern, Alleinerziehende, Tagesmütter, Geschiedene oder getrennt Lebende, langjährige Eheleute oder Lebensgemeinschaften. Es sind finanziell abgesicherte Familien und solche mit sozialen und finanziellen Problemen; es sind Paare, die problemlos oder nach künstlicher Befruchtung schwanger wurden oder ihr Kind adoptiert haben. Lebenshintergrund und Erfahrungen formen uns und beeinflussen unsere Entscheidungen als Eltern sowie unseren Erziehungsstil; doch wie auch immer eine Familie aussehen mag, die Bedürfnisse eines kleinen Kindes bleiben dieselben.

Alle Kinder brauchen zuverlässig:
- die Gewissheit, Zuwendung, Nahrung und Schutz zu erhalten.
- klare Regeln und Grenzen.
- das Wissen, geliebt und geborgen zu sein.
- das Gefühl, als gleichwertiges Familienmitglied respektiert zu werden.

»Gehen Sie die Kleinkindjahre positiv und mit Freude an, dann werden alle ein Leben lang davon profitieren!«

Unterstützung für die Eltern

Sie empfinden es bestimmt als schwierig, Alltag und Beziehungen mit der Verantwortung als Eltern zu vereinbaren; es gibt emotionale Höhen und Tiefen. Erinnerungen an eine wenig glückliche Kindheit, Spannungen innerhalb der Erwachsenenbeziehung und das Festhalten an einem Ideal, wie Eltern sein »sollten«, können die Beziehung zu Ihrem Kind beeinflussen. Die Fülle an wohlgemeinten Ratschlägen und ständig neue Einsichten aus den Medien, von Ärzten, Psychologen und sogenannten Kindheitsexperten tragen weiter zur Verwirrung bei.

Alle Eltern kennen das Gefühl der Unzulänglichkeit. Manchmal könnte man meinen, dass es vom Augenblick der Geburt an zur Elternschaft dazugehört. Dieses Buch möchte Sie ermutigen, sich selbst zu vertrauen, und Sie mit so vielen Kenntnissen in Kleinkindpädagogik ausstatten, dass Sie Ihr Kind voller Selbstvertrauen und mit Freude großziehen können.

Dieses Buch hilft Ihnen, Ihre eigenen Erwartungen an sich selbst als Eltern zurechtzurücken, sich Ihren Erziehungsstil bewusst zu machen und ihn zu verstehen. Es will Sie ermutigen, Ihrem Erziehungsstil und den Entscheidungen, die Sie treffen, zu vertrauen.

Es vermittelt Ihnen ein Verständnis von:

■ der Denkweise Ihres Kindes – wie sein Gehirn lernt und sich entwickelt, in Abhängigkeit von seiner Umgebung.

■ der Entstehung seiner emotionalen Reaktionen – und davon, wie sie sich von denen eines Erwachsenen unterscheiden.

■ angemessenen Verhaltensweisen und der Notwendigkeit von Grenzen in jedem Alter und in jeder Entwicklungsphase.

■ den Meilensteinen der Entwicklung: körperlich, intellektuell, emotional, sozial, sprachlich und sensorisch – und davon, wie Sie eine gesunde Entwicklung fördern können.

■ den Theorien der Kindesentwicklung, die unser modernes Verständnis von Kindheit und Erziehung bestimmen.

■ Warnsignalen – wann »normale« Verhaltensweisen problematisch werden und professionelle Hilfestellung erfordern.

■ Ihrer Rolle im Leben Ihres Kindes – von der Bedeutung der Liebe und Sicherheit und davon, wie frühe Erfahrungen die Entwicklung des Selbstwertgefühls beeinflussen.

Oberstes Ziel dieses Buches ist es, eine stärker kinderzentrierte Erziehung anzuregen. Das heißt nicht, den Forderungen des Kindes immer nachzugeben. Ebenso, wie es sich geliebt und geborgen fühlen muss, muss es lernen, seine Gefühle in den Griff zu bekommen; es muss soziales Verhalten erlernen und zu einem verantwortungsbewussten, positiv denkenden und liebevollen Erwachsenen heranwachsen. Keine einfache Aufgabe in unserer heutigen Welt.

DIE JAHRE VERGEHEN *Die Kleinkindjahre verfliegen schnell. Versuchen Sie, trotz der Schwierigkeiten jeden Augenblick zu genießen.*

Zum Umgang mit diesem Buch

Die Kleinkindjahre dauern etwa vom ersten bis zum vierten Lebensjahr. Manche Kinder entwickeln sich schneller als andere, aber die meisten haben am vierten Geburtstag dieselben Meilensteine erreicht. Mit einem Kleinkind – und vielleicht noch weiteren Kindern – stellen sich ständig Fragen, aber man hat sehr wenig Zeit, sich hinzusetzen und zu lesen! Aus diesem Grund wurde dieses Buch geschrieben; es beantwortet die Fragen, die sich bei Ihrem Kleinkind in genau der Phase stellen, in der es gerade ist.

Wie das Buch aufgebaut ist:

■ Kapitel 1, *Sie und Ihr Kind,* leitet Sie an, Ihre Gefühle hinsichtlich des Elternseins, Ihre persönliche Biografie und Ihre Hoffnungen und Erwartungen für sich und Ihr Kind zu erkunden.

■ Kapitel 2 bis 5 beleuchten die Meilensteine der Entwicklung und die Phasen, die jedes Kleinkind in den ersten vier Jahren durchläuft. Jedes Kapitel beginnt mit einem Überblick über die Fähigkeiten, die Ihr Kind erwirbt, und erklärt die körperlichen, emotionalen, sprachlichen und intellektuellen Meilensteine, die es in den kommenden Monaten erreichen wird. Viele Eltern machen sich Sorgen um Dinge, die eigentlich keine Probleme sind, sehr wohl aber typische Krisen, die mit dem Wachstum einhergehen. Auf den Seiten 64 und 65 erhalten Sie einen Überblick über häufige Sorgen; mein wichtigstes Ziel ist aber, dass Sie Ihre Sorgen im Rahmen des normalen Verhaltensspektrums sehen. Weitere Themen in jeder Altersstufe sind die Gehirnentwicklung, Lernen und Spielen sowie Hinweise dazu, wie man mit kindlichen Emotionen umgeht, wie man sich Unterstützung verschafft und wie man mögliche Sorgen in die richtige Perspektive rückt. Jedes Kapitel endet mit einer Zusammenfassung der zentralen Aussagen sowie Strategien, die sich im Erziehungsalltag schnell nachschlagen und umsetzen lassen.

■ Kapitel 6, *Familienleben,* behandelt allgemeine Themen des Lebens; Sie finden Vorschläge, wie man Kindern hilft, neue Situationen zu bewältigen, z. B. Trennung und Scheidung, und wie man mit besonderen Bedürfnissen oder mit Verhaltensproblemen umgeht.

Ob Sie dieses Buch von Anfang bis Ende durchlesen oder bei einem akuten Problem Rat suchen – Sie finden die nötigen Informationen einfach und schnell.

ENTWICKLUNG *Erfahren Sie mehr über die Meilensteine, wie z. B. die ersten Schritte Ihres Kindes.*

Verschiedenste Erziehungsmethoden

»Experten« in Sachen Erziehung gibt es seit Menschengedenken. Die Pädagogikpäpste der Vergangenheit wie Maria Montessori, Benjamin Spock und andere sind mal mehr und mal weniger in Mode, aber dennoch hatten viele Theorien zu einem gewissen Grad Einfluss auf unser Leben und unsere Erziehung – entweder als Elternhandbuch oder in der Meinung des Kinderarztes zur Kinderpflege oder durch das Erziehungssystem. In diesem Buch werden die wichtigsten Theorien zusammengefasst, damit Sie sich Ihre eigene Meinung bilden können. So finden Sie die Methode, die Ihnen in Fragen der Kinderpflege und Erziehung am meisten zusagt.

Letztlich aber sind Sie die wichtigste Person im Leben Ihres Kindes. Meine Vorstellungen und Meinungen als Psychologin und Mutter sind wissenschaftlich fundiert, aber auch vor meinem eigenen kulturellen Hintergrund und meiner Erziehung zu sehen. Manche Ansichten in diesem Buch mögen zu Ihren eigenen Vorstellungen von Erziehung passen; andere nicht. Wichtig ist, das zu finden, was Ihren eigenen Überzeugungen entspricht und bei Ihnen und Ihrem Kind funktioniert.

Jedes Kind, wo auch immer es lebt, muss geborgen sein im Wissen, dass es geliebt, ernährt und behütet wird; dass die betreuenden Erwachsenen warmherzig und zuverlässig sind und dass seine Eltern ihm zugewandt und zur Stelle sind, wenn es sie braucht – auch wenn sie nicht immer bei ihm sein können.

Wir alle möchten »gute« Eltern sein, aber wir müssen keineswegs danach streben, »perfekt« zu sein. Perfekte Eltern gibt es nicht. Mithilfe dieses Buchs sollen Sie Ihr Kleinkind verstehen und in der Erziehung Entscheidungen treffen können, die in Ihrer individuellen Situation die richtigen sind. Ich hoffe, so können Sie entspannt die vor Ihnen liegende Erkundungstour mit diesem einzigartigen kleinen Menschen genießen.

SIE UND IHR KIND

Eltern sein

Der erste Geburtstag Ihres Babys ist für alle ein wichtiger Meilenstein. Gerade wenn Sie meinen, eine gewisse Routine und Sicherheit gefunden zu haben, widersetzt sich Ihr Baby, das sich nun rasant entwickelt, Ihren Erwartungen und entwickelt seinen eigenen Kopf. Das Kleinkindalter ist da!

Die ersten zwölf Monate der Elternschaft bleiben prägend; in dieser Zeit haben Sie Ihre Einstellung als Eltern entwickelt und eine Vorstellung von der Persönlichkeit Ihres Babys, seinen Vorlieben und Abneigungen gewonnen. War das erste Jahr einfach, sind die Kleinkindjahre vielleicht ein kleiner Schock, wenn Ihr Baby einen eigenständigen Willen ausbildet. War die erste Zeit anstrengend – mit nächtlichem Aufstehen, Trinkproblemen, Wochenbettdepression oder anderen Problemen –, wird nun vielleicht vieles besser.

Die Erfahrungen reflektieren

Ihr kleines Baby war in allen seinen Bedürfnissen völlig, geradezu erschreckend, von Ihnen abhängig; das konnte Sie zeitweise überfordern und war irgendwie beängstigend, aber auch schön. Wie Sie diese Aufgabe angegangen sind und wie die Erfahrungen im ersten Jahr insgesamt waren, beeinflusst unweigerlich die Eltern-Kind-Beziehung und den Erziehungsstil.

»Alles ist super. Wir sind so glücklich. Annie schläft nachts durch und ist tagsüber bei meinen Eltern ganz zufrieden. Die vergangenen zwölf Monate hätten nicht einfacher sein können.« Manche Eltern haben Glück, und das erste Jahr verläuft ziemlich ruhig und stressfrei. Doch wenn Ihr Baby bisher durchgeschlafen hat und es keine Probleme gab, machen Sie sich auf eine Veränderung gefasst. Auch ein »braves« Baby kann in seiner weiteren Entwicklung anstrengender werden; das hat nichts mit Unartigkeit zu tun.

»Es war eine Mischung aus Freude und Stress, aber insgesamt gesehen lief das erste Jahr gut, und wir fanden noch Zeit für uns.« Wenn Sie auch harte Zeiten durchgemacht haben und einen Ausgleich zwischen den Ansprüchen des Babys und Ihrem eigenen Leben gefunden haben, sind Sie gut gerüstet für die Höhen und Tiefen der Kleinkindjahre.

»Das erste Jahr war schwierig, aber dann zeigte sich bei meinem Baby allmählich eine eigene Persönlichkeit, und dafür hatte sich dieser Stress gelohnt.«

Caroline, 28

»Unsere Lucy ist der Mittelpunkt unserer Welt. Ich weiß, dass wir sie verwöhnen, aber sie ist doch noch ein Baby.« Natürlich verwöhnt man das Neugeborene, vor allem wenn es das erste Kind ist. Wenn man jedoch alles zulässt und dem Kind immer Priorität gegenüber allem anderen gewährt, kann das in späteren Jahren Probleme aufwerfen. Wenn aus dem Baby ein Kleinkind wird, braucht es klare Grenzen, damit es lernt, sich zu benehmen und sich vor Gefahren zu schützen.

Wer sich völlig auf sein Kind konzentriert, bezieht sein Selbstwertgefühl später leicht ausschließlich aus dessen Fortschritten. Nehmen Sie sich Zeit für eigene Interessen, damit Sie keinen ungesunden Druck auf Ihr Kind ausüben, alle Ihre Bedürfnisse und Erwartungen zu erfüllen. Sonst kommt es später bei Eltern wie Kind zu Versagensgefühlen und Enttäuschungen, wenn sich manches anders entwickelt als geplant.

> »Eltern wie Kinder lernen aus Fehlern und schulen auf diese Weise ihre Fähigkeiten. Denken Sie daran, dass Liebe und Zuwendung wichtiger sind als Perfektion.«

»Ich bin deprimiert und isoliert. Immer meine ich, dass alle mich beurteilen und dass sich andere Babys schneller entwickeln als meines.« Die meisten Eltern fragen sich, was andere Leute denken, und versuchen der Außenwelt zu einem gewissen Grad ein Idealbild zu präsentieren. In Wirklichkeit ist jedoch kein Kind perfekt, und alle Eltern haben Sorgen und Krisen. Wenn Sie sich isoliert fühlen und niemanden haben, dem Sie sich anvertrauen können, geraten Sie beim Übergang Ihres Kindes in die Kleinkindzeit leicht in eine echte Krise. Ihre Gefühle wirken sich auf die Beziehung zu Ihrem Baby aus; daher brauchen Sie soziale und professionelle Unterstützung, wenn Sie deprimiert sind (s. S. 310f.). Sie müssen ein Netzwerk sozialer Unterstützung aufbauen, um die Kleinkindjahre zu bewältigen.

»Wir sind echt verblüfft, wie schnell sich unser Baby entwickelt hat. Es plappert ständig und kann schon fast laufen. Wir wollen seine Entwicklung fördern, um ihm die besten Chancen fürs Leben zu schaffen.« Es ist wichtig, die Entwicklung eines Kindes zu unterstützen. Es besteht jedoch ein Unterschied zwischen Ermutigung und Druck. Kinder entwickeln sich in ihrem eigenen Tempo, jeder Druck ist kontraproduktiv, sanfte Förderung vorteilhaft.

Wie war Ihr erstes Jahr als Eltern?

Anhand der folgenden Fragen können Sie beurteilen, wie sich das erste Jahr mit Ihrem Baby auf Sie ausgewirkt hat und wie diese Erfahrungen möglicherweise Ihre Beziehung zu ihm beeinflussen. Anhand der Antworten können Sie überlegen, wie Sie sich als Eltern fühlen, wie Sie Ihr Baby sehen und wie Sie die nächste Phase des Elternseins angehen wollen.

Genesung nach der Geburt Das Geburtserlebnis wirkt sich direkt auf die frühe Beziehung zu Ihrem Kind aus.

■ Wie haben Sie entbunden?

■ Gab es Komplikationen wie Frühgeburt oder Krankheit?

■ Wie lange brauchten Sie, um sich von der Geburt zu erholen?

■ Wie haben Sie sich in den ersten Monaten der Elternzeit gefühlt?

■ Entstand in den ersten drei Monaten eine Bindung zu Ihrem Kind?

Pflege Im ersten Jahr sind Eltern (insbesondere Mütter) eng in die Versorgung ihres Babys eingebunden. Wie »erfolgreich« Sie dabei sind, hat in jeder Altersphase Einfluss darauf, wie Sie sich als Eltern fühlen.

■ Welche Erfahrungen haben Sie mit dem Stillen gemacht? War es eine schöne Erfahrung, oder war es schwierig? Traten dabei Probleme auf?

■ Haben Sie mit der Entwöhnung von Brust oder Flasche begonnen?

■ War es schwierig, Ihr Baby zu beruhigen oder das Schreien zu beenden?

■ Wie schlief Ihr Baby in der ersten Zeit? Schlief es nachts durch?

Entwicklung Bei kleinen Kindern lässt sich die Entwicklung am besten durch Interaktion und Spiel – gemäß ihrem eigenen Tempo und ihren Fähigkeiten – fördern. Behandeln Sie Ihr Kind nicht als kleinen Erwachsenen. Beim Spielen und Erkunden entwickeln Kinder ihre Neugierde und Freude am Lernen und am Erwerb neuer Fähigkeiten.

■ Wie viel Zeit nehmen Sie sich für das Spiel mit Ihrem Baby?

■ Welche Reaktionen erfahren Sie dabei von ihm?

■ Vergleichen Sie Ihr Baby mit anderen Babys?

■ Haben Sie Kontakt zu Eltern mit Babys im gleichen Alter?

■ Kommunizieren Sie regelmäßig mit Ihrem Baby in der Baby- oder der Erwachsenensprache – oder in beiden?

■ Meinen Sie, Ihr Baby irgendwie zu »etikettieren«, z. B. als »schwierig« oder als »brav« – das könnte Ihren Erziehungsstil beeinflussen?

Beziehungen Die Art Ihrer Beziehung zu anderen wichtigen Erwachsenen im Leben Ihres Babys wirkt sich auf Ihren Erziehungsstil aus. Denken Sie

WIE ES LERNT *Es gehört zu den schönsten Momenten, wenn man beobachtet, wie das Kind die Welt entdeckt. Lassen Sie es neue Fähigkeiten in seinem eigenen Tempo entwickeln.*

also über diese Beziehungen nach, ob sie z. B. kooperativ, konfrontativ, leidenschaftlich, verständnisvoll oder kontrollierend sind.

■ Wie ist die Beziehung zu Ihrem Partner und anderen Bezugspersonen?

■ Wie sieht Ihre Beziehung zu anderen Kindern in der Familie aus?

■ Ist Ihre Beziehung zu Ihren Eltern und Schwiegereltern gut?

■ Gibt es andere wichtige Personen, die Einfluss auf das Leben Ihres Babys haben? Wie empfinden Sie Ihre Beziehung zu ihnen?

Beruf Die meisten Eltern fragen sich, wie sich Beruf und Elternschaft vereinbaren lassen. Oft lässt der finanzielle Druck eine freie Entscheidung nicht zu, und man muss versuchen, zwei sehr unterschiedliche Lebensbereiche zu verbinden.

■ Waren Sie im ersten Lebensjahr Ihres Babys zu Hause oder berufstätig?

■ Wie empfinden Sie Ihre Balance zwischen Beruf und Familienleben?

■ Wie sehen Sie Ihre Möglichkeiten für das kommende Jahr?

Überlegen Sie in jeder Situation, auf welche Weise Ihre Gefühle die Beziehung zu Ihrem Baby und Ihre Selbsteinschätzung als Eltern beeinflusst haben. Gibt es etwas, das Sie gern verändern würden? Was war für Sie eine besondere Last, und was würden Sie in Zukunft gern anders angehen?

»Ich wollte das Muttersein ganz natürlich angehen. Und dann war ich nervös und angespannt. Die ersten Monate waren wirklich schwierig, und es dauerte eine Weile, bis ich eine Bindung zu Max aufbauen konnte.« Aisha, 36

Ihre Hoffnungen

Es gibt ebenso viele Gründe, Kinder zu haben, wie keine zu haben. Für manche Eltern repräsentieren Kinder die Hoffnungen, Träume und Ideale, die sie in ihrem eigenen Leben nicht umgesetzt haben; sie scheinen die Chance zu geben, das zu korrigieren, was in der Vergangenheit falsch gelaufen ist. Für andere gehört ein Kind einfach zu einer Partnerschaft oder Ehe dazu und erfüllt den Wunsch nach einer Familie. Manchmal kommt ein Kind ungeplant, und manchmal geht es aus einer kurzen Affäre hervor. Für andere ist der Kinderwunsch ein tiefer, stark biologischer Instinkt. Wenn Sie in einer großen

VOM BABY ZUM KLEINKIND *Sie haben die Tage bis zu den ersten Schritten gezählt. Und dann, bevor Sie sich versehen, läuft, rennt, springt und klettert Ihr Kind – und Sie müssen Schritt halten.*

DER LOHN *Das Eltern-sein kann ganz neue Wesenszüge an Ihnen zum Vorschein bringen: Fröhlichkeit, Gelassenheit und ganz neue Formen der Entspannung.*

Familie aufgewachsen sind, wünschen Sie sich das für Ihre Kinder vielleicht auch, oder Sie schätzen es, ein Einzelkind zu sein. Auf jeden Fall wird die Vorstellung vom Elternsein von Ihrer eigenen Vergangenheit beeinflusst.

Fragen Sie sich selbst ehrlich – welche Erwartungen haben Sie an Ihr Kind? Stellen Sie sich vor, dass es so sein wird wie Sie selbst? Achten Sie schon auf Anzeichen hoher Intelligenz oder besonderer Begabungen? Stellen Sie sich vor, dass Ihre Tochter ein Star oder eine Ärztin werden könnte? Ihr Sohn Lehrer oder Spitzenathlet? Diese Gedanken sind normal und ergeben sich aus der Freude, das Kind heranwachsen zu sehen; doch es ist sehr wichtig, von Anfang an zu lernen, die eigenen Erwartungen zu reflektieren.

Anlage und Umwelt

Die Entwicklung Ihres Kindes basiert auf der Kombination von Anlage bzw. Vererbung (seinen Genen) und Umwelt (Ihr Einfluss und seine Erfahrungen). Daraus entsteht sein einzigartiges Ich. Dabei wird jedes Ihrer Kinder ganz anders sein. Jedes Kind ist ein Individuum und entwickelt sich auf seine Weise, anders als seine Brüder, Schwestern, Vettern und Freunde – und anders, als Sie sich entwickelt haben.

Ihre eigene Kindheitsgeschichte

Die Erziehung eines Kindes kann tief sitzende Erinnerungen an Ihre eigene Kindheit freisetzen. Das ist völlig normal und unvermeidlich, kann aber bedeuten, dass das Verhalten Ihres Kindes von Dingen beeinflusst wird, die viel mehr mit Ihnen als mit ihm zu tun haben. Auch Partnerschaftsprobleme können sich im Verhalten Ihres Kindes widerspiegeln. Bei Verhaltensproblemen eines Kindes befragt ein Psychologe zunächst die Eltern nach ihrer Beziehung, ihrer Vergangenheit und ihren Erinnerungen an die eigene Erziehung. Je klarer Ihnen der Einfluss ist, den Ihre Vergangenheit auf Sie oder Ihre Beziehung hat, umso klarer erkennen Sie, wenn Vorkommnisse im Leben Ihres Kindes mehr mit Ihnen als mit ihm zu tun haben.

Überlegen Sie einen Moment:

■ War Ihre Kindheit glücklich, traurig, liebevoll, verspielt, streng, liberal?

■ Würden Sie sagen, Sie hatten eine enge Beziehung zu Ihren Eltern?

■ Gab es traumatische Ereignisse in Ihrer Vergangenheit wie Trennung oder Scheidung der Eltern, anhaltender Streit, Mobbing, Unfälle, Krankheiten, Tod?

■ Wie haben Sie die Geburt erlebt? Wurden Sie länger als ein paar Stunden von Ihrem Kind getrennt?

■ Haben Sie schon einmal ein Kind verloren, oder hatte eines eine schwere Krankheit?

■ Wie sehen Sie die Beziehung zur Mutter/zum Vater Ihres Kindes? Ist Ihre Beziehung sicher, liebevoll, leidenschaftlich, konfliktreich oder vorbei?

■ Welche Erwartungen haben Sie an sich selbst als Eltern und an Ihre zukünftige Beziehung zu Ihrem Kind und zu Ihrem Partner?

Ein Blick auf Ihre Antworten zeigt Ihnen, in welcher Weise Ihr Leben und Ihre Erwartungen bleibenden Einfluss haben und Ihre Gefühle als Eltern sowie Ihre Art, mit Ihrem Kind umzugehen, beeinflussen.

Erwartungen der Eltern

Um als Eltern zufrieden zu sein, ist es wichtig, die richtigen Erwartungen zu haben. Erwarten Sie von Ihrem Kind zu früh zu viel, führt das zu Enttäuschungen.

In welchem Alter erwarten Sie, dass Ihr Kind ...

1. sein erstes Wort spricht.
2. frei läuft.
3. unaufgefordert zum Abschied winkt.
4. auf die Stelle schaut, auf die Sie zeigen, und nicht auf Ihren Finger.
5. durch Zeigen um etwas bittet.
6. Sachen nicht mehr mit dem Mund untersucht.
7. Ihre Wörter und Sätze nachspricht.
8. zwei Wörter sinnstiftend kombiniert.
9. einen Kreis nachzeichnet.
10. Anteilnahme zeigt und ein weinendes Kind trösten will.
11. mit Symbolspielen beginnt, wie »Mama und Papa« oder »kochen«.
11. tagsüber sauber ist.
13. nachts trocken und sauber ist.
14. sich der Unterschiede zwischen Jungen und Mädchen bewusst ist.
15. allein Dreirad fahren kann.
16. bis zehn zählen lernt.
17. einen Zeitbegriff entwickelt – z.B. den Unterschied zwischen heute und morgen kennt.
18. zu verstehen beginnt, dass Sie und andere anders denken als es selber.
19. teilen kann.
20. einfache Witze versteht.
21. sich allein an- und auszieht.
22. seinen eigenen Namen erkennt und ihn schreiben will.
23. Kinderbesteck benutzen kann.

ANTWORTEN *(Anmerkung: Es handelt sich nicht um verbindliche Zeitangaben) 1. 10–15 Monate, 2. 10–18 Mon. (50 Prozent mit 13 Mon.), 3. 10–12 Mon., 4. 12–18 Mon., 5. 12–18 Mon., 6. 15–18 Mon., 7. 15–24 Mon., 8. 18–24 Mon., 9. 2–3 Jahre, 10. 2–3 Jahre, 11. 2–3½ J., 12. 2–3 J., 13. 2–5 J. (Beachten Sie hier die breite Zeitspanne. Ein Kind sollte nicht gedrängt werden, s. S. 128), 14. 3–4 J., 15. 3–3½ J., 16. 3–4 J., 17. 3–4 J., 18. 2½–3½ J., 19. 2½–3½ J., 20. 3½–4½ J., 21. 4–5 J., 22. 5 J., 23. 4½–5 J.*

Ihr Frühgeborenes

Nach einer Frühgeburt war Ihr Kind vielleicht einige Zeit auf der Neugeborenen-Intensivstation. Ein solch schwieriger Start wirkt sich oft auf die ersten Jahre der Elternschaft aus. Doch es ist wichtig, Ängste zu überwinden.

Wenn Ihr Baby zu früh geboren wurde, fällt sein erster Geburtstag in ein etwas früheres Entwicklungsstadium als bei termingerecht geborenen Babys. Kam es z. B. sechs Wochen zu früh, entspricht sein Entwicklungsalter am ersten Geburtstag erst zehneinhalb Monaten.

Eine Woche kann bei einem Kleinkind eine lange Zeit bedeuten; ziehen Sie von den vorgegebenen Altersstufen und Entwicklungsphasen diese ersten Wochen ab. Freuen Sie sich an jedem kleinen Fortschritt Ihres Kindes, und feiern Sie ihn. Die Meilensteine der Entwicklung sind die gleichen wie bei anderen Kindern, auch wenn sie kalendarisch etwas später erreicht werden. Die meisten frühgeborenen Kinder haben mit zwei bis drei Jahren »aufgeholt«. Ihr Ansporn, die Kleinkindzeit voll auszuleben, kommt Ihrem Kind sehr zugute.

NORMALE ÄNGSTE

Es ist normal, besorgt und ängstlich zu sein, wenn das Baby zu früh geboren worden ist. Sie haben sich in den ersten zwölf Monaten sicher einer ganzen Reihe von Problemen stellen müssen: Vielleicht konnten Sie nicht stillen oder Ihr Kind nicht so viel tragen und streicheln, wie Sie es gerne getan hätten. Vielleicht hatte es Atmungsprobleme oder war krank. Auch wenn man Ihnen gesagt hat, dass es in der Entwicklung »aufholen« würde, fragen Sie sich, ob es ein »normales« Leben führen wird.

In den ersten Monaten gibt es viele schwierige Gefühle zu bewältigen: Es gab keine natürliche Geburt, und es fehlt die kostbare Zeit mit dem Neugeborenen, Sie leben in ständiger Sorge um seine Gesundheit und fürchten vielleicht sogar, dass es stirbt.

AUS DEM WIRKLICHEN LEBEN

Meine Tochter Rachel wog bei der Geburt nur 1,7 kg. Das erste Jahr war von Ängsten und Hoffnungen bestimmt. Jedes Mal wenn sie schrie oder die Flasche verweigerte, hatte ich Angst, sie könnte sterben. Ich achtete panisch auf Sauberkeit und Wärme und konnte nicht glauben, dass es ihr gut ging und sie gesund war. Ich hatte solche Angst, sie zu verlieren, dass ich kaum wagte, sie zu lieben, aus Angst, sie könnte mir wieder entrissen werden. Im Rückblick habe ich das Gefühl, ihre ersten zwölf Lebensmonate verpasst zu haben; das macht mich traurig, aber entschlossen, die verlorene Zeit wettzumachen. Nun, mit beinahe zwei Jahren, zeigt Rachel enorme Charakterstärke und Entschlusskraft. Sie regiert eindeutig unsere Familie – und wir sind so dankbar, sie zu haben. Wegen dieser Erfahrung habe ich allerdings immer noch Angst, ein zweites Kind zu bekommen.

»Sie können sicher sein, dass die meisten Frühgeborenen während der Kindheit in ihrer Entwicklung aufholen.«

SPRECHEN SIE ÜBER IHRE ÄNGSTE

Ihre Gedanken und Gefühle hinsichtlich der Vergangenheit beeinflussen Ihre jetzigen Gefühle und Verhaltensweisen Ihrem Kind gegenüber und damit die Art seiner Beziehung zu Ihnen. Es ist normal, so dankbar zu sein, dass es lebt, dass man es später nie zurechtweisen oder ihm Grenzen setzen will.

Sprechen Sie über Ihre Erfahrungen, damit Sie sich bewusst werden, wie sie den heutigen Tag beeinflussen. Hilfreich kann der Kontakt zu anderen Eltern von Frühgeborenen sein, die vor ähnlichen Fragen stehen. Hilfestellung erhalten Sie auch von Ihrem Kinderarzt. Oder wenden Sie sich an eine Selbsthilfegruppe.

BINDUNG

Bei manchen Eltern wirkt der Anblick des winzigen, verletzlichen Babys in den ersten Wochen so nach, dass sie es auch später kaum zu tragen und zu berühren wagen. Doch dann gewöhnt sich Ihr Baby auch nicht an einen normalen Umgang. Körperkontakt und Zärtlichkeit sind unabdingbar für die Entwicklung eines Babys und helfen, Ängste zu verlieren und ihm Sicherheit und Geborgenheit zu vermitteln. Wenn Sie bisher nicht mit ihm geschmust haben, beginnen Sie damit, Ihr Kind sachte in den Arm zu nehmen und sanft zu massieren – aber langsam. Jedes Baby hat andere Bedürfnisse – Ihr Kind wird Ihnen bald zeigen, was es mag und was nicht. Lassen Sie sich von ihm leiten.

WENN IHR KIND WÄCHST

Gesundheitsprobleme mögen die ersten zwölf Monate bestimmt haben, aber nun wird Ihr Kind älter und kräftiger, und Sie können es spielen und entdecken lassen. Konzentrieren Sie sich auf Spiel und Spaß statt auf Gesundheitsthemen – auch so lässt sich Angst reduzieren.

Auch wenn Ihr Kind in den ersten Jahren zarter wirkt als andere Kinder, braucht es die gleichen klaren und liebevoll gesetzten Grenzen für sein Verhalten sowie feste Ess- und Schlafrhythmen wie alle Kinder. Diese Übergangszeit kann schwierig sein. Im Gespräch mit anderen Eltern können

LOSLASSEN *Lassen Sie Ihre Ängste nicht die Lebensfreude Ihres Kindes überschatten. Achten Sie auf Sicherheit, aber denken Sie daran, dass Kleinkinder nur durch Ausprobieren lernen.*

Sie erfahren, was »normale« Fortschritte und Probleme sind.

Nur 15 Prozent der Mütter eines Frühgeborenen haben später nochmals eine Frühgeburt.

Ihr Erziehungsstil

Sicher wollen Sie Ihrem Kind die beste Förderung und Pflege zukommen lassen, doch vermutlich rutschen Sie gelegentlich in eine bequeme, instinktive Erziehungshaltung, statt bewusst erzieherisch zu reagieren. Wie finden Sie den für Ihre Familie optimalen Erziehungsstil, und was sollten Sie vermeiden?

»Erziehung bedeutet herauszu-finden, was bei Ihnen und Ihrem Kind am besten funk-tioniert. Es gibt keinen ›Standard‹, der immer passt.«

Ihr Erziehungsstil entwickelt sich aus Ihren persönlichen Vorstellungen, wie gute Eltern sein sollten, aus Ihren Kindheitserfahrungen, aus dem instinktiven Verständnis für Ihr Kind und aus erzieherischen Erfahrungen (also ob Ihre Methode funktioniert oder nicht). Mit zunehmendem Alter ihres Kindes werden viele Eltern kritisch und betrachten die »Probleme« des Kindes als Zeichen mangelnder Erziehungskompetenz statt als Teil des Entwicklungsprozesses. Fehler und Krisen gehören zum Lernen und zum Erwerb von Kompetenzen – bei Kindern wie Eltern.

Alle Eltern werden in der Erziehung mit Krisen konfrontiert. Wenn Sie die Höhen und Tiefen des Erziehungsalltags realistisch sehen und erkennen, dass Sie nicht immer alles richtig machen können, meistern Sie die Herausforderungen leichter. Wichtig ist zu erkennen, was bei Ihnen und Ihrem Kind funktioniert und was nicht – damit Ihr Kind sich geliebt,

Die Grundsätze der Erziehung

Es gibt fünf Grundsätze der Erziehung, die möglichst immer angewandt werden sollten – vor allem, wenn Sie müde sind und sie überhaupt nicht befolgen wollen.

▶ Lieben Sie Ihr Kind bedingungslos – lieben Sie es so, wie es ist, egal was es tut.

▶ Denken Sie daran, dass jedes Kind einzigartig ist – vergleichen Sie Ihr Kind nicht mit anderen und stempeln Sie es nicht ab (s. S. 43).

▶ Seien Sie zärtlich und loben Sie es, wann immer möglich – Sie brauchen keinen Anlass, um lieb zu Ihrem Kind zu sein.

▶ Respektieren Sie immer seine Gefühle – behandeln Sie es so, wie Sie selbst behandelt werden wollen.

▶ Befolgen Sie die Grundregeln des Verhaltensmanagements (s. S. 88).

▶ Klarheit und Konsequenz gehören zum Wichtigsten, das Sie Ihrem Kind geben können.

glücklich und sicher fühlt. Wenn Sie »perfekte Eltern« sein wollen, sind Sie sicherlich irgendwann enttäuscht oder meinen, versagt zu haben – und Ihr Kind hat vielleicht das Gefühl, irgendwie dafür verantwortlich zu sein.

Was Psychologen meinen

Psychologen achten bei der Betrachtung der Erziehungsstile vor allem auf zwei Aspekte: das *Maß an Kontrolle,* die Eltern ausüben, und das *Maß an Wärme,* das sie ihren Kindern zeigen (Responsivität). Eine gesunde Kombination aus Wärme und Kontrolle führt zu einem autoritativen Erziehungsstil, der Ihrem Kind klare Standards und Regeln setzt, die mit Liebe und Wärme ausgeglichen werden. So fühlt sich das Kind nicht persönlich zurückgewiesen, wenn man es ermahnt.

Vier Erziehungsstile

A = Autoritär (hohe Kontrolle/wenig Wärme) *»Ich bin völlig gegen diesen liberalen Erziehungsquatsch. Kinder müssen lernen, wie man sich benimmt. Eine Ohrfeige hat mir auch nie geschadet.«* Eltern mit einem autoritären Erziehungsansatz meinen, dass Eltern immer alles kontrollieren müssen. Es bedeutet Schwäche, Kindern bei Fehlverhalten mit Wärme zu begegnen. Das Zitat oben zeigt ein klar abzulehnendes, extremes Beispiel dieser Einstellung. Körperliche Strafen sind verboten. Sie können einen Teufelskreis zwischen Eltern und Kind auslösen und dazu führen, dass das Kind meint, Gewalt sei ein akzeptabler Weg zur Lösung von Problemen. Wie würden Sie sich fühlen, wenn Ihr Chef Sie jedes Mal ohrfeigte sobald Sie zu einer Besprechung zu spät kommen?

Autoritäre Eltern schreiben ihren Kindern vor, was sie zu tun haben und wie, ohne ihnen Spielraum für eigenes Ausprobieren zu lassen. Sie verhängen vielleicht harte Strafen und haben Erwartungen an das Verhalten, die dem Alter und Entwicklungsstand nicht angemessen sind. Ein solches Erziehungsmuster lässt sich ohne Hilfe oder Anleitung nur schwer durchbrechen. Im Kern dieses Erziehungsstils mag eine tief verwurzelte Angst sitzen, basierend auf der Furcht vor Ungehorsam und der Frage, was passieren könnte, wenn die Eltern nicht die Macht behielten.

Neigen Sie zu diesem Erziehungsstil, bemühen Sie sich um mehr Schmuse- und Spielzeiten. Ihr Kind muss sich sicher fühlen und wissen, dass es geliebt wird. Auch Forschungen zeigen, dass eine autoritäre Erzie-

REALISTISCH SEIN *Es gibt viele verschiedene Erziehungsstile; wichtig ist zu bedenken, dass es weder perfekte Eltern noch perfekte Kinder gibt.*

DIE RICHTIGE BALANCE

Autoritativ zu sein ist eine positive Haltung der Eltern. Solange dies mit Liebe gepaart ist, fühlt sich Ihr Kind sicher und weiß, was von ihm erwartet wird.

hung keine Vorteile bringt. Ein Mangel an elterlicher Wärme kann das Gefühl geben, nicht geliebt zu werden. Auf lange Sicht führt dies zur Entstehung von Aggression, Rückzug, innerem Stress und niedrigem Selbstwertgefühl.

B = Autoritativ (hohe Kontrolle/viel Wärme)

»Wir haben versucht, Richtlinien und eine tägliche Routine einzuführen. Es funktioniert nicht immer, aber wenn, dann läuft alles runder – und jeder in unserer Familie kennt die Regeln.«

Autoritative Eltern wollen in ihrer Familie die Kontrolle behalten und legen Verhaltensregeln fest, gebunden an ein hohes Maß an Wärme (Responsivität). Klare Regeln und Erwartungen geben kleinen Kindern Sicherheit, da sie Routine lieben und wissen, was auf sie zukommt. Eltern, die ihren Kindern klare Richtlinien geben und Zuneigung zeigen, passen ihre Reaktionen den jeweiligen Bedürfnissen oder dem Kummer ihres Kindes an. Ihnen ist stärker als Eltern mit einem anderen Erziehungsstil bewusst, welches Verhalten alters- und entwicklungsgemäß ist.

Hohe Kontrolle, gepaart mit viel Wärme, ist die ideale Kombination. Eine große Herausforderung für alle Eltern besteht darin, auch unter Druck konsequent zu bleiben. Je besser Sie das erreichen können, umso größer wird der Lohn für Eltern wie Kinder sein. Forschungen haben gezeigt, dass Kinder, die autoritativ erzogen werden, auf lange Sicht weniger Verhaltensprobleme zeigen, leichter Freundschaften schließen und bessere schulische Leistungen erreichen.

C = Vernachlässigend (geringe Kontrolle/geringe Wärme) *»Die Kids hören sowieso nie auf mich, also versuche ich es erst gar nicht mehr und lasse sie*

»Körperliche Strafen sind verboten. Sie sind in keinem Alter vertretbar. Ohrfeigen oder andere Formen der Züchtigung sind in vielen Ländern, auch in Deutschland, gesetzwidrig.«

machen.« Ein geringes Maß an elterlicher Akzeptanz, kombiniert mit wenigen oder keinen Verhaltensregeln (geringe Kontrolle), ist für Kinder sehr problematisch, weil dies bedeutet, dass die Eltern keine Erwartungen an sie stellen und auch kein Interesse an ihrer Entwicklung haben. Diesen Stil haben überwiegend Eltern, die selbst schwer vernachlässigt worden sind oder bei denen ein schweres Trauma oder eine Trennungsphase eine frühe Eltern-Kind-Bindung verhindert hat. Vernachlässigende Eltern sind oft depressiv. Kinder, die sowohl in ihrer Emotionalität als auch im Verhaltensmanagement vernachlässigt werden, bekommen später oft Probleme. Eine warme, positive Beziehung zu Ihrem Kleinkind wird sich später auszahlen.

Wie ist Ihr Erziehungsstil?

Stellen Sie sich vor: Sie hatten einen stressigen Tag und sind mit den Kindern allein. Sie haben schreckliche Kopfschmerzen und versuchen nun, die Kinder mit einer Hand mit Essen zu versorgen und zu waschen, bevor Sie das Chaos in der Wohnung aufräumen und alles für morgen herrichten. Sie sind angespannt und haben keine Lust auf schlechtes Benehmen. Ihre beiden Zwei- und Dreijährigen, zweifellos Ihre Anspannung spürend, beginnen, sich zu stoßen und zu zwicken.

Welche Reaktion entspricht Ihnen am ehesten?
A. Ich schreie die Kinder an und drohe mit einem Klaps, wenn sie sich nicht benehmen.
B. Ich atme tief durch, trenne sie und warte, bis der Krach nachlässt. Dann sage ich ihnen, dass ich ihnen ihre Lieblingsgeschichte vorlese, wenn sie nun anständig essen.
C. Ich ignoriere sie. Ich bin zu müde, mich darum zu kümmern. Irgendwann hören sie schon auf.
D. Ich unterbreche meine Tätigkeit und mache etwas mit ihnen. Ich werde sie sowieso, wie sonst auch, wohl kaum vor 21 Uhr ins Bett bekommen.

Stellen Sie sich vor: Ihr Kind malt ein Bild. Es soll ein Haus sein, aber Sie erkennen nur Striche.

Welche Reaktion entspricht Ihnen am ehesten?
A. Ich sage ihm, dass ein Haus Wände hat und ein Dach, und male ihm ein Haus vor, das es nachzeichnen kann.
B. Ich fordere es auf, mir das Bild zu beschreiben und wiederhole, was es sagt. Es wird schon noch malen lernen.
C. Ich sehe nur Striche. Ich lasse es einfach weitermachen.
D. Mir gefällt, dass es sich kreativ ausdrückt. Schön wäre zwar, wenn es nicht die Wände bemalen würde, aber wir können ja neu tapezieren.

Antwort B, der autoritative Stil ist die ideale Reaktion in beiden Situationen. Aber wir haben alle unsere »schlechten« Tage, an denen wir anders reagieren. Ein autoritativer Stil zeichnet sich durch hohe Kontrolle und viel Wärme aus und trägt dazu bei, glückliche, wohlgeratene Kinder zu erziehen.

D = Permissiv (geringe Kontrolle/viel Wärme) *»Es tut mir weh, wenn ich meine Tochter weinen sehe. Ich muss ihr einfach nachgeben und dann einen Kuss bekommen.«* Permissive Eltern meinen vielleicht, sehr liebevoll zu sein; sie zeigen ihrem Kind gegenüber ein hohes Maß an menschlicher Wärme und sorgen sich wenig, die Kontrolle zu behalten. Die Schwierigkeit für das Kind besteht darin, dass es nicht weiß, wo seine Grenzen sind, und es sie so immer weiter austestet, bis es darauf stößt.

Mit wenig Struktur oder Disziplin und sehr geringen Anforderungen oder Erwartungen an situationsgerechtes Verhalten schaffen Eltern mit diesem Erziehungsstil ihren Kindern in späteren Jahren Schwierigkeiten. Diese Kinder werden sozial leicht ausgeschlossen, weil sie nicht gelernt haben, ihr eigenes Benehmen zu steuern, und situationsgemäßes Verhalten nicht einschätzen können. Untersuchungen zeigen, dass Kinder mit einer überwiegend permissiven Erziehung zu Aggression, Impulsivität, mangelnder Verantwortung und schulischem Fehlverhalten neigen.

Natürlich mag es in einem Haushalt mehr als einen Erziehungsstil geben, und Sie können auch immer wieder einmal eine andere Haltung einnehmen. Ihr Erziehungsstil hängt von Ihrer eigenen Erfahrung (s. S. 22) ab. Wichtig ist es, das richtige Gleichgewicht zwischen Wärme und Kontrolle zu finden und konsequent zu sein, damit Ihr Kind sich auch in Situationen, in denen Sie streng sind, geliebt fühlt.

Aus dem wirklichen Leben

Mein Mann und ich wurden beide streng erzogen. Bei unseren Kindern konnten wir uns nur schwer auf einen Erziehungsstil einigen. Ich bewunderte und respektierte meine Eltern. Ich wollte strenge Regeln aufstellen und übte bei meinen Kindern starke Kontrolle aus. Mein Mann dagegen wurde häufig geschlagen und hatte weniger Verständnis für den autoritären Erziehungsstil. Er hasst Konflikte und wollte sein eigenes Aufwachsen kompensieren, indem er nachgiebiger und kumpelhafter war. Er fand es schwer, die Kinder zu ermahnen, und fiel mir ständig in den Rücken. Die Differenzen führten unweigerlich zu Spannungen in unserer Beziehung und zu Unsicherheit bei den Kindern. Dann diskutierten wir das Problem und führten gewisse Routinen ein, die wir beide befolgten. Dabei vereinbarten wir auch, dass wir unseren Kindern Raum lassen, sie selbst zu sein.

RICHTIG ERZIEHEN *Wie wir unsere Kinder versorgen und erziehen, ist großteils instinktiv bestimmt, aber es lohnt sich, manchmal innezuhalten und zu überlegen, was alles hinter unseren Handlungen und Reaktionen steckt.*

EIN LERNPROZESS

*Ratschläge helfen,
besonders beim ersten
Kind. Versuchen Sie, die
Bedürfnisse Ihres Kindes
selbst einzuschätzen und
Ihren eigenen Entschei-
dungen zu vertrauen.*

Authentisch sein

Die Welterfahrung Ihres Kindes wird von Ihnen bewusst
geformt, aber auch durch viele Einflüsse bestimmt, die ihre
Wurzeln in der Vergangenheit haben. Selbstverständlich sucht
es bei Ihnen nach Richtlinien für »Richtig« und »Falsch« –
und wird die Grenzen tolerierbaren Verhaltens austesten.

Eltern sein bedeutet, den schmalen Grat zu finden zwischen dem, was im
allgemeinen Verständnis »das Beste ist«, und dem, was Ihrem Gefühl nach
das »Richtige« ist, basierend auf persönlichem Instinkt und der Beziehung
zum Kind. Beim ersten Kind sind Eltern dabei unsicherer als bei weiteren
Kindern; doch wenn Probleme auftreten, ist man schnell von der Vielzahl
widersprüchlicher und wohlmeinender Ratschläge überfordert.

Vergleiche vermeiden und Rat suchen

»Lisa und ich waren seit der Schulzeit beste Freundinnen, und unsere Kinder
sind etwa im gleichen Alter; doch Lisa wird von Eltern, Schwiegereltern und
ihrem Mann unterstützt, während ich ziemlich auf mich allein gestellt bin, da
mein Mann im Ausland arbeitet. Ich habe so genug davon, von ihrem letzten
Urlaub zu hören und wie toll ihre Kinder sind. Dadurch mache ich mir wegen
den meinigen noch mehr Sorgen.« Familien sind ganz unterschiedlich, aber
eines scheint immer zu gelten: Gibt es mit einem Kleinkind ein Problem, hat
jeder eine Meinung dazu und eine Geschichte parat, die er zum Besten gibt.
Doch die Kinder anderer Leute sind nicht Ihr Kind – und kein Kind gleicht
genau einem anderen. Wenn man unsicher ist, vergleicht man nur allzu leicht
die Fortschritte des eigenen Kindes mit denen eines gleichaltrigen Kindes.
Wie in diesem Buch immer wieder betont, gibt es in der Kindesentwicklung
Richtlinien und Meilensteine, aber keine festen Regeln. Sofern keine besonderen Bedürfnisse bestehen (s. S. 292), haben die meisten Kinder bei der Einschulung ein ähnliches Entwicklungsstadium erreicht.

Das Gespräch mit anderen Eltern ist oft sehr wertvoll, doch mit uner-
betenem Rat ist schwer umzugehen. Wer nicht von Natur aus sehr selbstsi-
cher ist, den kann die Meinung anderer ziemlich verunsichern, und sie löst

vielleicht Stress oder Schuldgefühle aus. Lernen Sie in dieser Zeit, sich Meinungen objektiv anzuhören, statt sie persönlich zu nehmen. Erklären Sie den Menschen, die Ihnen zu nahe treten, freundlich, dass Sie ihren Rat schätzen und sehen, dass ihre Methode bei ihrem Kind funktioniert, doch dass Sie anders vorgehen möchten.

Denken Sie daran, dass:

- Menschen, die Ähnliches erlebt haben, vielleicht Rat geben können.
- man in Büchern, Zeitschriften und Sendungen manch klugen Rat finden kann, aber nicht in allen.
- Ihr Kinderarzt besser eine Diagnose stellen kann als Sie. Vertrauen Sie aber immer Ihrem Instinkt, wenn Sie meinen, Ihr Kind sei krank.
- Sie besser entscheiden können, was für Ihr Kind richtig ist – sofern es nicht in körperlicher, emotionaler oder psychischer Gefahr ist.

Eigene Bedürfnisse von denen des Kindes trennen

Manchmal ist es nicht leicht zu erkennen, dass Verhaltensweisen, die wir als vorteilhaft für unser Kind betrachten, eigentlich uns zugutekommen. Ein klassisches Beispiel findet sich zur Schlafenszeit. Es ist so rührend, wie sich das Kind zur Gute-Nacht-Geschichte ankuschelt und uns sagt, wie lieb es uns hat, oder wie dieser sonst so fürchterliche Trotzkopf im Schlaf wie ein Engel aussieht. Ist es ein Wunder, dass Eltern nachgeben, wenn ihr Kleines aufsteht und noch schmusen oder sich ins Bett der Eltern kuscheln will? Nicht nur Kleinkinder leiden unter Trennungsangst: Eltern auch. Eltern wollen erleben, dass sie gebraucht werden, Sie haben Angst, von ihrem Kind abgelehnt oder nicht gemocht zu werden, wenn sie es zurückweisen.

Vorausgesetzt, Sie handeln ruhig und klar statt wütend oder impulsiv, fühlt Ihr Kind sich nicht abgelehnt, wenn es allmählich lernt, sich auch ohne Ihre körperliche Anwesenheit sicher zu fühlen: Das ist unverzichtbar fürs Großwerden. Wenn Sie dagegen seinen plötzlichen Impulsen nachgeben, um Ihre eigenen Bedürfnisse zu befriedigen, laufen Sie Gefahr, seine Entwicklung zu verzögern. Machen Sie sich bewusst, wann Sie aus Ihren eigenen Bedürfnissen heraus und nicht zum Wohle Ihres Kindes handeln.

Gemeinsam erziehen

Gemeinsam Kinder zu erziehen erfordert eine kooperative Partnerschaft – je ehrlicher Sie mit sich und miteinander sein können, umso einfacher wird es.

DIE BEDÜRFNISSE IHRES KINDES *Konsequenz und Routine sind in den ersten Jahren unabdingbar. Wenn Sie nicht konsequent sind, wird Ihr Kind Ihre schwachen Stellen finden und ausnutzen!*

SOLIDE PARTNERSCHAFT

Kleine Kinder brauchen klare Botschaften, damit sie wissen, was von ihnen erwartet wird. Das gelingt nur, wenn Sie und Ihr Partner einer Meinung sind.

Eine große Aufgabe – vor allem, wenn die Eltern getrennt leben. Manche Kompromisse werden nötig sein, zum Wohle des Kindes – und zu Ihrem Wohlergehen! Einigkeit erleichtert das Elternsein enorm. Eltern, die sich in Erziehungsfragen nicht einig sind, vermitteln ihren Kindern widersprüchliche Botschaften. Das schafft Chaos. Kinder werden durch widersprüchliche Anweisungen verwirrt und versuchen entweder, beide Eltern gleichzeitig zufriedenzustellen, oder sie werden aus Überforderung aufsässig. Dann sind sich die Eltern bald nur noch darin einig, dass sich das Kind fürchterlich benimmt. Ein Teufelskreis beginnt.

Diskutieren Sie das Folgende mit Ihrem Partner:

- Welches sind Ihre Grundsätze in der Erziehung?
- Haben Sie dieselben Ansichten?
- Haben Sie jemals diskutiert, was Ihnen wichtig ist und was Sie als Eltern gern vermeiden würden? Wenn nicht, ist jetzt ein sehr guter Zeitpunkt dafür.
- Gibt es moralische, spirituelle, bildungsmäßige, soziale oder kulturelle Grundsätze oder Grenzen, die in die Erziehung einfließen müssen?
- Ist einer von Ihnen dominanter als der andere? Wenn ja, wie wollen Sie eine gleichberechtigte Erziehungspartnerschaft sicherstellen?

Ansichten über Verhalten

Unsere Beurteilung des kindlichen Verhaltens – und was dabei akzeptabel ist – unterscheidet sich stark je nach persönlichen Erwartungen und Vorstellungen über alters- und situationsgerechtes Benehmen. Wie die Fragen auf Seite 23 zeigen, können Eltern eine unrealistische oder nicht angemessene Vorstellung davon haben, was für eine Entwicklungsphase richtig ist. Zum Beispiel: Ein Erwachsener kann es respektlos finden, wenn die zweijährige Hanna einen Erwachsenen nachmacht, ein anderer betrachtet es als kreativ und lustig und ein dritter als »vorübergehende Phase«. Nachahmung ist im Kleinkindalter tatsächlich ein entwicklungsgerechtes Verhalten und Grundlage für den Lernprozess. Diese drei Standpunkte gäbe es kaum, wäre Hanna zwölf; in diesem Alter wird erwartet, dass sie sozial angebrachtes Verhalten kennt – und dazu gehört das Nachmachen fremder Verhaltensweisen nicht.

Wenn Sie Ihr Kind gemeinsam mit Ihrem Partner oder einem anderen Erwachsenen erziehen, bildet das stille Einverständnis der geltenden Verhaltensregeln, insbesondere hinsichtlich Mahlzeiten, Schlafenszeit, Benehmen usw., die Grundlage einer erfolgreichen Erziehung.

Wenn Sie schon vor dem Auftreten von Problemen eine gemeinsame Strategie entwickeln, können Sie im Ernstfall leichter gemeinsam Verantwortung übernehmen. Regeln werden nur eingehalten, wenn Ihre Kinder wissen, dass Sie und Ihr Partner bei den wesentlichen Fragen des Alltags einer Meinung sind. Dem anderen vor den Kindern in den Rücken zu fallen, gibt eine sehr widersprüchliche Botschaft.

Sie sind das Vorbild

Vorbilder spielen im Leben eine wichtige Rolle. Bestimmt haben Sie auch schon erlebt, welche positive Wirkung von einem optimistischen, zufriedenen Menschen ausgeht. Ebenso kennen Sie vielleicht die deprimierende Wirkung eines negativ eingestellten Menschen. Auch Kinder brauchen Vorbilder – und Sie haben den größten Einfluss auf Ihr Kind.

Zu den schwierigsten Bereichen der elterlichen Verantwortung gehört das Selbstmanagement und das Bewusstsein, dass Sie ein positives Rollenmodell für das Kind sein müssen. Manchmal leichter gesagt als getan – vor allem, wenn Ihr Kleinkind all Ihre Geduld bis aufs Äußerste strapaziert.

Zum Teil besteht das Problem darin, dass Eltern durch den Übergang vom Babyalter zur Kleinkindzeit verunsichert sind und sich als machtlos emp-

»Ihr Kind hat Rechte – aber Sie auch. Es gibt keine Entweder-oder-Situationen, sondern einen Ausgleich zwischen Bedürfnissen und Aktivitäten.«

finden angesichts der Wutausbrüche und möglicher emotionaler Ablehnung. Am besten wenden Sie verschiedene Taktiken an, sobald die Lage zu eskalieren droht – und sehen die Dinge im richtigen Licht. »Ich hasse dich!« bedeutet nicht wirklich »Ich hasse dich!«, sondern einfach »Ich würde es lieber so machen, wie ich will, jetzt gleich«. Wer selbst eine emotional belastete Kindheit erlebt hat, nimmt die Dinge allzu leicht persönlich, statt darin normales Kleinkindverhalten zu erkennen. Natürlich sind Sie manchmal erschöpft und Ihrer Kinder auch überdrüssig; denken Sie daran, dass eine kinderzentrierte Erziehung (s. S. 38) nicht bedeutet, dass das Kind der wichtigste Mensch in Ihrem Haushalt ist. Sie, Ihr Partner, andere Kinder und andere Erwachsene haben alle ihre Rollen und Rechte. Sie sollten unter allen Umständen vorausplanen, um Zeit für sich und die Beziehung zu schaffen, um entspannen und Spaß zu haben, um Kraft zu tanken und die Dinge in der richtigen Perspektive sehen zu können.

Die eigene Kindheit aufarbeiten

Selten bin ich in meinen langen Jahren der Arbeit mit Familien auf Eltern getroffen, die nicht das Beste für ihr Kind wollten, oder auf eine Betreuungsperson, die nicht motiviert war, für die Kinder in ihrer Obhut zu sorgen. Doch manchmal verstellen eigene Erfahrungen Ihrem Erziehungsstil den Weg. Nichts rührt so leicht an wunde Punkte in der eigenen Kindheit wie die Erziehung eines Kindes. Manch einem Verhaltensproblem des Kindes liegt ein Eltern- oder Erwachsenenproblem zugrunde, das gelöst werden muss. Erkennen Sie, wann Sie Ihre eigenen Erwartungen auf Ihr Kind projizieren. Ob wir als Erwachsene mit Freude oder Schmerz auf die eigene Kindheit zurückblicken – dieses Erbe wird unsere eigenen Einstellungen als Eltern beeinflussen. Wir müssen diese eigenen »Themen« verstehen, um im Umgang mit unseren Kindern unsere eigenen Gefühle zu beherrschen.

Auslösereize für die Erinnerung

Wir Erwachsene haben riesige Mengen an Informationen in unserem Gedächtnis gespeichert. Von vielem haben wir vergessen, dass es jemals existierte. Eine Geste, ein Blick, eine Reaktion, ein Geruch – unweigerlich lösen Merkmale unserer Kinder plötzlich lang zurückliegende Erinnerungen aus – gute wie schlechte. Manchmal setzt ein Ereignis ein lange verdrängtes Trauma frei, z. B. einen Verlust. Oder Eltern versuchen, ihr eigenes Leben durch ihre Kinder neu zu beleben, und ermuntern sie, sich in Gebieten zu betätigen, die sie als Kind geliebt haben oder gern ausgeübt hätten.

Erinnerungen sind bei jedem anders. Sie werden durch Sinneseindrücke ausgelöst: visuelle Eindrücke, Geräusche, Gerüche usw.

Beispiele für Reize, die Erinnerungen auslösen:
■ Der Geruch der Babylotion kann an ein anderes Baby erinnern.
■ Wenn Sie auf einer Schaukel sitzen, erinnern Sie sich vielleicht daran, wie Sie heruntergefallen sind und sich das Knie aufgeschlagen haben.
■ Wenn Ihr Kind weint, weil Sie weggehen, ruft dieser Moment vielleicht die Erinnerung wach, wie einsam Sie sich einmal als Kind gefühlt haben.

■ Ihr Kind sieht Sie mit den Augen seines Vaters an und sagt, wie Kleinkinder es tun: »Ich hasse dich, Mami.« Sie nehmen es persönlich und reagieren heftig, weil sein Vater Sie verlassen hat.

■ Sie ermuntern Ihren Sohn, das Klavierspiel zu erlernen, weil Sie sich daran erinnern, wie schön es war, am Klavier zu sitzen und mit Ihrem Großvater zu musizieren (obwohl Ihr Sohn viel lieber Ball spielt).

Wenn Psychologen mit Kindern arbeiten, betrachten sie nicht nur das Kind, sondern auch die Familie des Kindes bzw. seine persönliche Situation. Ihre persönliche Geschichte beeinflusst Ihre Reaktion auf bestimmte Situationen. Sie können Ihre gegenwärtigen Verhaltensmuster und Gefühle verstehen, wenn Sie sich über Schlüsselereignisse und Erfahrungen aus Ihrer Vergangenheit klar werden. Unsere Erfahrungen diktieren, wie wir die Welt um uns herum sehen und interpretieren, und beeinflussen unser Verhalten.

Dieses persönliche Bewusstsein hilft uns herauszuarbeiten, was unser Verhalten und unsere Gefühle antreibt – insbesondere unserem Kind gegenüber – und ob manche instinktive Reaktionen stärker von der Vergangenheit bestimmt werden als von der momentanen Situation. Auch die Beziehung zu Ihrem Partner kann eine Auswirkung auf das Verhalten Ihres Kindes haben.

»Ausreichend gute« Erziehung

Der Begriff »ausreichend gute« Eltern wurde von Donald Winnicott (1896–1971) eingeführt. Er wollte damit beschreiben, warum das Streben danach, »perfekte« Eltern zu sein, sich auf lange Sicht negativ auf Kinder auswirken kann. »Perfekte« Eltern, die jedes Bedürfnis ihres Kindes befriedigen wollen, egal in welchem Alter oder welcher Lebensphase es ist, werden es ungewollt in Abhängigkeit halten und daran hindern, sich als eigenständiges Individuum zu entwickeln.

Der Begriff »ausreichend gut« beschreibt eine ausgeglichene Haltung der Kindererziehung; dabei leiten die Eltern ihre Kinder zum eigenen Handeln an (sobald sie alt genug sind), indem sie sie nach und nach »loslassen« und ihnen nicht immer alle Antworten liefern.

Winnicott nannte dies »die Freiheit zu versagen«, damit ein Kind lernt, Erfolge selbst zu erreichen. Natürlich bedeutet das kein Versagen im normalen Sinne. Er meinte vielmehr, dass man einem Kind gesunde Überlebenstechniken beibringt, wenn man ihm nicht immer genau das gibt, was es will. Indem man den Forderungen des Kindes nicht ständig zuvorkommt, hilft man ihm, über Dinge nachzudenken und zu fragen.

Auf diese Weise erkennt das Kind, dass es ein selbstständiges Wesen ist, nicht abhängig von seinen Eltern, und es gewinnt eigene Identität.

Kind sein

Mit der Gesellschaft verändern sich auch die Erziehungstrends und Expertenmeinungen, und jede Elterngeneration will es »besser« machen. Die Bedürfnisse der Kinder bleiben jedoch die gleichen. Es ist nicht leicht, angesichts der Meinungsvielfalt zu entscheiden, was für das eigene Kind das Richtige ist.

Die meisten Eltern und Pädagogen unterstützen heute eine kinderzentrierte Erziehung. Dabei wird das Verhalten des Kindes genau beobachtet; es wird wortwörtlich versucht, die Welt aus seinem Blickwinkel zu sehen. Knien Sie sich z. B. hin und betrachten Sie das Zimmer aus der Perspektive Ihres Kindes. Fragen Sie sich: »Wie sieht die Welt in seiner Wahrnehmung aus?« Beruhigend, aufregend, Sicherheit bietend? Aus dieser Perspektive können Sie seine Bedürfnisse und sein Verhalten verstehen.

Der kinderzentrierte Ansatz bedeutet nicht, dass Ihr Kind die zentrale Person in Ihrer Familie ist und Sie allen seinen Wünschen nachgeben sollen. Sie können ihm dadurch aber helfen, seine Erfahrungen zu verstehen und nach und nach Frustrationstoleranz zu entwickeln. Dieser Ansatz regt Ihr Kind zum Lernen an: mit Ihrer Führung und durch seine eigene Erfahrung. Auf diese Weise kann sich Selbstwertgefühl entwickeln.

Kinderzentrierte Erziehung

Vier wichtige Prinzipien sind zentral für die kinderzentrierte Erziehung. Sie sollte:
▶ die Rechte des Kindes hoch achten, aber ebenso die Rechte der Eltern. Sie vertritt nicht die Meinung, dass Kinder das Eigentum ihrer Eltern sind.
▶ so positiv und ermutigend wie mög-lich sein, statt mit Drohungen und Strafen zu arbeiten.
▶ sich auf die Bedürfnisse und Interessen der Kinder konzentrieren und die Bedeutung der Elternrolle erkennen.
▶ Erziehung als etwas Positives, Freudvolles und Erfüllendes sehen, aber auch als anstrengend und schwierig.

Eine kinderzentrierte Erziehung erkennt die Bedeutung von Grenzen und Regeln bei Verhaltensproblemen an. Frustrationstoleranz ist eine wichtige Fähigkeit, die Kinder lernen müssen, damit sie Selbstbeherrschung und Sozialkompetenz erwerben.

SEINE SICHT DER WELT *Versuchen Sie, sich in Ihr Kind hineinzuversetzen und die Welt aus seiner Perspektive zu sehen. So können Sie sein Verhalten verstehen und erkennen, warum es manchmal zornig ist.*

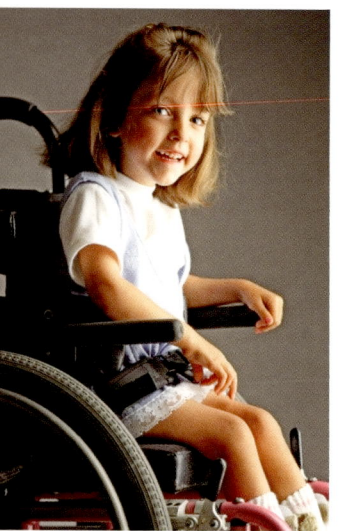

SCHÜCHTERNHEIT *Auch ein kontaktfreudiges Kind zieht sich manchmal zurück. Vergleichen Sie Ihr Kind nicht mit Geschwistern, und tadeln Sie es nicht wegen seiner Reaktion.*

Temperament und Persönlichkeit

»Ich frage mich manchmal, ob unser Sohn bei der Geburt vertauscht worden ist! Er ist ein Energiebündel, immer in Bewegung, ganz anders als es seine Geschwister im gleichen Alter waren.« Es gibt Zeiten, in denen sich Eltern fragen: *»Wie kann ich ein Kind haben, das im Wesen so ganz anders ist als ich?«* Ein nüchternes, ruhiges Paar mag sich über sein kreatives Energiebündel wundern, ein extrovertiertes Paar findet sein Kind vielleicht schüchtern und ängstlich. Wie langweilig wäre es, wären wir alle gleich! Unser Wesen wird als Temperament bezeichnet. Es bildet einen Teil unserer Persönlichkeit. Temperament ist eine Verhaltensweise, die unsere Art zu denken und reagieren beeinflusst, und es ist einer der Gründe dafür, warum zwei Geschwister, die im Wesentlichen gleich aufwachsen, auf den gleichen Erziehungsstil der Eltern unterschiedlich reagieren können.

Unser Grundtemperament ist an unsere Gene gebunden und damit weitgehend vor der Geburt angelegt, kann aber durch spätere Lebenserfahrungen modifiziert werden. Schon in der Gebärmutter kann man bei Babys Unterschiede im Temperament erkennen, in ihren Reaktionen auf Temperaturveränderung, Lärm, Reize und in ihrer Aktivität.

Wenn wir mit unserem Temperament geboren werden, was kann dann Erziehung ausrichten? Wie kann die Erziehung die Persönlichkeit beeinflussen? Zwar bleibt das ursprüngliche Temperament konstant, doch ist die Entwicklung der Persönlichkeit eines Kindes viel komplexer.

Die Persönlichkeit wird beeinflusst:

■ durch unsere Gene und das Temperament (Vererbung).

■ durch unsere erlernten Reaktionen auf Erziehung und das Leben im Allgemeinen.

■ dadurch, wie andere auf uns reagieren (was unser Folgeverhalten mitbestimmt).

■ durch unser weiteres räumliches und soziales Umfeld.

Die Persönlichkeit entwickelt sich über viele Jahre durch Lernprozesse und Reaktionen auf Eltern, die häusliche Umgebung und später die allgemeinen sozialen und Lebenserfahrungen, bis hinein in das junge Erwachsenenalter und darüber hinaus. Sie wird auch dadurch beeinflusst, wie andere – vor allem Sie – auf das, was das Kind sagt und tut, reagieren.

So mag sich ein schüchternes Kind mit furchtsamem Temperament von neuen Erfahrungen fernhalten. Allmählich wird es jedoch eine höhere Angstschwelle entwickeln, wenn seine Eltern es vorsichtig und kontinuierlich an neue Situationen heranführen. Es wird zwar kaum extrovertiert, doch es wird immer »lebenstüchtiger« – anders, als wenn seine Eltern es ständig vor neuen Erfahrungen schützen wollten. Dadurch würde die Furchtsamkeit nur verstärkt.

Wie Eltern das Verhalten ihres Kindes sehen, hängt weniger von dem Verhalten selber ab als von der Interpretation dieses Verhaltens. In einer Familie, in der Individualität viel zählt, mag z. B. ein wilder Sprössling als unabhängig oder willensstark bezeichnet werden oder einfach bewundernd als »ganz die Mama«, in einer Familie, in der Konformität wichtig ist, sieht man dasselbe Kind als »schwierig« oder eigensinnig an. In einer sehr beson-nenen Familie mag ein Kind positiv als ruhig oder zufrieden gelten, als passiv in einer extrovertierten Familie.

Wie Sie das Temperament Ihres Kindes sehen und darauf reagieren, hängt davon ab, wie Ihre Erwartungen und Vorstellungen von Ihrem Kind aussehen. Eine schlechte »Passung« kann in der Zeit, in der Sie die Natur und Reaktionsweise Ihres Kindes kennenlernen, zu Spannung und Stress führen. Sie müssen Ihr eigenes Temperament ebenso verstehen wie das Ihres Kindes, um in einer positiven Weise, erwartungsfrei, reagieren zu können.

Das Temperament des Kindes verstehen

Vieles von dem, was wir über das kindliche Temperament wissen, stammt aus einer Studie an 233 Kindern von null bis acht Jahren, die um 1950 in den USA durchgeführt wurde. Die Erkenntnisse dieser Langzeitstudie über das kindliche Temperament gelten heute immer noch. Zwar haben sich die Zeiten geändert, nicht aber die Kinder. Die Studie ergab, dass das Temperament eines Kindes grob aus neun Merkmalen gebildet wird. Diese sind nicht an sich »gut« oder »schlecht«, und keine »Mischung« ist richtig oder falsch. Wenn Sie wissen, was davon für Ihre Familie zutrifft, können Sie Ihr Kind besser verstehen und eine bessere Bindung aufbauen.

Wie körperlich aktiv ist Ihr Kind? Ein sehr aktives Kind hat sich vielleicht schon in der Gebärmutter viel bewegt und getreten, im Vergleich zu einem sehr entspannten und ruhigen Kind.

Wie »berechenbar« ist Ihr Kind? Manche Kinder haben gleichbleibende, vorhersehbare Gewohnheiten. Ihre biologischen Funktionen (Essen, Schla-fen, Stuhlgang) sind sehr regelmäßig. Sie reagieren gut auf eine feste Ord-

SCHAU MICH AN! *Das Temperament Ihres Kin-des ist ganz individuell und muss als Teil seiner sich entwickelnden Per-sönlichkeit respektiert und unterstützt werden.*

Aus dem wirklichen Leben

Meine kleine Tochter ist nun drei. Seit ich Mutter bin, will ich manches bei mir selbst ändern. Ein Kind ist wie ein Spiegel, man bekommt die eigenen Wesenszüge vorgelebt, z. B. Schüchternheit und Panik vor Menschenmengen. Also will man eigene Verhaltensweisen verändern, um ein positiveres Vorbild zu sein. Ich wünsche meiner Tochter ein besseres Selbstwertgefühl, als ich hatte, aber sie ist schon jetzt ziemlich schüchtern. Ich versuche, sie zu ermutigen, und vermittle ihr Bewältigungsstrategien für unangenehme Situationen, z. B. beim Besuch einer Geburtstagsfeier. Ich habe mir geschworen, nie zu sagen, dass es ihr »gefallen wird, sobald sie da ist«. Diesen Satz habe ich als Kind so gehasst. Es ist ein Tabu, zu gestehen, wie schwer das Elternsein manchmal ist. Dabei sollte man über die Schwierigkeiten sprechen, damit Eltern wissen, dass das, was sie erleben, normal ist.

nung. Andere benötigen von Geburt an einen flexibleren Umgang. Alle Kinder brauchen im Laufe der Zeit Grenzen und müssen sozialverträgliches Verhalten lernen, es schadet dabei aber nicht, sensibler auf das Temperament des Kindes einzugehen und Routine schrittweise einzuführen.

Wie schüchtern ist Ihr Kind? Die spontane Reaktion eines Kindes auf eine fremde Person oder Umgebung spricht Bände. Geht Ihr Kind mutig auf andere Menschen oder Orte zu, ohne zu zögern? Oder ist es vorsichtig und beobachtet erst? Zieht es sich zurück, ist anhänglich und versucht, Neuem aus dem Weg zu gehen? Viele Kinder gehen durch eine Fremdelphase, in der sie Angst haben, vor allem vor einer Trennung von den Eltern; bei einem schüchternen Kind dauert diese länger.

Braucht Ihr Kind Zeit, sich auf Veränderungen einzustellen? Wie lange braucht Ihr Kind, um sich auf Veränderungen im Rhythmus oder der Betreuung einzustellen? Manche Kinder sind sehr flexibel und beruhigen sich schnell, andere brauchen länger zur Eingewöhnung.

Wie intensiv reagiert Ihr Kind? Manche Kinder reagieren auf Situationen heftiger als andere, positiv oder negativ. Die Reaktionsspanne reicht von leichtem Protest bis zu heftigen Wutanfällen oder von »ruhig und angespannt« bis zu »ruhig und still«.

Wie würden Sie Ihr Kind beschreiben? Ist es meist zufrieden und freundlich? Oder quengelt es und tendiert zu Schreien und Aufgeregtheit? Umgebungsfaktoren können Kinder stark beeinflussen.

Lässt sich Ihr Kind leicht ablenken? Manche Kinder lassen sich leicht ablenken und können sich schwer auf eine Aufgabe konzentrieren. Andere dagegen lassen sich auch beim Essen oder Spielen kaum ablenken.

Kann Ihr Kind mit Frustrationen umgehen? Manche Kinder besitzen mehr Frustrationstoleranz als andere. Manche bleiben lange Zeit an einer Aufgabe, obwohl sie auf Hindernisse stoßen, während andere bei der ersten Schwierigkeit oder Ablenkung aufgeben. Ein sehr hartnäckiges Kind regt sich z. B. auf, wenn Sie seine Versuche, selber zu essen, behindern, ein anderes mag frustriert sein, wenn Sie ihm nicht helfen.

Wie sensibel ist Ihr Kind? Die hier gemeinte Sensibilität hat nichts mit Gefühlen zu tun (eine solche Sensibilität kann ein Kleinkind noch nicht zeigen), sondern mit den Sinnesorganen: Wie leicht lässt es sich von Temperaturschwankungen, Licht oder Lärm beeinflussen? Manche Babys weinen sofort, wenn sie nass sind, und müssen gewickelt werden, andere scheinen es nicht zu bemerken. Ein sehr sensibles Kind mag vielleicht nicht gewiegt werden, ein anderes schläft beim Wiegen besonders schnell ein.

Wenn Sie den Charakter Ihres Kindes allmählich erkennen, lernen Sie auch, entsprechend zu reagieren. Ist die Reaktion Ihres Kindes anders als erwartet, ist sie vermutlich trotzdem völlig normal. Mit zunehmendem Alter können Merkmale ausgeprägter werden, je nachdem, wie Sie reagieren, und abhängig von den persönlichen Umgebungsfaktoren. Ein Umzug kann z.B. eine Belastung darstellen, sodass das Kind anfangs im Kindergarten keine Freunde findet.

Zuschreibungen vermeiden

Jedes Kind besitzt eine einzigartige Mischung der oben aufgelisteten Wesensmerkmale; drei Eigenschaftsbündel sind, wie die New York Studie zeigte (s. S. 41), jedoch häufiger als andere. Natürlich dürfen Sie Ihr kleines Kind nicht mit einem festen »Etikett« versehen, doch es kann hilfreich sein zu verstehen, welchen Einfluss sein Charakter auf seine Reaktionsweise hat. Auf diese Weise können Sie erkennen, welche Methode beim Grenzensetzen und der Führung Ihres Kindes funktionieren könnte.

Pflegeleichtes Baby »Pflegeleichte« Babys passen sich an Veränderungen schnell an, haben regelmäßige Rhythmen beim Essen, Schlafen und Stuhlgang, und ihre Reaktionen auf eine Situation sind vorhersagbar. Da sie ein hohes Maß an Unbehagen und Frustration ertragen, sind diese Babys allgemein zufrieden und positiv gestimmt und können bei Kummer leicht

»Vermeiden Sie unfaire Vergleiche zwischen Kindern; jedes ist einzigartig und hat seine eigenen Bedürfnisse.«

SPIEGEL SEINER SEELE *Ein kleines Kind ist emotional durchschaubar, und seine Individualität wird von den ersten Lebensmonaten an deutlich.*

getröstet werden. Die Erziehung eines solchen Babys erscheint eher einfach. Die Eltern stehen kaum unter Stress. Doch diese Phase geht vorüber, und Ihr Baby braucht dennoch Anregung, Zuwendung und seine ganz besondere Beziehung zu Ihnen.

Schüchternes Baby »Schüchterne« Babys, die »langsam warm werden«, neigen dazu, fremde Menschen und Situationen zurückzuweisen oder sich instinktiv zurückzuziehen. Sie sind vorsichtig und wachsam, nähern sich kaum und lassen sich nicht auf Körperkontakt ein. Sie zeigen nicht immer ihr Unbehagen, daher weiß man manchmal nicht, wann sie Aufmerksamkeit, Trost oder eine frische Windel brauchen. Sie stellen sich auf Unregelmäßigkeit ein und sind nicht fordernd.

Manche Eltern sorgen sich wegen der »Schüchternheit« ihres Kindes, aber wenn sie diese Sorge auf die Kinder übertragen, führt das wiederum zu verstärkter Anhänglichkeit. Geben Sie Ihrem Kind schrittweise, aber häufig Gelegenheit, neue Situationen und Menschen zu erfahren. Wenn man Kindern in neuen Situationen viel Zeit gibt, »warm« zu werden, und keinen Druck ausübt, können sie allmählich hilfreiche Strategien erwerben. Wirkt Ihr Kind ängstlich, gestresst oder überreizt durch Neues, trösten Sie es und versuchen es dann nochmals. Haben Sie selber die Tendenz, sich von fremden Menschen fernzuhalten und neue Erfahrungen zu meiden, verstärken Ihre Reaktionen die Veranlagung Ihres Kindes. Es dauert mehrere Jahre, eigene Ängste zu überwinden – daher sollten Sie sich nach und nach selbst Herausforderungen stellen. Andere Menschen zu treffen ist ein guter Anfang.

»Schwieriges« Baby Körperlich sehr aktive, ruhelose und leicht ablenkbare Babys werden oft fälschlicherweise als »schwierig« bezeichnet, weil sie dazu neigen, ständige und sofortige Aufmerksamkeit einzufordern, und sich nicht leicht beruhigen lassen. Diese Kinder reagieren gern heftig, lauthals und auf jede Veränderung und sind hoch emotional. Sie sind schwer zu beruhigen und in den Schlaf zu bringen, finden in keine Routine, reagieren stark auf fremde Situationen und Menschen und neue Sinneserfahrungen.

»Angemessenes Verhalten und eine gute emotionale Entwicklung sind das Ergebnis einer liebevollen, auf das Kind eingehenden Erziehung, unabhängig von seinem Temperament und egal wie ähnlich oder unähnlich es Ihnen ist.«

KENNENLERNEN *Gehen Sie nicht davon aus, dass Ihr Kind absichtlich schwierig ist – es handelt vielleicht nur auf diese Weise, weil es ein anderes Temperament hat als Sie.*

Bei fürsorglichem und aufmerksamem Umgang lässt nach dem ersten Geburtstag sogenanntes »schwieriges« Benehmen, wie Provozieren und Überreagieren, nach und es kann mit vier Jahren ganz überwunden sein. »Schwierige« Kleinkinder werden oft zu aktiven, energischen und emotional ausdrucksstarken Kindern. Bleiben Sie dem Kind gegenüber positiv zugewandt und liebevoll, trotz der Provokationen. Baut sich eine negative Beziehung auf, können sich später Verhaltensprobleme entwickeln.

Reaktionen der Eltern auf lebhaftes Verhalten der Kinder sind u. a.: Schuldgefühle und Angst, etwas Falsches zu tun, weil ihrem Kind nichts recht zu sein scheint, Wut und Tadel, da das Kind sich scheinbar absichtlich so benimmt, oder ein Gefühl der Ablehnung, weil sie unfähig sind, es zu beruhigen oder trösten. Zwar sind diese Reaktionen verständlich, doch denken Sie daran, dass Kinder unter vier kein manipulierendes Denken kennen. Stattdessen müssen Sie vorbeugen und Ihr Kind vor Aufregung schützen, indem Sie auf Unannehmlichkeiten (z. B. eine nasse Windel oder zu helles Licht) sowie Veränderungen der Umgebung (z. B. Veränderung der täglichen Routine) achten und entsprechend reagieren. Dank einer klaren Routine erfährt Ihr Kind Berechenbarkeit, die Sicherheit bietet.

Das »andere« Baby Etwa ein Drittel der Kinder lässt sich nicht klar in eine dieser Kategorien einordnen, sondern zeigt eine individuelle Mischung aus den neun Beschreibungen von Seite 41 bis 43.

Ist die Geschwisterfolge von Bedeutung?

Wie sich die Geschwisterfolge auf ein Kind auswirkt, ist nicht eindeutig zu sagen und scheint vom Erziehungsstil der Eltern abzuhängen. Älteren Kindern, die viel Zeit mit Erwachsenen verbracht haben, fällt das Zusammensein mit Erwachsenen oft leichter als mit Kindern; jüngere Kinder dagegen, an ein älteres Geschwister-Vorbild gewohnt, entwickeln oft schneller soziale Kompetenzen und gehen leichter Beziehungen zu Gleichaltrigen ein. Erstgeborene entwickeln leichter Führungseigenschaften und übernehmen früher Verantwortung als Geschwisterkinder, die sich Zuwendung erkämpfen müssen. Dagegen können sich jüngere Kinder schneller und sicherer entwickeln, weil die Eltern erfahrener und lockerer sind. Bei einem Einzelkind ist es wichtig, dass es Gelegenheit zur Sozialisation bekommt und nicht von klein an als »kleiner Erwachsener« behandelt wird.

Liebe Tanya ...

▶ **Meine Freundin hat sich verändert, seit wir unsere Tochter haben. Sie ist die perfekte Mutter und stolz, unsere Wohnung picobello zu halten. Doch wo sind ihre Lebenslust und der Spaß geblieben?**
Eltern zu werden ist ein Ereignis, das das Leben verändert und eine Phase großer persönlicher Veränderung bringt. Viele Eltern glauben, sie müssten nach Perfektion streben, aber in Wirklichkeit ist das weder möglich noch wünschenswert. Der Drang, ein perfektes Leben zu führen und das perfekte Vorbild zu sein, fordert unweigerlich seinen Tribut, weil er unnatürlich ist. Darunter leiden die Kind- wie die Partnerbeziehung. Ständige Sorge um den Haushalt und der Versuch, dem drohenden Chaos einen Schritt voraus zu bleiben, machen Lebensfreude, Entspannung und Spontaneität zunichte.

Sprechen Sie mit Ihrer Freundin. Sagen Sie ihr, wie Sie empfinden. Sie muss wissen, wie sehr Sie sich sorgen. Wenn ihr Kampf um Perfektion das Hauptthema ist, versichern Sie ihr, dass sie für ihr Kind nur sie selber sein muss. Ihre Tochter profitiert vom Verständnis, dass ihre Eltern Schwächen haben und nicht immer eine Antwort kennen. »Perfekte« Eltern, die ihren Kindern jedes Bedürfnis erfüllen wollen, fördern Abhängigkeit. Auf lange Sicht kann dies Kinder daran hindern, ihre Eltern »loszulassen« und sich als unabhängige Individuen zu entwickeln.

▶ **Meine Mutter sagt ständig, ich würde meine Tochter verwöhnen und solle sie schreien lassen, bis sie einschläft. Ich finde es so herzlos, sie schreien zu lassen.**
Der Ratschlag Ihrer Mutter war vielleicht zu der Zeit üblich, als Sie groß wurden. Damals meinten Pädagogen, dass ein fester Mahlzeitenrhythmus den Weg zur guten Elternschaft darstelle und dass es nicht schade, wenn ein Kind sich in den Schlaf weint.

Zwar schadet es einem Kleinkind nicht, wenn es einige Minuten quengelt und dabei lernt, selber zur Ruhe zu finden; lässt man jedoch zu, dass es seelisch leidet, erhöht dies nur seine Ängstlichkeit und verzögert die Beruhigung. Ein Baby in diesem Alter ist zu klein, um die Eltern zu manipulieren, und es beklagt sich niemals ohne Grund. Klug wäre es, häufig nach ihm zu schauen (s. S. 202), damit es weiß, dass Sie da sind. Wenn Sie darunter leiden, es schreien zu lassen, spürt Ihr Kind Ihre Sorge auch, daher müssen Sie einen Weg finden, mit dem Sie beide klarkommen.

▶ **Mein zwölfmonatiger Sohn hat angefangen, am Daumen zu lutschen, und wird völlig hysterisch, wenn er nachts nicht sein Kuscheltier im Bett hat. Ist das bedenklich, und wann sollte ich ihm das wieder abgewöhnen?**
Ihr Sohn findet Wege, sich selbst zu trösten, wenn er von ihnen getrennt ist. Er nimmt seinen Daumen als Trostspender, um in den Schlaf zu finden, und sein Kuscheltier ist ein emotionales Übergangsobjekt, das ihm hilft, Ihre Abwesenheit zu verkraften. Diese Strategien sind kein Zeichen von Schwäche oder Unsicherheit. Der Impuls Ihres Sohnes ist gesund und normal, und sowohl das Daumenlutschen wie das Trostobjekt sind Hilfsmittel auf seinem Weg in die Selbstständigkeit – von Ihnen und von diesen. Beides wird er zu seiner Zeit aufgeben.

Entwicklungsbereiche

Entwicklung ist ein weiter Begriff, der die unglaubliche kognitive, motorische, emotionale und psychische Reise beschreibt, die Ihr Kind von Kopf bis Fuß verändert. Voller Staunen werden Sie Monat für Monat seine Fortschritte beobachten.

Kleine Kinder sind viel in Bewegung. Zwar wachsen sie nicht mehr so schnell wie im ersten Lebensjahr, doch liegt die Durchschnittsgröße mit zwei Jahren bei 86,4 cm, und die durchschnittliche Gewichtszunahme im Laufe eines Jahres beträgt 1,5 bis 2,5 kg. Der Kopf vergrößert sich infolge der rasanten Gehirnentwicklung.

Die grobe Muskulatur des Körpers entwickelt sich schneller. Sie kontrolliert die raumgreifenden Bewegungen des Kindes (Grobmotorik), wie Sitzen, Gehen, Finger, entwickeln sich langsamer; nach und nach lernt es aber zeigen, zeichnen, einen Löffel benutzen und schreiben.

KOGNITIVE FÄHIGKEITEN

Die Fähigkeit, zu lernen und zu denken, wird als kognitive Entwicklung bezeichnet – sie betrifft den Bereich des Gehirns, der für Reflexion und Weltverständnis zuständig ist. Sinnesentwicklung und Spracherwerb hängen eng mit der kognitiven Entwicklung zusammen.

seine entstehende Welterfahrung. Das Bewusstsein seiner Größe und die körperliche Orientierung in Beziehung zu anderen Menschen oder Dingen sind ebenfalls wichtig.

KOMMUNIKATIVE FÄHIGKEITEN

Sprechen zu können ist entscheidend für den Aufbau von Beziehungen. Sprache ist die Brücke, die die unmissverständliche Mitteilung persönlicher Bedürfnisse erlaubt und ermöglicht, Wünsche und Eigenarten auszudrücken.

> »Die Sinne Ihres Kindes sind wacher als Ihre, jede neue Erfahrung beflügelt seine Sensibilität, fördert seine Gehirnentwicklung und sein Weltverständnis.«

Klettern, Rennen und Springen. Die kleinen Muskelgruppen werden kräftiger. Sie sind dafür verantwortlich, dass Ihr Kind seine Gliedmaßen, Hände und Füße bei feineren Bewegungen einsetzt (Feinmotorik).

Das Kind erwirbt nach und nach die Muskelkontrolle, um große Bewegungen auszuführen, wie Armschwingen, Werfen und Kicken. Feinere Bewegungen, wie der präzise Einsatz der Hände und

SENSORISCHE FÄHIGKEITEN

Kinder lernen, indem sie die Umwelt wahrnehmen und erkunden. Die Sinne spielen dabei eine wesentliche Rolle. Ihr Kind ist höchst empfänglich für neue Empfindungen und Entdeckungen und muss möglichst viele verschiedene, ungefährliche Sinneserfahrungen machen können. Was Ihr Kind sieht, hört, riecht, fühlt und schmeckt, hat Einfluss auf sein Gedächtnis und

Sprachentwicklung hat drei Bereiche:
▶ **Was es sagt (Ausdruck):** die Wörter selber, die Sätze, der Zusammenhang und wie Sprache verwendet wird.
▶ **Wie es spricht (Artikulation):** die Aussprache und Betonung der Wörter.
▶ **Was es versteht (Sprachverständnis):** was es aufnimmt und ob es die Bedeutung der Wörter versteht – einschließlich individueller Wortschöpfungen und ihrem Kontext.

Mit zwölf Monaten hat Ihr Baby vermutlich eine Form der Babysprache entwickelt, die teilweise verständlich ist; vielleicht hat es schon sein erstes Wort gesagt, wie »Mama« oder »Papa«. Bald kommt das »Nein« dazu. Die kommenden drei Jahre werden tief greifende Veränderungen bringen.

EMOTIONALE ENTWICKLUNG

Die Kleinkindjahre sind ziemlich ichzentriert. Das Gehirn Ihres Kindes ist noch nicht so weit entwickelt, dass es sich der Auswirkung seines Verhaltens auf andere Menschen bewusst ist. Allerdings weiß es um den Einfluss, den seine Umgebung auf seine Person hat.

Gefühle treten allmählich auf:

▶ **Eigenwahrnehmung** – persönliche Gefühle und die Entwicklung von Selbstwertgefühl und Selbstvertrauen.

▶ **Wahrnehmung anderer Menschen** – Entwicklung von Gefühlen für und bezogen auf andere Menschen.

▶ **Intuition** – Sensibilität für Stimmungen und Atmosphäre.

Frühe emotionale Erfahrungen haben tiefe Auswirkungen auf die Gehirnentwicklung. Die frühen Erfahrungen Ihres Kindes mit Glück, Furcht, Aufregung, Liebe, Sicherheit und Trost wirken sich auf die Gehirnentwicklung und Verhaltensbildung aus. Die Eltern spielen eine entscheidende Rolle bei der Entwicklung des Selbstbildes und der Fähigkeit, mit Gefühlen umzugehen. Das Kind strebt nach sofortiger Belohnung und

Befriedigung, es wird durch unmittelbare Bedürfnisse getrieben. Mit der Zeit lernt es dank Ihrer Führung vernünftiges Verhalten.

SOZIALE FÄHIGKEITEN

Die sozialen Fähigkeiten Ihres Kindes entwickeln sich nach und nach durch Beobachtung und Spiegelung im Spiel, parallel zur sprachlichen und emotionalen Entwicklung. Soziales Verhalten kann ihm durch die Vermittlung guten Benehmens nahegebracht werden.

BEWEGUNGSSPIELE *Kleine Kinder sind von Natur aus aktiv; Bewegungsspiele schulen durch die Muskelbildung die Geschicklichkeit.*

Soziale Fähigkeiten erfordern Intuition und Gefühl. Das angeborene Temperament des Kindes hat ebenfalls einen Einfluss. Mit vier Jahren beginnt es, persönliche Grundsätze zu entwickeln, die sein Verhalten steuern, basierend auf Ihrem Beispiel und seinen eigenen Erfahrungen.

Die Bedeutung des Spiels

Alle jungen Geschöpfe lernen durch Spiel. Kinder bilden da keine Ausnahme. Kleinkinder sind von Natur aus neugierig und erfahren die Welt über ihre Sinne. Dabei lernen sie ständig aus ihren Erfahrungen. Ihr Forscherinstinkt wird ganz natürlich im Spiel ausgelebt und muss nicht forciert werden.

Kinder sind erstaunlich. Sie denken über die außergewöhnlichsten Dinge nach und haben so viel zu sagen. Doch um sie wirklich zu verstehen, müssen wir ihnen unsere Zeit schenken. Im Spiel erprobt das Kind die Fähigkeiten zum Leben; es bietet auch eine ideale Chance, dass Sie beide sich besser kennenlernen. In diesem Alter muss das Spiel vor allem Spaß machen. Das Gehirn eines Kleinkindes kann noch keine komplexen Anweisungen und Erklärungen verstehen (s. unten). Einfache Anleitungen und ein simples Ergebnis genügen, um das Interesse anzuregen.

Beim regelmäßigen Spiel lernen Sie Ihr Kind sehr nah und instinktiv kennen. Das kommt Ihrer Beziehung dauerhaft zugute – und ist wiederum entscheidend für seine Entwicklung.

Das Spiel hilft Ihrem Kind:
- Fantasie und Kreativität zu entwickeln.
- neue Dinge auszuprobieren und Selbstvertrauen zu entwickeln.

Stadien der Gehirnentwicklung

Das Gehirn Ihres Kindes entwickelt sich phasenweise. Die »tieferen« Gehirnbereiche, die instinktive und emotionale Reaktionen steuern, reifen zuerst. Das »höhere«, rationale Gehirn, das Menschen von Tieren unterscheidet, entwickelt sich später.

Es umfasst die Frontallappen, die bei der Geburt nur teilweise entwickelt sind. Erst mit drei Jahren sind sie so weit ausgereift, dass das Kind Gefühle bewältigen oder Impulse steuern kann. Das Bedürfnis nach sofortiger Befriedigung kann überwäl-

tigend sein – das erklärt die häufigen Wutanfälle.

Unterschiedliche Spielformen helfen Kindern, Selbstkontrolle zu erlernen und die verhaltensregulierende Funktion der Frontallappen zu entwickeln.

VON GROSSVATER LERNEN *Ihre Eltern haben vielleicht mehr Zeit, mit Ihrem Kind zu spielen. Diese besondere Zuwendung führt dazu, dass zwischen Großeltern und Enkel eine ganz spezielle Beziehung entsteht.*

■ Emotionen auszuleben und bewältigen zu lernen (in einer sicheren Umgebung), indem es Frustration, Erfolg, Enttäuschung und Freude erlebt.

■ Problemlösungsfähigkeiten und vernünftiges Planen zu entdecken.

■ Körperkraft und Ehrgeiz zu entwickeln.

■ motorische Fähigkeiten, z. B. Koordination und Balance, auszubilden.

■ kognitive Fähigkeiten, wie Planung, Problemlösen, Gedächtnis, Theoriebildung, zu entwickeln – z. B.: »Ist der Teddy noch da, wenn ich ihn verstecke?«

■ soziale Fähigkeiten zu erwerben und Freundschaften einzugehen.

■ den Spracherwerb zu unterstützen.

Eltern sind oft erstaunt, wenn ich ihnen sage, dass Verhaltensprobleme ihrer Kinder sich durch mehr gemeinsame Spielzeit lösen lassen. Kleine Menschen in diesem Alter sind stark auf die Eltern bezogen – sie sind ihre liebsten Spielkameraden. Kinder tun alles, um Aufmerksamkeit zu erzielen, selbst wenn es negative Aufmerksamkeit ist. Dank regelmäßiger Spielzeiten muss ein Kind nicht erst »hyperaktiv« werden, um Zuwendung zu erhalten.

Wo hört das Spiel auf, und wo beginnt das Lernen?

Psychologen mühen sich seit Jahrzehnten um eine klare Definition des Spiels. Für Kinder jedoch ist es klar: Sie spielen aus purer Freude daran! Sie lieben die Freiheit der Bewegung, den Spaß und das Lachen, die Freiheit, sich Dinge auszudenken und neue Entdeckungen zu machen, und das Gefühl, in ihrer Umwelt sicher zu sein. Der Grenze zwischen Experimentieren und Spielen ist nicht zu definieren. Kinder erwerben allgemein neue Fähigkeiten und Informationen viel leichter durch spielerisches Tun.

Spielen bedeutet viel mehr als »so tun, als ob«. Es hat mit Forschen und dem Erwerb neuer Fähigkeiten zu tun, die unverzichtbar für die körperliche und emotionale Gesundheit sind. Das Spiel lehrt, dass Kommunikation Spaß macht, und es motiviert Kinder, auf vielfältige Weise zu kommunizieren. Durch Spielen begreifen Kinder, dass Gegenstände für andere Dinge stehen können (eine Schachtel z. B. für ein Boot, ein Haus, ein Auto). Die Fähigkeit, zu assoziieren und zu fantasieren, liegt dem Spracherwerb zugrunde.

Formen des Spiels

Verschiedene Spielformen sind unverzichtbar zur Förderung der Grob- und Feinmotorik (s. S. 48) und zur Unterstützung der kreativen, sozialen, mentalen, körperlichen und imaginativen Entwicklung:

BÜCHERWURM *Bilderbücher fördern die Sprachentwicklung, stärken das Gedächtnis und regen die Fantasie an. Ihr Kind will das gleiche Bild immer wieder betrachten.*

Kognitive Spiele (Lernspiele) Die kognitiven Fähigkeiten Ihres Kindes (s. S. 48) entwickeln sich bei Lernspielen. Dazu gehören Sprachspiele, Zahlenreime, Lieder und das Spiel mit verschiedenen Formen und Beschaffenheiten. Das Verständnis für Wortspiele und Humor entwickelt sich allmählich.

Kreative Spiele Dabei werden auch die feinmotorischen Fähigkeiten (s. S. 48) gefördert, etwa durch Malen, Zeichnen, Stapelspiele, Modellbau, Kneten und Konstruktionsspiele. Diese Form des Spiels verbindet sich wunderbar mit den Fähigkeiten, die für kognitive Spiele erforderlich sind (s. oben), und Ihr Kind lernt die Verbindungen zwischen Lauten, Wörtern und Bildern bzw. Dingen verstehen.

Körperspiele Bewegung trägt zur gesunden Entwicklung von Körper und Gehirn bei. Die Muster, die nun geprägt werden, beeinflussen lebenslang die Entwicklung und den Stoffwechsel Ihres Kindes. Rennen, Laufen, Gehen, Klettern, Hüpfen und spielerische Wettkämpfe sind empfehlenswerte Körperspiele. Auch Schwimmen ist von klein an geeignet. Kinder, die nicht genügend spielerische Bewegung und Anregung erhalten, suchen sie anderswo, z. B. indem sie im Haus herumrennen oder unruhig sind.

Darstellendes Spiel Kinder ab drei Jahren haben eine reiche und grenzenlose Einbildungskraft. Sie können sich im Nu in eine Figur verwandeln, verkleiden sich gern und erkennen die Grenze zwischen Fantasie und Realität oft nur schwer. Das darstellende Spiel ist eng mit dem Rollenspiel verbunden. Ihr Kind ahmt die Menschen in seiner Umgebung nach, vor allem die wichtigen Erwachsenen, und wird auch von älteren Geschwistern und anderen ausgeprägten Charakteren beeinflusst. Viele Eltern sind irgendwann peinlich berührt, wenn sie ihre eigenen Wörter und ihr Verhalten von ihrem Kind gespiegelt bekommen! Im Rollenspiel lernt das Kind wichtige soziale und lebenspraktische Fähigkeiten.

Soziales Spiel Im Spiel lernt Ihr Kind zu kooperieren und sich in andere einzufühlen. Das Spiel entwickelt sich instinktiv und spontan und führt zur Ausbildung wesentlicher Fähigkeiten, die es zur Sozialisation und zur späteren Lebenstüchtigkeit braucht. Das Spiel tut aber auch den beteiligten Erwachsenen gut: Allzu oft vergessen wir im Stress und unter den Belastungen des Alltags, uns zu entspannen und Spaß zu haben – gestehen Sie sich also eine Pause zu, und finden Sie zurück ins Spiel Ihrer eigenen Kindheit, wenn Sie mit Ihrem Kind Spaß haben.

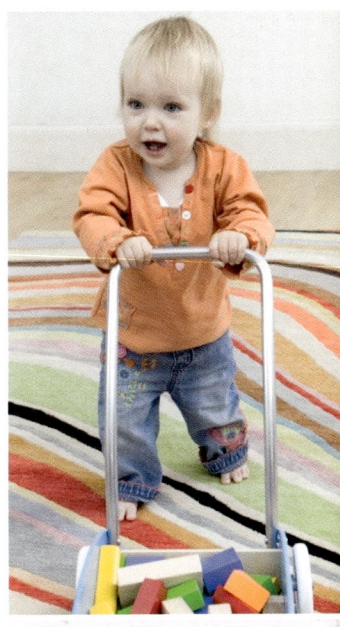

IMMER STÄRKER *Dynamische Spiele sind körperlich anstrengend und eine prima Möglichkeit für Ihr lebhaftes Kind, sich zu verausgaben und kräftiger zu werden.*

Stufen der Spielentwicklung

Entscheidend ist, dass die Erwartungen altersgerecht sind. Wird ein Vierjähriges als Baby behandelt, kann es sich nicht weiterentwickeln; sind die Erwartungen aber zu hoch, kommt es zu Überforderung, Angst vor »Leistungsversagen« und Enttäuschung.

Das Spiel entwickelt über mehrere Stufen:

■ Explorationsspiel (entdeckendes Spiel) – das Kind nutzt die Sinne, um neue Erfahrungen zu machen.

■ Relationales (sinnstiftendes) Spiel – Dinge werden entsprechend ihrem Verwendungszweck benutzt, z. B. ein Feuerwehrauto zum Löschen eines imaginären Feuers.

■ Symbolspiel – ein Gegenstand steht für etwas anderes, z. B. ein Ziegelstein als Herd.

Alle Kinder spielen zunächst allein. Das Einzelspiel wandelt sich dann zum Parallelspiel (neben Gleichaltrigen spielen) und zum Nachahmungsspiel (das Gleichaltrige einschließen kann). Sobald Kinder lernen, Spielsachen zu teilen, beginnt das gemeinsame Spiel. Neugeborene sind so stark an ihre Mutter gebunden, dass sie sich nicht als getrennte Menschen mit eigener Identität wahrnehmen. Mit zwölf Monaten zeigt sich die einzigartige Persönlichkeit immer offensichtlicher, aber Ihr Kleines kann erst mit anderen spielen, wenn das Gehirn weiter entwickelt ist und der Spracherwerb so weit fortgeschritten, dass die Kommunikation mit anderen Kindern erfolgreicher wird.

12–15 Monate In diesem Alter braucht Ihr Kind Ihre Anleitung, wie es spielen soll. Zeigen Sie ihm z. B., wie ein Spielzeug funktioniert, und lassen Sie es dann auf seine Weise damit hantieren. Es beobachtet vielleicht andere Kinder, aber spielt allein und macht keinen Versuch, mit dem anderen Kind zu interagieren.

16–20 Monate Ihr Kind braucht immer noch Führung in seinem Spiel und wird ständig beobachten und nachmachen. Darstellendes und Symbolspiel entwickeln sich später. Es wird sich anderer Kinder stärker bewusst, ahmt deren Handlungen schon nach und spielt auch neben ihnen.

21–24 Monate Es zeigen sich erste Anzeichen für einen Rollentausch in Ihrer Beziehung. Sie stellen plötzlich fest, dass Sie der Statist in seinem Spiel sind und Ihre Rolle nun eher in der Unterstützung und Ermutigung statt in der Anleitung besteht. Es versteht allmählich das Konzept des Symbolspiels, also z. B. so zu tun, als tränke man aus einer Tasse, und erfindet seine eigene Welt

»Das angeleitete Spiel, bei dem Sie Ihr Kind führen, ist sinnvoll, aber es muss auch frei experimentieren und aus Erfahrungen lernen dürfen.«

und Geschichten. Wenn es sein Spiel nun steuert, entwickelt es logisches Denken und hat Erfolgserlebnisse, was den Keim für Selbstwertgefühl und Selbstvertrauen legt.

25–30 Monate Nun ist Ihr Kind fähig, die Handlung einer Geschichte vorzugeben, und schaut, wie Sie das Szenario ausgestalten und neue Entwicklungsstränge hinzufügen. Ihr Kind kann jetzt an der Seite anderer Kinder spielen. Beim gemeinsamen Spiel kommentieren Kinder kontinuierlich und fangen an, einander zu sagen, was sie tun sollen, aber sie können noch nicht kooperieren oder eine gemeinsame Aktivität planen.

31–36 Monate Ihr Kind beginnt, selbst zu denken, und experimentiert vielleicht mit dem Unterschied zwischen Fantasie und Realität im darstellenden Spiel, indem es Requisiten einsetzt. Mit drei Jahren wissen die meisten Kinder, was Teilen bedeutet, aber es fällt ihnen in der Praxis noch schwer.

Kinder sind in diesem Alter sehr besitzergreifend. Sie meinen, dass Spielsachen und andere ihnen liebe Gegenstände ein Teil von ihnen sind – selbst wenn sie ihnen nicht gehören und sie sie nicht benutzen.

Sie verfügen über eine kurze Aufmerksamkeitsspanne und sind zu egozentrisch, um zu verstehen, dass andere Menschen auch Bedürfnisse oder Gefühle haben. Egozentrisch bedeutet in diesem Zusammenhang nicht egoistisch. Ihr Kind ist in einem Stadium, in dem es, wenn es die Augen schließt, meint, dass niemand es sehen kann – weil es selber niemanden sieht. Die Welt existiert ausschließlich in seiner Perspektive. Weigert sich ein Kind zu teilen, so nicht aus Ungehorsam – es ist einfach zu jung, um Ihr Denken voll zu verstehen. Auf andere eingehen, teilen, Kompromisse schließen sind hoch komplexe Fähigkeiten, für die es Jahre braucht.

37–48 Monate (und länger) Mit vier Jahren spielt Ihr Kind selbstständig und kann in eine imaginäre Rolle schlüpfen. Es hat eine klare Vorstellung von der Handlung von Geschichten. Manche haben (bis acht Jahre) einen imaginären Freund und können nur schwer zwischen Fantasie und Realität unterscheiden.

DEN TON ANGEBEN

Kleine Kinder sind meist fasziniert von älteren Kindern und lassen sich sehr gern von ihnen führen, was ihre sozialen Fähigkeiten erweitert.

12–18
MONATE

FASZINIERENDES KLEINKIND

UNTERWEGS DER HORIZONT IHRES BABYS WEITET SICH PLÖTZLICH, WENN ES LAUFEN LERNT UND SEINE UMGEBUNG AUS EINER GANZ NEUEN PERSPEKTIVE BETRACHTET.

NEUE AKTIVITÄTEN

DIE AUGEN-HAND-KOORDINATION ENTWICKELT SICH, UND IHR KIND WIRD IMMER GESCHICKTER IM UMGANG MIT SPIELSACHEN. ES BEGINNT SELBSTSTÄNDIGER ZU SPIELEN.

»Los geht's! Ihr Kind ist dabei, die aufregende Reise in die Kleinkindzeit anzutreten.«

LIEBE UND ZUWENDUNG DAS WISSEN, GELIEBT ZU WERDEN, IST UNVERZICHTBAR FÜR DIE AUSBILDUNG VON SELBSTWERT- UND GEBORGENHEITSGEFÜHL.

Die Entwicklung Ihres Kindes

Der erste Geburtstag Ihres Kindes ist ein großes, auch emotionales Ereignis, kann aber auch gemischte Gefühle auslösen. Die letzten zwölf Monate haben Ihr Leben verändert; da ist es normal, ein wenig Wehmut zu verspüren, wenn man die Babysachen wegräumt und auf die Zukunft des Kindes blickt.

Körperliche Bewegung und Spracherwerb dominieren die nächsten ein bis zwei Jahre, in denen Ihr Kind die Babyzeit hinter sich lässt und das spannende Neuland zunehmender Selbstständigkeit und Kommunikation betritt.

Nun beginnt es intensive Gefühle zu verspüren, mit denen es aber noch nicht umgehen kann. Dabei braucht es Ihre Hilfe. Die Art, wie Sie während der kommenden Monate auf Ihr Kind reagieren, beeinflusst langfristig seine soziale Entwicklung. Zeigen Sie Ihre Liebe, umsorgen und ermutigen Sie es, und geben Sie ihm Sicherheit, wenn es krabbelt, erste Schritte macht und wieder hinpurzelt. So wird es angespornt, diese neu erworbene Mobilität zu trainieren und auszukosten. Nach und nach erwirbt es Fähigkeiten, mit deren Hilfe es sich äußern und seine Bedürfnisse klarer mitteilen kann.

Die Intelligenz

Diese frühen Monate sind für eine gesunde Gehirnentwicklung äußerst bedeutsam (s. S. 71); die Form der Weltwahrnehmung in diesem zweiten Lebensjahr hat große Auswirkung auf die emotionale Entwicklung wie auch auf die Lern- und Denkfähigkeit. Kinder dieses Alters müssen wissen, dass der Mensch, der für sie sorgt, emotional verfügbar ist, dass sie ihm vertrauen können und er ihnen keinen Schaden zufügen würde. Ihr Kind nimmt bereits emotionale Botschaften aus seiner Umgebung auf, was wesentlich zu seiner späteren Sozialkompetenz und seiner sozialen Intelligenz beitragen wird.

Bald werden Sie einige klare Verhaltensregeln und Grenzen festsetzen müssen; in den nächsten sechs Monaten wird das Verhalten aber am besten noch mit Ablenkungsmethoden reguliert. In den nächsten zwei Jahren sollten Sie sicherstellen, dass Ihr Kind viel Lob und Ermutigung erfährt und

»Auch wenn es selbstständiger wirkt, braucht Ihr Kleinkind Sie mehr denn je: als Ruhepol, zum Grenzensetzen, zur Ermutigung.«

VIEL LOB *Das Selbstvertrauen Ihres Kindes entwickelt sich dank Ihrer Rückmeldungen. Loben Sie daher alle Versuche, Neues zu erproben, selbst wenn es misslingt.*

das Wort »Nein« nicht vorherrscht. Ebenso wie Ihr Kind Nahrung, Wärme und ein sicheres »Nest« braucht, um sich entwickeln zu können, braucht es auch Liebe und Trost, um Selbstvertrauen zu entwickeln. Ein Kind, das sich geliebt und sicher fühlt, bildet ein besseres Selbstwertgefühl aus und empfindet mehr Sicherheit – also zeigen Sie Ihrem Kind, wie sehr es geliebt wird, und loben Sie es oft.

Kurzes Gedächtnis

Ihr Kind verfügt noch nicht über gesunden Menschenverstand; sein Gedächtnis ist auch nicht ausreichend entwickelt, um Informationen lange zu behalten. Sie müssen die grundlegendsten Anweisungen immer wieder wiederholen und sind vielleicht überrascht, dass Ihr sonst so kluges Kind die Tatsache nicht begreifen kann, dass nicht nur eine bestimmte, sondern jede Steckdose gefährlich ist. Das ist in diesem Alter völlig normal.

Ihr Kind interessiert sich hauptsächlich für Sie – und wie Sie auf seine Bedürfnisse reagieren. Es stellt sich auf Ihre Äußerungen und Reaktionen ein, auf die Art, wie Sie sprechen, wie Sie riechen, wie Sie es tragen und darauf, ob Sie angespannt oder entspannt sind. Ab dem 12. bis 18. Monat erlernt es Fähigkeiten, die für Einfühlungsvermögen und Sozialverhalten wichtig werden. Mit der Verfeinerung der Sinne und des Raum-Lage-Bewusstseins verbessert sich auch das Gedächtnis. Das Kind kann sich nun vorstellen: »Wenn ich hier stehe, kann ich bis dorthin greifen«, und es kann sich z. B. daran erinnern, wie sein Saft riecht. Anhand der Sinneseindrücke werden nun Erinnerungen wachgerufen; ab dem 19. bis 24. Monat erfolgt dieser Prozess immer schneller. Grundlage ist das wachsende Interesse des Kindes an seiner Umgebung und seine Fähigkeit, sie zu erforschen. Mit zwei Jahren sind die Sinne voll entwickelt; die Sinnesintegration, also die Koordination und Verarbeitung der parallel erfahrenen Sinneseindrücke, entwickelt sich nach und nach durch immer weitere Erfahrungen.

»Diese Entwicklungsphase ist so großartig, ich hoffe, Sie können sie voll genießen. Sie müssen die körperliche Entwicklung auf keinen Fall irgendwie forcieren. Alles geschieht ganz von selbst und zur richtigen Zeit.«

Neue Fähigkeiten

In dieser Entwicklungsphase lernt Ihr Kind vor allem Laufen, Sprechen und den Umgang mit Gefühlen. Während Ihr Kleines mit zwölf Monaten noch ziemlich fremdelt, gibt es mit 18 Monaten klare Anzeichen von Selbstständigkeit – auch wenn Sie weiterhin der Mittelpunkt seiner Welt sind.

Körperlich festigen sich die grobmotorischen Fähigkeiten, die die großen Bewegungen steuern, so weit, dass Ihr Kind sitzen, stehen, krabbeln und laufen lernt. Die feinmotorischen Fähigkeiten, die die kleineren Bewegungen des Körpers ausführen, entwickeln sich. Sie stellen fest, dass Ihr Kind kleine Gegenstände mit Daumen und Zeigefinger greifen kann (am Anfang noch ungeschickt). Es zeigt begeistert auf etwas Interessantes, es kann Dinge fallen lassen und werfen und beginnt, mit Bauklötzen zu bauen sowie zu kritzeln. Wenn sich neue Muskeln ausbilden und es seinen Babyspeck verliert, erkennen Sie Veränderungen seines Körpers und des Gesichts. Es wirkt immer weniger wie ein Baby und mehr wie ein Kind.

Anzeichen für eine gesunde Entwicklung

Beachten Sie, dass sich jedes Kind gemäß seinem eigenen Tempo entwickelt und selten ganz geradlinig (s. S. 64). Im Folgenden finden Sie Anhaltspunkte, wann sich neue Fähigkeiten entwickeln.

Am Ende des 12.–15. Monats kann Ihr Kind:

- einige Augenblicke frei stehen.
- vielleicht einige Schritte frei laufen.
- Spielsachen willentlich fallen lassen und werfen.
- vielleicht mit den Fingern oder dem Löffel selber essen (mit Kleckern).
- kleine Gegenstände im Pinzettengriff (Daumen und Zeigefinger) greifen.
- vielleicht ein Wort oder mehr Wörter sagen.

Am Ende des 16.–18. Monats kann Ihr Kind:

- vielleicht sicher laufen; es setzt dabei zunehmend die Ferse zuerst auf.
- vielleicht Treppen steigen oder rennen.
- allein knien.
- sich hinhocken und wieder aufstehen.
- vertraute Menschen aus einiger Entfernung erkennen.
- auf bekannte Dinge zeigen.
- drei bis sechs Wörter sagen.

SCHWIERIGE ZEITEN

Wenn Ihr Kind sich bemüht, seine Welt sinnvoll zu deuten, braucht es Ihre Hilfe. Je frustrierter es ist, umso ruhiger und geduldiger müssen Sie sein.

Was ist normal, und wann muss man sich Sorgen machen?

Eltern machen sich – vor allem beim ersten Kind – viele Sorgen: um das Verhalten, aber auch das Tempo, in dem Meilensteine der Entwicklung erreicht werden. Es ist gut zu wissen, was im normalen Bereich liegt und wann und wo man Rat suchen sollte.

Viele Ihrer Sorgen um Ihr Kind sind sicher unbegründet (s. Kasten unten). Dennoch ist es wichtig, sie zu artikulieren. Sprechen Sie mit Ihrem Kinderarzt, fragen Sie die Erzieherinnen in der Kinderkrippe (wenn Ihr Kind eine besucht) und diskutieren Sie Bedenken mit anderen Eltern. Lassen Sie sich dabei jedoch nicht auf einen Wettbewerb ein. Denken Sie daran, dass andere Eltern manchmal das Verhalten und die Fortschritte ihres Kindes übertreiben. Hat Ihr Kind ein ähnliches Temperament wie Sie, haben Sie vielleicht bestimmte Erwartungen an sein Verhalten. Bleiben Sie jedoch offen; gehen Sie nicht davon aus, dass es sich so oder so benimmt oder etwas Bestimmtes zuerst lernt.

Ihre Befürchtungen – oft ganz normal – dürfen sich nicht negativ auf Ihr Kind auswirken und es unsicher machen.

FRÜHE WARNSIGNALE

Werden bestimmte, grundlegende Meilensteine nicht termingerecht erreicht, kann dies Anlass zur Sorge geben. Doch man kann nicht genug betonen, dass sich jedes Kind gemäß seinem eigenen Tempo entwickelt. Bei Unsicherheiten suchen Sie professionellen Rat.

▶ **Sprache** Lallt und plappert das Kind nicht und bleiben Reaktionen auf

ESSPROBLEME *Die Mahlzeiten können zum Schauplatz täglicher Kämpfe zwischen Ihnen und Ihrem Kind werden. Bleiben Sie beim Thema Essen locker, im Wissen, dass es nicht verhungern wird.*

HÄUFIGE SORGEN (1–3 JAHRE)

Keine der folgenden Verhaltensweisen ist auffällig, doch Sie sind nicht allein mit Ihren Sorgen:

▶ Störendes Verhalten als Suche nach Aufmerksamkeit bei Langeweile.

▶ Übermäßige Unruhe, wenn Besuch da ist.

▶ Extreme Unordentlichkeit und Unfähigkeit aufzuräumen.

▶ Dinge auf den Boden werfen, vor allem Speisen.

▶ Zärtlichkeiten ablehnen, vor allem von denen, die am ehesten beleidigt sind!

Die folgende Statistik zeigt, wie viele Eltern von Kleinkindern sich mit unnötigen Sorgen belasten:

▶ 50 Prozent meinen, dass ihr Kind zu wenig isst.

▶ 64 Prozent glauben, dass ihr Kind das Falsche isst.

▶ 52 Prozent geben an, dass ihr Kind nachts aufwacht.

▶ 70 Prozent berichten von Schwierigkeiten, das Kind ins Bett zu bringen.

▶ 68 Prozent sorgen sich, weil ihr Kind andere schlägt oder Sachen wegnimmt.

▶ 79 Prozent sagen, dass ihr Kind anhänglich ist.

▶ 94 Prozent sorgen sich, weil ihr Kind ständig Aufmerksamkeit sucht.

Geräusche aus, kann eine Hörstörung bestehen. Hier gibt es wirksame Therapiemöglichkeiten; ggf. kann ein Kind die Gebärdensprache im gleichen Alter lernen wie hörende Kinder Wörter.
Beachten Sie:
▸ Eine unkorrekte Verwendung von Wörtern oder eine undeutliche Aussprache sind in diesem Alter völlig normal.
▸ Wird mit dem Kind viel gesprochen, bedeutet das nicht zwangsläufig, dass es mit zwölf Monaten sprechen lernt.
▸ **Bewegung** Bei schlaffem, schwachem Muskeltonus kann das Kind nicht frei sitzen, den Kopf nicht halten und sich nicht auf den Armen hochstemmen. Macht Ihr Kind keine Anstalten, sich zum Stehen hochzuziehen, und zeigt es ein chronisches Desinteresse an Bewegung, bitten Sie den Arzt, seine Grobmotorik zu überprüfen (s. S. 48).
Beachten Sie:
▸ Bewegt sich das Kind auf dem Po fort, statt zu krabbeln, bedeutet das keine Regression.
▸ **Soziale Fähigkeiten** Mangelnder Blickkontakt, kein Zurücklächeln, Desinteresse am Guck-Guck-Spiel, Aufmerksamkeitsprobleme, kein Deuten oder Hinschauen auf einen gezeigten Gegenstand können auf Probleme in der sozialen Entwicklung hinweisen.
Beachten Sie:
▸ Anhänglichkeit und Schüchternheit sind in diesem Alter normal.

▸ **Essen** Mangelnde Gewichtszunahme, Reflux oder Allergien und chronische Appetitlosigkeit müssen vom Arzt untersucht werden.
Beachten Sie:
▸ Das Spielen mit und Auf-den-Boden-Werfen von Nahrungsmitteln ist normal.

KINDERÄRZTLICHE BERATUNG

Wenn Sie mit Ihren Bedenken zum Kinderarzt gehen, rät er vielleicht, zunächst einmal abzuwarten. Das kann in diesem Alter angebracht sein, da sich Kinder unterschiedlich schnell entwickeln. Es bedeutet nicht, dass der Arzt Ihr Kind nicht ernst nimmt. Stellt

LAUFEN LERNEN *Die ersten Schritte sind ein Meilenstein und Grund zum Feiern. Kinder lernen zwischen zehn und 18 Monaten laufen; der Zeitpunkt sagt nichts über ihre sportlichen Fähigkeiten oder ihre Intelligenz aus.*

sich nicht rasch eine Verbesserung ein, werden Sie erneut vorstellig.

Vertrauen Sie immer Ihrer elterlichen Intuition. Scheint etwas nicht in Ordnung zu sein, haben Sie das Recht, aktiv zu werden. Man spricht heute viel von Frühförderung, und es gibt viele Beratungsstellen und Anlaufstellen, wo Sie Hilfe finden (s. S. 310f.)

Laufen und Sprechen

Die meisten Kinder machen in den nächsten sechs Monaten ihre ersten Schritte und sprechen die ersten Worte. Das ist eine aufregende Zeit. Lassen Sie sich von seinem Tempo leiten, und stellen Sie keine Vergleiche mit anderen Kindern an; es wird dasselbe lernen wie alle anderen – zu seiner Zeit!

Kleinkinder sind sehr willensstark. Sie krabbeln, laufen, rennen und klettern mit Begeisterung auf, unter und über alle möglichen Hindernisse und auch Treppen hoch und runter. Das ist ganz normal und trägt zur Kräftigung der Muskeln und zur Verbesserung von Koordination und Gleichgewicht bei.

Wie Sie Bewegung und Lernen fördern:

■ Geben Sie Ihrem Kind Bewegungsfreiheit. Machen Sie täglich Spaziergänge. Es ist viel näher am Boden als Sie, und daher ist jeder Schritt ein sinnliches Erlebnis. Sprechen Sie mit ihm über die Umgebung, zeigen Sie auf Farben, Tiere und Gegenstände.

■ Schaffen Sie sichere Bereiche zum Spielen und Erkunden, wo Ihr Kind weder selbst zu Schaden kommen noch etwas kaputt machen kann.

■ Loben Sie es ausgiebig für seine Erkundungstouren, und geben Sie positiven Zuspruch, der Verständnis verstärkt.

■ Behalten Sie Ihre Anspannung, wenn es so unsicher herumwackelt, möglichst für sich. Hinfallen gehört dazu. Das kann überall geschehen. Beruhigen Sie es ohne viel Trara, dann wird es ermutigt, weiter zu probieren, und es lernt dabei aus seinen Fehlern.

Wichtiges Gleichgewicht

Das Gleichgewicht ist eine unverzichtbare Fähigkeit, die erlernt werden muss, schon in der Gebärmutter. Sie wird über das Gleichgewichtsorgan des Körpers gesteuert, das vestibuläre System. Dieses gehört zu den ersten Systemen, die der Körper durch die Bewegungen in der Gebärmutter entwickelt. Durch das Gleichgewichtsorgan verstehen wir, wo wir uns in Beziehung zu den Dingen befinden: Zum Beispiel können wir bestimmen, wie weit ein Stuhl von uns entfernt ist, damit wir nicht darüber fallen oder anstoßen. Oder

PRAKTISCHER HALT *Ein Schiebewagen ist in diesem Alter ein ideales Spielgerät. Zwar merkt Ihr Kind, dass seine Füße ihm größere Selbstständigkeit ermöglichen, doch braucht es weiterhin ständige Aufsicht durch einen Erwachsenen.*

BALANCIEREN LERNEN

Ein Schaukelpferd macht viel Spaß und fördert die Ausbildung des Gleichgewichtssinns.

wir wissen, wie groß wir im Verhältnis zu den umgebenden Gegenständen sind, damit wir z. B. wissen, ob wir durch den Türrahmen passen. Erst wenn das Gleichgewichtsorgan voll ausgereift ist, entwickeln sich auch die anderen Sinnesorgane vollständig. Alle Sinnesorgane müssen integriert werden, damit die »höheren« Systeme in Kraft treten können, wie das Denken und Verstehen (Kognition) und die Selbstkontrolle. Ein schwach entwickeltes Gleichgewichtsorgan führt zu Tollpatschigkeit; ein überreagibles führt zu Lageproblemen, wie Reiseübelkeit.

Jeder, der erlebt hat, wie ein kleines Kind laufen lernt, weiß, dass die Ausbildung des Gleichgewichtssinns Zeit erfordert. Kindliche Aktivitäten, wie Schaukeln, Wiegen und Wippen und andere wiederkehrende Bewegungen, tragen zur Entwicklung des Gleichgewichtsorgans bei. Denken Sie daran, wenn Ihr Kind wieder auf dem Bett oder Sofa hüpft! Das fördert Beweglichkeit, Kopfkontrolle, Augenbewegungen, Koordination und Körperbewusstheit. Ermutigen Sie Ihr Kind zu Bewegungen, sie stimulieren die Ausbildung des Gleichgewichtssinns und die Konzentration. Weitere Hinweise, dass sich das Gleichgewichtsorgan noch in Entwicklung befindet, sind: Hin- und Herrutschen und Schaukeln am Tisch, das Bedürfnis, ständig herumzurennen, »Hyper«-aktivität und mangelnde Konzentrationsfähigkeit. Dieses Verhalten ist meist normal und kein Grund zur Besorgnis, sofern es nicht über die Kleinkindjahre hinaus bestehen bleibt. Der Gleichgewichtssinn ist gewöhnlich mit zwölf Monaten ausgebildet, wird aber im Spiel und wenn das Kind lernt, ruhig zu sein und sich zu konzentrieren, weiter entwickelt.

Sprechen lernen

Ihr Baby beginnt im Augenblick der Geburt zu kommunizieren; mit zehn Monaten ist es in der Lage, Ihnen durch Zeigen und Gestikulieren mitzuteilen, was es will. Der Spracherwerb verdeutlicht den Übergang vom Babyalter zur Kleinkindzeit. Die ersten Wörter sind sehr einfach und beziehen sich gewöhnlich auf eine Person (Mama, Papa), einen Gegenstand (Tasse, Teddy) oder eine Handlung (Ata-ata, weg); in den kommenden Monaten erwerben viele Kinder einen Wortschatz von 20 bis 50 Wörtern. Am ersten Geburtstag kann sich Ihr Kind in einem gewissen Maß verbal verständlich machen.

Die Art, wie es Wörter entdeckt, ist weitgehend zufällig, aber für Sie als Eltern dennoch sehr aufregend. Es versteht viel mehr Wörter, als es sprechen kann; es versteht allmählich einfache Aufforderungen und reagiert darauf.

In diesem Stadium bezeichnen Kinder typischerweise mit demselben Wort verschiedene Dinge. Das Wort »Katze« kann z. B. jedes Tier meinen. Das Wort »heiß« kann bedeuten »Es ist heiß« oder »Ich mag das nicht« oder »Kühl es ab«. Diese Phase dauert mehrere Monate. Keine Sorge, wenn seine Wörter anfangs undeutlich oder ungenau sind – das wird mit der Zeit besser.

Sprechenlernen ist für Kinder sehr reizvoll, da Verstandenwerden weniger Frustration bedeutet. Daher besitzen sie einen großen Ansporn, sich schnell neue Wörter und Bedeutungen anzueignen. Wenn Sie Ihr Kind mit Lächeln und positivem Feedback für die Verwendung von Wörtern ermutigen, spornen Sie es weiter an und zeigen ihm, dass Sprechen Erfolg bringt.

»Jedes Kind entwickelt sich in seinem eigenen Tempo; die meisten Kinder verfügen mit 15 Monaten jedoch über etwa zehn Wörter, mit 20 Monaten über 50 und mit 24 Monaten über 200 Wörter.«

Sich auf Ihr Kind einstimmen:

■ Gehen Sie auf seine Art des Sprechens ein, und achten Sie auf seinen Tonfall. Sie erfahren oft mehr darüber, was es sagen will, wenn Sie seine Betonungen beachten.

■ Zeigen Sie Freude und übertreiben Sie Ihre Antworten, sodass Ihr Kind den Rhythmus der Wörter leichter aufnimmt.

■ Beachten Sie seine Körpersprache. Worauf schaut es beim Sprechen? Gibt es Gesten wie Zeigen oder Lächeln? Über 70 Prozent der Botschaften, die wir aussenden, erfolgen nonverbal. Was sagt Ihr Kind noch?

■ Sprechen Sie viel mit ihm. Je mehr Menschen mit Ihrem Kind sprechen, umso besser lernt es Sprache. Begeben Sie sich auf seine Ebene, und stellen

Wie sich Sprache entwickelt

Schon in den ersten Lebensmonaten entwickeln Babys die Fähigkeit, einzelne Wörter zu verstehen; aber erst wenn sich das Denk- und Verständnisvermögen entwickelt hat und das Artikulationssystem, einschließlich der Stimmbänder, gereift ist, können sie sprechen lernen. Wichtiger Teil des Spracherwerbs sind die Lautbildungen des Babys; sie trainieren die Stimmbänder und regen das Gehirn zum Erkennen und Bilden von Lauten an.

▶ **1. Monat** Selbstbezogene und reaktive Geräusche wie Husten, Schniefen und Schreien.

▶ **2–4 Monate** Gurren und Lachen, oft in Reaktion auf eine Person.

▶ **4–6 Monate** Lallen, mit Lauten experimentieren, Muskelentwicklung sowie Fähigkeiten der Bewegung und Koordination von Mund und Zunge.

Alle Babys durchlaufen diese ersten drei Phasen, brauchen nach dem sechsten Monat aber Anregungen von außen.

▶ **6–10 Monate** Das Plappern ähnelt immer mehr Wörtern; das Baby braucht viel Ansprache und Interaktion, um den fortschreitenden

Spracherwerb sicherzustellen; sonst verlangsamt sich die Sprachentwicklung und verkümmert allmählich.

▶ **10–12 Monate** Mit zwölf Monaten drückt Ihr Baby sich über Laute und verschiedene Tonhöhen aus – z. B. eine höhere Stimmlage bei Überraschung oder Fragen.

Kinder besitzen eine angeborene Fähigkeit, Lautmuster und Wörter jeder Sprache zu unterscheiden. Sie lernen dann die Laute und Regeln der Sprache, die sie überwiegend hören.

»Es war so aufregend, als Jessica sprechen lernte. Es war ein Geschenk. Ein kleiner Mensch bildete sich heraus.«

Adam, 34

Sie Blickkontakt her. Sprache wird nicht nur durch Hören von Wörtern erlernt, sondern auch durch die Wahrnehmung von Tonfall, Mimik, Stimmung und Gefühlen.

■ Singen Sie Lieder, erzählen Sie Geschichten und Witze, erfinden Sie Quatschreime und singen Sie Bewegungslieder.

■ Passen Sie Stimmung, Gesichtsausdruck und Körpersprache seinem Ausdruck an. So erhält es Rückmeldung, dass Sie seine Gefühle verstehen. Das wirkt Frustration und Rückzug entgegen. Wenn es z. B. glücklich und aufgeregt ist, zeigen auch Sie sich glücklich und aufgeregt.

■ Geben Sie ihm Zeit zu reagieren. Pausen ermutigen Ihr Kind zu sprechen und durch Sprache seine Wünsche auszudrücken. Wenn Sie es z. B. kitzeln, warten Sie auf ein Signal von ihm, es nochmals zu tun. Das bedeutet auch, dass Sie nichts fortsetzen, was es nicht will.

■ Haben Sie Geduld mit dem Wiederholungsbedürfnis Ihres Kindes! Durch Wiederholungen festigen sich Erfahrungen im Gehirn.

Das Gehirn Ihres Kindes

Um die Entwicklung Ihres Kindes zu unterstützen, müssen Sie ihm nur zuhören, es beobachten, viel mit ihm sprechen und positiv auf es eingehen. Sein Gehirn erledigt den Rest selbst; es ist nicht nötig, etwas voranzutreiben oder zu erzwingen. Dies kann die Entwicklung in anderen Bereichen sogar verlangsamen.

Das Gehirn entwickelt sich schon in der Gebärmutter und besteht bei der Geburt aus über 100 Milliarden Zellen und 50 Billionen Leitungsbahnen und Verbindungen. Beim Neugeborenen hat es nur ein Viertel seiner endgültigen Größe, wächst aber bis ins dritte Lebensjahr auf 80 Prozent an.

Die Gehirnentwicklung erfolgt, wenn die Zellen im Gehirn des Babys Synapsen bilden, um Ereignisse und Erfahrungen zu verbinden und so Bedeutung herzustellen. Dies beginnt schon in der Gebärmutter und dauert die frühe Kindheit hindurch an. Ihr kleines Baby hat z. B. gelernt, dass sich sein Bein bewegt, wenn es eine bestimmte Muskelgruppe anzieht. Wenn es diese Kontraktion mehrere Male wiederholt und dasselbe Resultat erlangt, bildet sich eine bleibende Verknüpfung im Gehirn. Bald wird Ihr Baby gelernt haben, wie es die Bewegung des ganzen Beins kontrolliert. Dann haben sich im Gehirn die Informationen über die Bewegung und die über das Bein dauerhaft verknüpft. Nehmen solche Verknüpfungen über Vorgänge im Körper zu, bildet sich ein Bewusstsein des Selbst heraus.

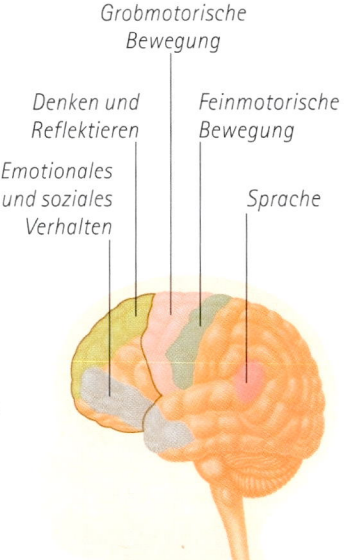

Grobmotorische Bewegung

Denken und Reflektieren

Feinmotorische Bewegung

Emotionales und soziales Verhalten

Sprache

Wie sich das Gehirn entwickelt

Das Gehirn eines Babys ist sehr unreif und in vieler Hinsicht ein unbeschriebenes Blatt. Emotionale Bewusstheit, Reflexions- und Denkvermögen, soziales Verständnis und Gedächtnisbildung haben kaum begonnen. Die Erfahrungen, die ein Baby hat, und die Beziehungen, die es in den ersten drei Lebensjahren herstellt, spielen eine besonders wichtige Rolle in der Entwicklung und »Vernetzung« des kindlichen Gehirns. Forschungen zeigen heute, dass frühe Erfahrungen lebenslang größten Einfluss auf die Persönlichkeitsbildung haben.

DAS GEHIRN REIFT

Ein Kleinkind entwickelt zentrale Fähigkeiten (markierte Bereiche) und baut sie bis in die Adoleszenz, ja lebenslang aus.

»Erfahrungen und Beziehungen, die Ihr Baby in den ersten drei Jahren eingeht, bestimmen lebenslang die Vernetzung seines Gehirns.«

Mit drei Jahren besitzt das Gehirn eines Kindes doppelt so viele Verknüpfungen wie das eines Erwachsenen; darum lernt Ihr Kind so schnell. Das heißt aber nicht, dass es Ihr Reflexions- oder Denkvermögen besitzt; sein Gehirn muss erst lernen, wie man Informationen interpretiert. In dieser frühen Entwicklungsphase geht es um die Formung und Verfeinerung der Gehirnfunktionen. Ein junges Gehirn ist flexibel und kann soziale, emotionale und intellektuelle Fähigkeiten ziemlich schnell aufnehmen.

Das Gehirn bildet bis zum zehnten Lebensjahr neue Verknüpfungen; dann erfolgt ein Schrumpfungsprozess, und ungenutzte Verbindungen werden gelöscht. Das ist völlig normal und eine Form der Stärkung der bestehenden Gehirnverknüpfungen, so wie Sie eine Pflanze beschneiden, um das weitere Wachstum anzuregen. Ab dem zweiten Lebensjahr ummantelt und stärkt die Substanz Myelin die Verknüpfungen und verbessert und beschleunigt die Kommunikation zwischen den Zellen. Unsere Erfahrungen und die Gewohnheiten, die wir ausbilden, formen und entwickeln diese Verknüpfungen im Laufe der Zeit weiter.

Einflüsse auf die Gehirnentwicklung

Die Gehirnentwicklung wird von genetischen Faktoren beider Eltern sowie durch die Umgebung beeinflusst. Eltern und Betreuungspersonen haben daher entscheidenden Einfluss auf die sich bildenden Gehirnverknüpfungen.

Wichtige Faktoren in den ersten drei Lebensjahren:

■ Zugewandter, liebevoller Umgang mit Lächeln, Zärtlichkeit und Freude, kombiniert mit positiver Anregung, wie Ansprache und Spiel, beeinflusst die sich entwickelnde Gehirnchemie und fördert das Wohlbefinden (s. S. 88).

■ Wird dagegen nicht auf das Kind reagiert oder umsorgt man es nicht zuverlässig, steigt der Stresshormonspiegel im Gehirn. Dies kann zu emotionalen, sozialen, körperlichen Störungen sowie zu Lernproblemen führen (s. S. 86).

■ Sind die Grundbedürfnisse eines Babys befriedigt – physiologische (Nahrung und Wärme), Sicherheit, Pflege und Selbstwert –, kann es bedeutend leichter neue soziale und mentale Fähigkeiten erlernen (s. S. 73).

■ Erfahrungslernen ist entscheidend für die Gehirnentwicklung. Früher Kontakt mit Wörtern beim Vorlesen, Sprechen, Singen und bei Ritualen, ungefährdete Erforschung der Umgebung und Spielen fördern die Entwicklung der sprachlichen und sozialen Fertigkeiten. Fernsehen hat keinesfalls die gleiche positive Wirkung auf die Gehirnentwicklung.

◾ Kinder dieser Altersgruppe müssen sich in ihrem eigenen Tempo entwickeln können. Wer einen Entwicklungsbereich beschleunigen will, kann das Wachstum in einem anderen Bereich behindern. Das Kind muss die Zeit haben, einfach zu »sein«.

Wachstumsschübe

Die Gehirnentwicklung ist kein gleichmäßig fortschreitender Prozess, sondern vollzieht sich in Schüben, gewöhnlich mit drei Monaten, 18 Monaten, zwischen dem zweiten und vierten Lebensjahr, dem sechsten und achten und dem zehnten und zwölften. Untersuchungen legen nahe, dass motorische, sprachliche und intellektuelle Fähigkeiten sich parallel dazu entwickeln.

Die Umgebung eines Kindes spielt eine entscheidende Rolle für die frühe Gehirnentwicklung – und legt die Grundlage für das spätere Wohlbefinden. Zugewandte, herzliche Beziehungen, gepaart mit der Fähigkeit, zuzuhören, zu beobachten und Bindungen einzugehen, sind gleichermaßen wichtig.

Phasen starker Veränderungen im Gehirn können für Kinder krisenhafte Zeiten sein, Unruhe auslösen und das Verhalten beeinflussen. Eltern haben das Gefühl, dass sich ihr Kind täglich verändert. Das Wissen darüber hilft, Befürchtungen über zu schnelles oder langsames Wachstum zu zerstreuen.

Die Grundbedürfnisse Ihres Babys

Der amerikanische Psychologe Abraham Maslow (1908–1970) wollte wissen, was manche Menschen motiviert, zu lernen und sich zu entwickeln, während andere zurückbleiben. Er definierte vier Grundbedürfnisse, die alle an den Überlebensinstinkt gebunden sind. Er sprach von einer Bedürfnispyramide und glaubte, dass wir die ersten vier Stufen erlangen müssen, bevor wir Stufe 5, unser mögliches Potenzial, erreichen können. Über die Priorität dieser Kategorien wurde viel diskutiert, aber es stimmt vermutlich, dass ein kleines Kind sein Potenzial erst entfalten kann, wenn seine Grundbedürfnisse erfüllt sind.

STUFE	BEDÜRFNISSE	BESCHREIBUNG
▸ Stufe 5	SELBSTVERWIRKLICHUNG	TRÄUME, ZIELE, INDIVIDUALITÄT, SELBSTLOSIGKEIT
▸ Stufe 4	Ich-Bedürfnisse	Anerkennung, Geltung, Selbstachtung, Respekt
▸ Stufe 3	Zugehörigkeit	Liebe, Freundschaft, Kontakt zur Gruppe
▸ Stufe 2	Sicherheit	Materielle und Lebenssicherheit, Schutz
▸ Stufe 1	Grundbedürfnisse	Essen und Trinken, Schlaf, Wärme, Bewegungsfreiheit, Gesundheit

Zwillinge großziehen

Die ersten Jahre mit Zwillingen können sehr anstrengend sein. Oft wünschen Sie, Sie hätten mehr als zwei Hände und der Tag viel mehr Stunden. Doch die doppelte Arbeit bedeutet auch doppelte Freunde und doppeltes Glück!

Zwillings-, Drillings- und andere Mehrlingskinder sind Individuen und gleichzeitig Teil einer besonderen Symbiose. Beide Aspekte ihrer Einzigartigkeit müssen Sie als Eltern berücksichtigen. Einerseits ist es für jedes Kind schön, die Nähe des vertrauten Geburtsgenossen zu empfinden; andererseits müssen die Eltern, wenn die Kinder größer werden, sicherstellen, dass jedes in seinen individuellen Talenten und seiner Persönlichkeit geliebt und geachtet wird. Sie müssen Ihren Zwillingen vermitteln, dass sie nicht nur von Ihnen, sondern auch voneinander getrennte Wesen sind.

PRAKTISCHE PFLEGE

Zwei Kleinkinder zu haben bedeutet Stress, und Zwillinge bilden da keine Ausnahme. Ihre Zwillinge beanspruchen wahrscheinlich doppelt so viel Zeit und Energie wie ein gleichaltriges einzelnes Kind. Als Zwillingseltern brauchen Sie mehr Hilfe von außen.

Allzu leicht gewöhnt man sich an, auf beide Kinder in der gleichen Weise zu reagieren, statt auf zwei Individuen mit einzigartiger Persönlichkeit. Dies rührt teilweise aus praktischen Erwägungen her: Wenn Sie Ihre Kinder ins Bett bringen wollen, ist es einfacher, sie gleichzeitig zu waschen, ihnen die gleiche Geschichte vorzulesen und sie auch gleich anzuziehen, so wie Sie es auch mit Geschwistern im ähnlichen Alter machen würden. Babys schadet dies nicht, doch wenn die Kinder größer werden und zu sprechen beginnen, gibt es spezielle Überlegungen zu berücksichtigen.

VERZÖGERTE ENTWICKLUNG

Untersuchungen zeigen, dass Eltern von Zwillingen tatsächlich weniger mit ihren Kindern sprechen als Eltern eines einzelnen Kindes – vielleicht weil Zwillinge mit ihrer eigenen Gesellschaft zufrieden scheinen und weniger von anderen getröstet und unterhalten werden müssen. Dadurch erlernen sie jedoch tendenziell manche Fähigkeiten etwas später als andere Kinder – die Sprache z. B., weil sie mehr miteinander kommunizieren als mit kompetenten Sprechern. Auch wenn sie zu früh geboren wurden oder ein niedriges Geburtsgewicht hatten, werden manche Fähigkeiten etwas verzögert erlernt.

TOP-TIPPS FÜR ZWILLINGE

▸ **Individualität** Ziehen Sie ihre Kinder nicht gleich an und geben Sie ihnen gut unterscheidbare, nicht ähnlich klingende Namen.

▸ **Entwicklung** Jeder Zwilling wird sich in seinem eigenen Tempo entwickeln. Etikettieren Sie sie nicht zu früh nach Fähigkeiten und Interessen.

▸ **Zuschreibungen** Polarisieren Sie Ihre Kinder nicht, etwa, dass eines »brav« und das andere »frech« ist – es wird vielleicht zur selbsterfüllenden Prophezeiung.

▸ **Tägliche Pflege** Halten Sie einen Zwilling für »pflegeleichter«? Machen Sie sich bewusst, welche Auswirkung diese Einschätzung auf den anderen haben kann. Bemühen Sie sich, mit dem schwierigeren Kind Extra-Zeit zu verbringen.

▸ **Geschwister** Hüten Sie sich davor, ein Geschwisterkind zu vernachlässigen. Zwillinge können sich auch gegen ein Geschwisterkind verbünden.

▸ **Kindergarten** Überlegen Sie, ob es für Ihre Kinder nicht von Vorteil wäre, im Kindergarten in verschiedenen Gruppen zu sein.

SELBSTSTÄNDIGKEIT FÖRDERN

Zwillingseltern können sich das Leben erleichtern. Es dauert z. B. lange, bis jedes Kind seine Kleidung selbst aussucht und sich selber anzieht; stellen Sie sich vor, diese Zeit jeden Morgen zu verdoppeln, und Sie verstehen, warum viele Zwillingseltern ihre Kinder lieber selber anziehen – aber auf lange Sicht behindert dies ihre Selbstständigkeit.

Es ist wichtig, Zeit allein mit jedem Kind zu verbringen, aber versuchen Sie nicht, immer gerecht zu sein. Wie alle Kinder haben auch Zwillinge unterschiedliche Bedürfnisse; es geht nicht darum, gleich viel Zeit mit jedem Kind zu verbringen oder mit jedem das Gleiche zu tun. Strukturieren Sie Ihre Tätigkeiten und Zeit nach den Bedürfnissen und Wünschen jedes Kindes.

Bei manchen Zwillingen entwickelt sich der eine zum Führer und der andere zum Gefolgsmann, oder sie wechseln diese Rollen ab. Diese Tendenz kann auch für ihre Entwicklung gelten. Einer mag motorische Fähigkeiten früher entwickeln und der andere sein Sprachvermögen.

Zwillinge können so aneinander gewohnt sein, dass sie sich wie eine Einheit verhalten. Das gilt insbesondere für eineiige Zwillinge – möglicherweise weil Eltern und andere Personen sie noch identischer behandeln als zweieiige Zwillinge. Später können sie sich aber durchaus in unterschiedliche Richtungen entwickeln. Oder sie kopieren einander und haben viele ähnliche Begabungen. Jedes Kind wird von der Entwicklung des anderen beeinflusst, was nicht notwendigerweise zum Nachteil des Kindes sein muss.

EINE ENGE BEZIEHUNG

Zwillinge verbringen ungewöhnlich viel Zeit miteinander. Schließlich waren sie schon vor der Geburt miteinander in der Gebärmutter und werden später unweigerlich miteinander verglichen. Das kann im Kleinkindalter besonders belastend sein, wenn sie wenig Kontrolle über ihre emotionalen Reaktionen haben. Sie können intensiv aufeinander reagieren, wenn es z. B. ums Teilen von Spielsachen geht, doch dank ihrer Nähe widersetzen sie sich vielleicht jeglichem Eingriff, selbst vonseiten der Eltern.

Die enge Beziehung der Zwillinge bedeutet keine Zurückweisung der Eltern. Durch ihre Nähe können Zwillinge so aufeinander fixiert sein, dass sie sich der Bedürfnisse anderer weniger bewusst sind. Daher ist das Zusammensein mit anderen Kindern von klein an sehr wichtig, damit jedes Kind eigene soziale Fähigkeiten und seine Individualität entwickelt.

EINE SPEZIELLE BEZIEHUNG *Zwillinge sind oft sehr eng verbunden und messen sich mehr aneinander als an anderen Kindern.*

Spielen und Lernen

In diesem Alter ist das Leben ein ständiges Abenteuer und voller Spaß. Jede Aktivität, jede Unternehmung, jede Bewegung und jedes Geräusch, alles ist geheimnisvoll und aufregend. Spielen ist ein natürlicher Instinkt, durch den Ihr Kind lernt und neue Fähigkeiten ausbildet.

Von 12 bis 18 Monaten liebt Ihr Kind Aktivitäten, die sein rasantes Wachstum und die Entwicklung fördern. Laufen und Sprechenlernen haben nun höchste Priorität, gemeinsam mit der Ausbildung der Feinmotorik. Die Freude daran, elterliche Tätigkeiten zu imitieren, von Kehren über Staubwischen bis zu Telefonieren, zeigt, dass sich die Reflexionsfähigkeit entwickelt.

Spielsachen und Spiele, die Bewegung, Sprache und die Entwicklung der Feinmotorik fördern (s. S. 48), sind für diese Altersgruppe ideal. Aktivitäten, die möglichst viele Sinne ansprechen, fördern eine gesunde Gehirnentwicklung und die beginnende Gedächtnisbildung.

Jedes Kind braucht Unterstützung und Ermutigung. Es muss sich Neues aber in seinem eigenen Tempo aneignen können. Drängen Sie es nicht. Kleinkinder lernen wie Erwachsene durch Ausprobieren. Nur durch Fehler kann es weiterkommen und Fähigkeiten entwickeln.

Spielsachen auswählen

Ihr Kind braucht keine ausgeklügelten Spielsachen – Haushaltsgegenstände begeistern es oft mehr und sind für diese Altersgruppe besser geeignet als multifunktionale Spielsachen. Einfache Haushaltsgegenstände wie Töpfe und Pfannen, rasselnder Reis in verschlossenen Behältern und Stoffstücke bieten ein gutes Betätigungsfeld zum Erforschen, Krachmachen und um Texturen und Farben zu unterscheiden.

»Kannst du mir die rote Frucht geben?«/»Sollen wir dem Teddy einen Hut aufsetzen?« – Alltagshandlungen, wie Anziehen, Zähneputzen, Baden, Einkaufen und Mahlzeiten Zubereiten bieten viele Anlässe für Spiel und Spaß. Stellen Sie einfache Fragen, die Ihr Kind anleiten, Farben, Formen und Geräusche zu unterscheiden. Aber immer steht der Spaß im Vordergrund.

MUSKELKONTROLLE

Zunehmende Muskelkontrolle zeigt sich, wenn das Kind mit Dingen, z. B. einem Löffel, hantiert und Spielsachen mit Daumen und Zeigefinger greift.

KRAFTVOLL *Sobald Ihr Kind erkennt, dass sein Tun auf seine Welt Einfluss nimmt – »Ursache und Wirkung« –, wird das Um-werfen von Dingen zur Lieblingsbeschäftigung. Überflüssig zu sagen: Besser nimmt es dazu seine eigenen Spielsachen!*

KREATIVES SPIEL *Malen macht Spaß. Ihr Kind lernt dabei eine Menge über Farben; seine Feinmotorik verbessert sich ebenfalls. Ziehen Sie es am besten dazu aus.*

Spiele und Reime

Kleine Kinder albern gern herum. Sprachliche Fertigkeiten und Koordination lassen sich hervorragend bei Fingerspielen und Versen mit begleitender Handlung üben – vor allem, wenn sie ein überraschendes Ende haben. Reime und Lieder fördern den Spracherwerb, bauen Selbstvertrauen auf und stärken die Beziehung zum Kind.

Probieren Sie folgende Fingerspiele und Bewegungsspiele:

■ Das ist der Daumen Knuddeldick …

■ Es tröpfelt, es regnet …

■ Zehn kleine Zappelmänner …

■ Kommt eine Maus, baut sich ein Haus …

■ Hoppe, hoppe, Reiter, wenn er fällt …

■ Backe, backe, Kuchen, der Bäcker hat gerufen …

■ Ri-ra-rutsch, wir fahren mit der Kutsch …

Kinderverse und -lieder werden seit Generationen überliefert und sind eine sehr wertvolle Form der Förderung.

Tanz und Musik

■ Schwingen Sie Ihr Kind vorsichtig um sich, während Sie dazu singen; schaukeln Sie es auf Ihren Füßen, oder tanzen Sie mit ihm.

■ Machen Sie Musik mit Rasseln, einer Tröte oder einem Glöckchen. Ermutigen Sie Ihr Kind, eigene Geräusche zu machen, und lassen Sie – in vernünftigen Grenzen – den Lärm zu.

■ Es gibt preisgünstige CDs und Kassetten mit Kinderliedern, die einen verregneten Tag oder eine lange Autofahrt zum Vergnügen werden lassen.

Spielsachen und Aktivitäten

Ihr Kind wiederholt eine einfache Sache vielleicht immer wieder, beobachtet, wie etwas fällt, sich bewegt oder die Helligkeit verändert. Zu komplexe Spielsachen überfordern Ihr Kind entweder, und es schaltet ab, oder sie schaffen das Bedürfnis nach ständiger aktiver Unterhaltung.

Ihr Kind erwirbt die Fähigkeit, sein eigenes Spiel zu entwickeln; ermutigen Sie es dazu, so früh und so oft wie möglich. Ab dem 19. bis 24. Monat wird dies immer deutlicher. Die Spielzeiten bieten eine wunderbare Gelegenheit, bei Ihrem Kind zu sein. Regelmäßige gemeinsame Spielzeiten können über die Jahre hinweg zu einer schönen Gewohnheit werden.

Augen-Hand-Koordination, logisches Denken und Feinmotorik:

■ Dinge zum Tüfteln: einfache Puzzles mit Griffen, Stapelspiele.

■ Baumaterialien: große Bauklötze; Sandelzeug: Schaufel und Sand.

■ Spielsachen, die aufleuchten, hupen und klingeln: z. B. Autos, Telefone.

■ Spielsachen zum Planschen: Wasser, Eimer, Badewannenspielzeug.

Bewegung:

■ Spielsachen zum Ziehen und Schieben: Fahrzeuge, Nachziehtiere.

■ Bewegungsspiele mit Tätigkeiten, z. B. »Wer will fleißige Handwerker seh'n?«

Unterstützen Sie den Lernprozess:

■ Überschütten Sie es nicht mit komplexen Anweisungen und ausgeklügelten Spielsachen.

■ Helfen Sie ihm, Sachen zu erraten (Dinge verstecken), zu interagieren (Guck-guck-Spiel) und Sachen zu holen.

■ Machen Sie Tätigkeiten vor, überlassen Sie ihm aber die Führung.

■ Lassen Sie es mit einfachen Haushaltsgegenständen spielen – z. B. Karton, Topf oder Wäschekorb –, damit es seine Fantasie im Spiel ausleben kann.

Verstecken spielen: »Objektpermanenz« erfahren

Sobald Ihr Kind versteht, dass versteckte Dinge weiterhin existieren, versteht es auch eher, dass Sie immer noch existieren, wenn Sie nicht bei ihm sind. Das Wissen lindert die Trennungsangst. Versuchen Sie Folgendes:

▶ Nehmen Sie ein Spielzeug, einen Ball oder anderen Gegenstand und zeigen Sie ihn Ihrem Kind.

▶ Dann verstecken Sie den Gegenstand unter einem Kissen, Schemel oder leeren Behälter in der Nähe.

▶ Nun heben Sie das Kissen hoch, damit es sieht, wo er versteckt ist.

▶ Mit Stimme, Blick und Lächeln zeigen Sie beim Entdecken Überraschung und Freude, bevor Sie ihn wieder zudecken.

▶ Nun fordern Sie Ihr Kind auf, den Gegenstand zu finden (Sie müssen ihm vielleicht erst ein paar Mal zeigen, was zu tun ist): »Wo ist der blaue Ball hin?«/»Wo ist der rote Strumpf?«

▶ Wenn es ihn findet, loben Sie es für seine Cleverness.

▶ Dann machen Sie das Gleiche nochmals.

Sobald es das Spiel heraushat, verstecken Sie den Gegenstand irgendwo in der Nähe. Mit Anleitung wird es allmählich lernen, dass versteckte Gegenstände weiterhin existieren und sich durch Suchen finden lassen. Es ist die Kleinkindvariante des Versteckspiels.

Achtung: Kinder lieben dieses Spiel und begreifen es schnell. Verstecken Sie keine Autoschlüssel oder die Fernbedienung. Sonst verschwinden sie in den kommenden Monaten oft auf mysteriöse Weise!

Was kleine Kinder wollen und brauchen

Sie werden bald merken, dass das, was Ihr Kind will, und das, was es braucht, nicht immer das Gleiche ist. Kleinkinder sind egozentrisch; sie haben keine Ahnung von den Rechten anderer. Wenn sie etwas wollen, dann *sofort!* Das kommt daher, dass sie kein Zeitgefühl besitzen und im Hier und Jetzt leben.

Erinnern Sie sich daran, dass das Gehirn eines Kleinkindes anders ist als das eines Erwachsenen – oder eines Zehnjährigen. Neben einer anregenden Umgebung und viel Liebe braucht Ihr Kind einen ruhigen und konsequenten Umgang in den Bereichen Essen, Schlafen und Trösten. Routine kommt kleinen Kindern zugute, Strafen verstehen sie nicht.

Wiederholungen in allen Lebens- und Lernbereichen verankern die Informationen im Gehirn des Kindes und ermöglichen Lernprozesse. Dies gilt im Guten wie im Schlechten, wenn ein Kind wiederholt negative Verhaltensmuster erlebt.

»Wir waren bei Samuels Verhalten mit unserer Weisheit am Ende, aber die Berichte anderer Eltern rückten alles wieder ins rechte Licht. Jetzt wissen wir, dass das normal ist, eine Phase, die vorübergehen wird.« Caroline, 40

Seine neuen sprachlichen und motorischen Fähigkeiten schenken Ihrem Kind ein Gefühl des Erfolgs und der Stärke. Es entdeckt, dass es einen immensen Einfluss auf die wichtigen Menschen in seinem Leben hat (vor allem Eltern und Geschwister), und widerspricht mit größtem Vergnügen! Die Macht des »Nein« erfüllt es mit Freude und ist für Sie ziemlich anstrengend! Das bedeutet nicht, dass Ihr Kind unartig oder »böse« ist – es ist einfach normal. Das Bedürfnis nach Bindung an eine vertraute erwachsene Person bleibt im 12. bis 18. Monat sehr stark ausgeprägt (s. S. 90). Hat ein kleines Kind Hunger, muss es gefüttert werden, hat es Angst, muss es Sicherheit und Trost finden, schreit ist, braucht es vielleicht Zuwendung, und vor allem muss es geliebt werden – beständig und bedingungslos.

Regeln und Grenzen

Lob und Belohnungen müssen in diesem Alter sofort und häufig erfolgen. Verhaltensregeln oder ein Eingreifen müssen ebenfalls sofort erfolgen oder gar nicht. Ein Kleinkind ist nicht in der Lage, Verhalten und Konsequenzen nachträglich miteinander in Verbindung zu bringen. Statt »Nein« zu sagen, zeigen Sie Ihrem Kind, was es tun soll. Unterbinden Sie Verhaltensverstöße durch Handeln und Blickkontakt. Es ist Ihr Handeln, nicht Ihr Wort, was in diesem Alter am meisten Bedeutung und Wirkung hat. Oft verstärken Eltern unerwünschtes Verhalten, indem sie mit ihrem Kleinkind darüber reden wollen. Doch diese Erklärungen kann es noch nicht verarbeiten. Stattdessen ist Ihre Aufmerksamkeit für das Kind ein Zeichen einer positiven Reaktion auf sein Verhalten – ein Anreiz, es wieder zu tun.

Das Verhalten Ihres Kindes und seine Fähigkeit zur Selbstkontrolle können stark schwanken. In diesem Alter erfordert das Laufen- und Sprechenlernen so viel Mühe, dass andere Entwicklungsbereiche vernachlässigt werden. Erfolgt in einem Bereich eine intensive Entwicklung, stehen weniger körperliche und mentale Ressourcen für andere Bereiche zur Verfü-

So sieht Ihr Kind die Welt

Hier ist ein Einblick in die Denkweise Ihres Kindes ...

▶ »Die Welt ist so groß. Ich bin klein, und das Ganze ist manchmal zu viel.«

▶ »Ich dachte, dass Mama und ich eine Person sind. Ich war ein Stück von ihr. Jetzt weiß ich, dass sie einfach da ist, um sich um mich zu kümmern! Deshalb hasse ich es, wenn sie das Zimmer verlässt. Sie verschwindet einfach. Mir ist nie klar, dass sie wiederkommen wird. Darum ist das ziemlich stressig!«

▶ »Ich erschrecke immer noch, wenn ich beim Laufen hinfalle – aber Mama und Papa scheint es noch mehr auszumachen als mir.«

▶ »Meine Stimmungen wechseln so schnell, dass ich nicht mitkomme. Keine Ahnung, wie ich ruhig bleiben soll. Wenn mich dann jemand auf den Arm nimmt, nervt mich das noch mehr.«

▶ »Manchmal weiß ich nicht, wohin mit all meiner Energie – ich hasse es, still zu sitzen und ruhig zu sein, wo es doch so viel zu tun gibt.«

gung. Daher ist es in diesem Alter so schwierig, mit Gefühlen umzugehen. Eltern meinen oft, ihr Kind wolle etwas absichtlich kaputt machen. Seine Wutanfälle können so heftig sein, dass die Eltern sich sozial zurückziehen und ihr Kind schon in die psychologische Beratungsstelle bringen wollen! Doch gewöhnlich ist bei diesen Kindern alles in Ordnung. Sie benehmen sich einfach wie normale, gesunde Kleinkinder.

Eltern sollten bei extremen Verhaltensweisen ihres Kindes zuversichtlich bleiben. Diese Phase geht vorbei – denken Sie daran, dass Ihr Kind wichtige Fähigkeiten lernt, die es zu einem aufgeweckten Individuum machen. Wirksame Verhaltensregeln und Grenzen (s. S. 151) sind jedoch wichtig, damit es sein Verhalten in den Griff bekommen kann, wenn es etwas älter wird.

Viel Schlaf

In diesem Alter brauchen Kinder etwa elfeinhalb bis zwölf Stunden Schlaf in der Nacht und ein bis drei Stunden am Tag. Schlafmangel spiegelt sich im Verhalten wider. Routine ist hier sehr hilfreich. Bringen Sie Ihr Kind jeden Abend zur gleichen Zeit ins Bett, damit sich gute Schlafgewohnheiten von klein an ausbilden (s. S. 136). Essen, Baden, Geschichte, Bett – das ist ein hilfreiches Ritual. Wichtig ist, dass Ihr Kind in der ruhigen Atmosphäre seines Bettes einschläft und nicht vor dem Fernseher oder in Ihrem Bett.

Richtig reagieren

Die Kleinkindjahre bedeuten eine Kombination aus Loslassen der Babyzeit und allmählichem Einführen von Verhaltensregeln, die das Verhalten Ihres Kindes regulieren helfen. In späteren Kapiteln werden praktische Richtlinien für Essen, Schlafen und gutes Benehmen ausgeführt. Im Alter von 12 bis 18 Monaten sind die Regeln ziemlich einfach.

Liebe und Lob wirken Wunder Wird das Kind für gutes Verhalten durch Wärme und Zuwendung belohnt, muss es nicht »aufdrehen«, um beachtet zu werden. Sprechen Sie mit Ihrem Kind auf seiner Höhe, nutzen Sie dabei Blickkontakt und positive Körpersprache. Reagieren Sie ruhig und gleichbleibend – Ihr Kind wird durch Inkonsequenz oder extreme Stimmungen verunsichert. Konzentrieren Sie sich auf sein positives Tun. Es ist nicht absichtlich frech, sondern lernt durch das Austesten seiner Grenzen Selbstkontrolle.

Selberessen fördern Mit 15 Monaten besitzen Kinder die zum Selberessen erforderlichen feinmotorischen Fähigkeiten. Am Anfang ist es eine ziemliche Kleckerei und sollte auch nicht erzwungen werden, doch ist nun ein guter Zeitpunkt, dem Kind einen Löffel zu geben und es erste Essversuche machen zu lassen. Praktisch ist ein großes Lätzchen, weil am Anfang wenig im Mund ankommt! Es lernt jedoch sehr schnell und führt mit 18 Monaten einen ganzen Löffel voll in seinen Mund. Widerstehen Sie der Versuchung, seinen Mund ständig abzuwischen.

Das Essen ist ein hoch sensibler Entwicklungsbereich; auf den Seiten 206 bis 211 finden Sie genaue Ausführungen dazu. In diesem Alter ist Ihr Kind noch nicht mäkelig; wenn es Hunger hat, wird es auch essen … irgendwann. Wichtig ist es, regelmäßige, ausgewogene Mahlzeiten anzubieten. In den meisten Fällen kommt das Weitere dann ganz von selbst.

Die Frage der Sauberkeitserziehung Mit 18 Monaten besitzt Ihr Kind genügend Muskelkontrolle, um den Urin kurze Zeit anzuhalten; doch es ist unwahrscheinlich, dass es vor dem zweiten bis dritten Lebensjahr ganz trocken ist. Eltern neigen zu einem seltsamen Ehrgeiz, wie schnell ihre Kinder sauber sind. Doch jedes Kind ist anders, nicht alle Kinder gehen aufs Töpfchen, und die Sache darf nie erzwungen werden (s. S. 128).

Sicherheit Ihr Kind kennt nur Ihre häusliche Umgebung. Dazu gehören Menschen, visuelle Anhaltspunkte, Geräusche und Empfindungen, die diese Welt ausmachen. Kleinkinder sind in Bewegung, gewöhnlich auf dem Boden – und ihre Neugierde ist grenzenlos. Sie können sich nicht lange an etwas erinnern und haben keine Vorstellung von Gefahren; daher müssen Sie Ihre Wohnung kindersicher machen (s. S. 274). Betrachten Sie Ihre Wohnung mit den Augen Ihres Kindes, und planen Sie voraus, um mögliche Gefahrenquellen zu entschärfen.

Platz zum Dreckeln Es kommt allen zugute, wenn Sie für die nächsten Jahre die Vorstellung vom makellosen Haushalt aufgeben. Unordnung und Dreckelei gehören zum kindlichen Entwicklungsprozess. Sauberkeit ist wichtig, aber nicht im Extrem. Ein übermäßiger Blick auf Ordnung und Hygiene kann bei kleinen Kindern zu übermäßiger Ängstlichkeit führen und ihre Spielentwicklung hemmen. Kinder, die extrem heikle Esser werden oder im Spiel ungewöhnlich sauber und ordentlich sind, reflektieren oft die große Sorge ihrer Eltern um Sauberkeit und Ordnung.

ICH WILL ES JETZT!
Wenn ein kleines Kind Hunger hat, teilt es Ihnen das mit – und muss sofort essen.

Das Verhalten lenken

In diesem Alter ist Ihr Kind nicht absichtlich frech; es will Sie auch nicht manipulieren. Es will einfach Aufmerksamkeit und geht auf Entdeckung, ohne gesunden Menschenverstand, mit wenig Erinnerungs- oder Reflexionsvermögen. Es betrachtet die Welt noch nicht aus der Perspektive anderer.

Jedes Kind hat das Recht, als eigene Person und mit seinen Ansichten respektiert zu werden – aber nicht auf Kosten der Mitmenschen bzw. der Gesellschaft. In Kapitel 1 wird die Methode der kinderzentrierten Erziehung erklärt (s. S. 38) und das Erfordernis einer Balance zwischen Zuwendung und Kontrolle (s. S. 27). Dieses Kapitel heißt aus gutem Grund »Verhalten lenken« und nicht »Ihr Kind disziplinieren«. Damit Ihr Kind lernt, mit seinen Gefühlen umzugehen und soziale Fähigkeiten zu entwickeln, müssen Sie ihm Grenzen setzen. Gutes Betragen ist das Ergebnis sinnvoller Verhaltensregeln plus viel Routine und Lob, und nicht von erzwungenem Gehorsam.

»Ich kann Eltern nicht oft genug sagen: ›Loben Sie Positives und ignorieren Sie Negatives.‹ Je früher Sie damit beginnen, umso leichter wird es für Sie und Ihr Kind.«

Zum einen wollen wir, dass unsere Kinder unser »Nein« respektieren, zum anderen wollen wir sie aber auch dazu erziehen, sich zu wehren, wenn ein Erwachsener oder ein Kind sie zu etwas nötigen will, was sie nicht wollen. Wenn Ihr kleines Kind von Ihnen Grenzen erfährt, kann es allmählich Selbstkontrolle und Selbstbestimmung erwerben, die der Schlüssel zu Selbstachtung und persönlicher Sicherheit sind.

Die Reaktionen Ihres Kindes

Mit 12 bis 18 Monaten ist Ihr Kind noch zu jung, um seine persönlichen Reaktionen klar zu steuern, da die Frontallappen des Gehirns (s. S. 164) sich erst noch entwickeln. Daher ist es vor allem Ihre Aufgabe, Ihrem Kind zu helfen, sein Verhalten zu regulieren. In diesem Alter erlebt es sehr starke Gefühle, die es überfordern und erschrecken können. Doch mit verschiedenen Strategien können Sie den gegenseitigen Stress gering halten und Ihr Kind anleiten, sich an diese neuen Gefühle zu gewöhnen.

Kleine Kinder weinen, weil sie verzweifelt sind, nicht weil sie Macht ausüben wollen. Vielleicht wollen oder brauchen sie etwas, sind erschrocken oder krank. Achten Sie darauf, ob es Hinweise auf Angst oder Krankheit gibt. Manchmal ist das Problem einfach Müdigkeit oder eine nasse Windel.

Kleinkinder können erstaunlich willensstark sein; wenn Ihr Kind also etwas Bestimmtes will, müssen Sie viel Geduld haben, sofern Sie nicht rasch herausfinden, was es braucht. In diesen Fällen sind Ablenkungsmethoden (s. unten) vermutlich die beste Lösung.

TROST *Ihr verzweifeltes Kind beruhigt sich in der Regel durch Ihre Anwesenheit und Zuwendung. Ein Lächeln oder ein Kuss als Belohnung – und die Welt ist meist wieder in Ordnung.*

Ablenkungsmethoden

Mit dem Kind vernünftig zu reden funktioniert in diesem Alter nicht – es besitzt weder die sprachlichen noch die intellektuellen Fähigkeiten, Ihrer Logik zu folgen. Das Gleiche gilt, wenn es warten soll. Um es abzulenken, können Sie es an einen anderen Ort bringen und ihm eine Beschäftigung anbieten, statt sich auf einen Machtkampf und aufkommende Wut einzulassen.

Um auf Ausflügen Problemen vorzubeugen, bereiten Sie sich entsprechend vor. Nehmen Sie Spielsachen oder Bücher mit, und bitten Sie, wenn nötig, einen Erwachsenen, als Unterstützung mitzukommen. Die Spielsachen können im Bedarfsfall als Ablenkung dienen oder, noch besser, als Belohnung für gutes Verhalten bzw. als Unterhaltung zur Vermeidung von Schwierigkeiten. Im Freien beeindruckt ein schreiendes Kleinkind Erwachsene weniger, also scheuen Sie sich nicht, Ihr Kind hinauszubringen und dort toben zu lassen. Wenn Sie ältere Kinder haben, stellen Sie vielleicht fest, dass diese Ihr Kleinkind noch besser ablenken können.

Informationsübertragung ans Gehirn

Immer mehr Studien zeigen, dass sich die Fähigkeit zur Stressregulation in den ersten drei Jahren entwickelt. Die in der frühen Kleinkindzeit ans Gehirn übermittelten Informationen wirken sich auf die Vernetzung des Gehirns aus und beeinflussen so unsere späteren Stressreaktionen.

Man sollte niemals zulassen, dass ein Kind völlig die Beherrschung verliert und von Verzweiflung verzehrt wird, besonders in so jungem Alter. Wenn wir intensive Gefühle erleben, sei es Freude oder Trauer, sendet der Körper chemische Botenstoffe ans Gehirn – entweder Hormone, die gute Gefühle auslösen (Opioide und Oxytozin), oder stressbekämpfende Hormone (Kortisol, Adrenalin und Noradrenalin). Menge und Häufigkeit der Hormonausschüttung in diesem sehr jungen Alter wirken sich auf die Gehirnentwicklung und den späteren Umgang mit Krisen und Stress aus.

Stress minimieren

Ein Kind, das in der Baby- und Kleinkindzeit viel Geschrei, Ärger und anderen Stress erlebt, produziert permanent einen hohen Spiegel an Anti-Stress-Hormonen, insbesondere Kortisol, das von der Nebenniere gebildet wird. Ein konstant hoher Kortisol-Spiegel versetzt den Körper dauerhaft in einen Zustand hoher Spannung, bereit zu »Angriff oder Flucht«, egal was den Stress verursacht. Bei Erwachsenen, die eine sehr stressbeladene Kindheit hatten, steigt der Kortisol-Spiegel auch später sehr leicht an und es fällt ihnen schwer, angemessen auf hohen Druck zu reagieren. Der Körper ist sozusagen in einem anhaltenden Alarmzustand, immer in Erwartung von Bedrohungen. Das kann zu Angstzuständen (s. S. 168) führen. Letztendlich bricht der Körper unter diesem Zustand hoher Alarmbereitschaft zusammen.

Körperliche Übergriffe, Geschrei und andere Formen der Gewalt führen weder bei Erwachsenen und mit Sicherheit nicht bei einem wehrlosen Kind weiter. Wir wissen heute, wie sich körperliche Züchtigung und andere Formen der Aggression auf das Gehirn auswirken. Es ist unstrittig, dass Schläge, Schimpfen oder Vernachlässigung der Entwicklung eines kleinen Kindes schaden. Der Körper des Kindes reagiert ebenfalls mit einem Anstieg der Kortisol-Produktion. Ein Kind, das in einer Umgebung von ständiger Spannung oder Streit aufwächst, bildet ein latentes Gefühl der Bedrohung angesichts des Lebens im Allgemeinen aus, und es wird als Erwachsener schwerer Trost in körperlicher Wärme, Freundschaft oder Zuneigung finden.

»Ich kann immer noch nicht damit umgehen, wenn Leon schreit und weint. Ich fühle mich so hilflos. Wir sprechen leise mit ihm, das scheint ihn zu beruhigen.«

Luzie, 22

STREITEN *Konflikte um das Teilen von Spielsachen sind bei Kleinkindern normal. Es hilft eher, ein Kind oder beide mit einer anderen Aktivität abzulenken, als sie zurechtzuweisen, nicht zuletzt, weil sie nicht absichtlich unartig sind.*

Positive Formen des Verhaltensmanagements

Positive Taktiken im Umgang mit dem Verhalten Ihres Kindes fördern eine positive Reaktion in seinem Gehirn und bauen Stressresistenz für die Zukunft auf. Die wesentliche Botschaft hinter diesen Taktiken lautet, das Kind bedingungslos zu lieben und sich darauf zu konzentrieren, sein Verhalten zu verändern und nicht darauf, es zu kritisieren. So ist es z. B. viel wirksamer zu sagen: »Max, das darfst du nicht tun« oder »Max, komm, wir machen jetzt was Tolles« als »Max, wie oft habe ich dir das schon gesagt. Du bist ein sehr unartiger Junge.«

Das Selbstwertgefühl Ihres Kindes nimmt sehr leicht Schaden. Ständig kritisiert und beschimpft zu werden, wirkt sich negativ auf sein Selbstgefühl aus und führt zu Selbstzweifeln. Es ist sehr schwer, sich zu ändern, doch wir sind alle imstande, Verhaltensmuster zu verändern. Wenn Ihr Kind älter wird, lernt es, dass es sein Verhalten und damit auch die Reaktion anderer darauf steuern kann.

Positive Taktiken für diese Altersgruppe:
▸ Ruhig bleiben.
▸ Liebe und Trost schenken.
▸ Kinderfreundliche Bereiche zum ungefährdeten Spiel schaffen.
▸ Ablenkungsmethoden nutzen.
▸ Schlechtes Verhalten ignorieren.
▸ Gutes Verhalten loben.
▸ Anweisungen einfach formulieren.
▸ Auszeitmethode einsetzen (s. S. 270).
▸ Routine, Routine, Routine.
▸ Konsequenz.

▸ Ruhe, Essen, Schlaf.
▸ Nach draußen gehen.
▸ Einfluss von Geschwistern.
▸ Belohnungen und Anreiz.
▸ Nicht nachtragend sein.
▸ Geduld, Toleranz und Humor.

Taktiken, die unbedingt vermieden werden sollten:
▸ Schläge und jede Form körperlicher Strafe.
▸ Schimpfen, Vernachlässigung oder extreme Missbilligung.
▸ Langwierige Erklärungen.
▸ Zu viele Wahlmöglichkeiten.
▸ Extreme Drohungen.
▸ Verzögerte Konsequenzen.
▸ Schütteln oder grob anfassen.
▸ Liebesentzug oder Nicht-Gewähren von Trost.
▸ Isolation oder Ablehnung.

Dies wiederum kann sich auf die Bindung zwischen Eltern und Kind auswirken (s. S. 90). Es hat auch negative Folgen für das Lernen, denn wenn das Gehirn in einem Zustand hoher Alarmbereitschaft ist, kann ein Kind weder lernen noch andere Fähigkeiten entwickeln.

Ein natürliches Gefühl des Wohlbefindens

Glückshormone sind chemische Stoffe, die uns helfen, mit Kummer, Schmerz oder Stress umzugehen. Ein Kind, das sich sicher fühlt, viel Freude und Zuneigung erfährt und bei Kummer getröstet wird, bildet mehr Opioide als Kortisol. Diese Hormone sind natürliche Schmerzkiller und vermitteln ein Gefühl des Wohlbefindens. Sie werden vom Hypothalamus tief drinnen im instinktiven, »unteren« Gehirnbereich gebildet. Die Freisetzung von Oxytozin löst eine Reihe chemischer Reaktionen aus, die die negativen Folgen von Stress auf den Körper reduzieren und uns helfen, das Leben zu genießen und die Welt, in der wir leben, zu hinterfragen und zu erforschen.

Ihre Gefühle

Im Umgang mit Fehlverhalten ist Ihre Stimmung bedeutsam. Ihr Stress verängstigt Ihr Kind. Das führt dazu, dass es mehr Aufmerksamkeit sucht und anhänglicher wird. Sie können Ihrem Kind nur dann einen konstruktiven Umgang mit seinen Gefühlen beibringen, wenn Sie ihn selber beherrschen, z. B. bei Traurigkeit, Ärger oder Verletzungen. Gefühle meistern bedeutet nicht, sie zu ignorieren, zu verdrängen oder zu leugnen. Es bedeutet, das Gefühl anzuerkennen und so damit umzugehen, dass es Sie nicht übermannt.

Eltern leben selbst gesteuertes Verhalten vor, wenn sie auf verschiedene Weise auf die emotionalen Bedürfnisse eines Kindes reagieren. Wenn Ihr Kind z. B. aus Frustration schreit, ist Ihre Reaktion völlig anders, als wenn es wegen einer Verletzung weint. Eltern nehmen instinktiv die kleinsten Anhaltspunkte auf und reagieren entsprechend. Diese Sensibilität und Flexibilität fällt jedoch schwer, wenn Sie häufig von Ihren eigenen Gefühlen übermannt werden – weil Ihr Kind Ihre eigene Not aufnimmt und Sie ihm keine konstruktiven Bewältigungsmuster vorleben. Wenn Sie Ihre eigenen Gefühle nicht steuern können, reagieren Sie leicht impulsiv, unangemessen oder gar nicht. Nehmen Sie ggf. Hilfe in Anspruch.

Es richtig machen

In der Kleinkindzeit werden Sie immer wieder vor große Herausforderungen gestellt. Doch wenn Sie jetzt den richtigen Erziehungsansatz finden, werden Sie es mit Ihrem Teenager einmal viel leichter haben. Am besten kommt man durch diese Jahre, wenn die Wohnung kindersicher ist, man keine Angst vor Blamagen in der Öffentlichkeit hat und viel Sinn für Humor sowie einige Pläne und Taktiken entwickelt. Strategische Varianten für Ihr älteres Kind finden Sie in den folgenden Kapiteln.

»Sagen Sie ›Nein‹ zu dem Verhalten, statt Ihr Kind zu kritisieren.«

Die Eltern-Kind-Beziehung

Sie besitzen wie Ihr Kind einen tiefen Instinkt für Nähe und Bindung. Er nährt sich aus Ihrem Bedürfnis, für Ihr Kind zu sorgen, und von seinem Überlebenswillen. »Bindung« bezeichnet das Bedürfnis des Kindes, einem bestimmten Menschen nahe zu sein, der Sicherheit bietet – meist ist das ein Elternteil.

Sobald Ihr Kind lernt, wer »Mama« und »Papa« und seine anderen Betreuer sind, nimmt die Bindung an diese Menschen zu, und sein Schreien richtet sich stärker auf sie aus. Ihr Kind kann eine Bindung zu mehr als einer Person eingehen, und jede Beziehung ist einzigartig. In diesem Alter hat die Fremdelphase ihren Höhepunkt.

Väter sind heute viel stärker an der Versorgung ihrer Kinder beteiligt als in früheren Generationen; sie können auch Vollzeitväter sein und der Mensch, an den sich das Baby in den ersten Monaten am stärksten bindet. Jungen profitieren beim Heranwachsen ganz besonders von einem positiven männlichen Rollenvorbild; das ist wichtig für ihre Identität und das sich entwickelnde Selbstbewusstsein.

Über das Bindungsverhalten schrieb der Psychoanalytiker John Bowlby (1907–1990). Es ist eine tief instinktive Reaktion und stellt sicher, dass ein Kleinkind die notwendige Zuwendung erhält. Es ist ein wichtiger Faktor in der Identitätsentwicklung des Kindes und gewährleistet seine Sicherheit.

Bindung zwischen Betreuer und Kind bedeutet:

■ Sicherheit – eine sichere Basis, um die Welt zu erkunden.

■ Überleben – sichert die Nähe des Betreuers und daher gute Versorgung.

■ Lernen – persönliche Bedürfnisse und Selbstbeherrschung sowie das Verständnis, dass die Art des Verhaltens auf andere wirkt. Es ist wichtig, dass Ihr eigenes Bedürfnis nach Nähe nicht die Fähigkeit Ihres Kindes, selbstbestimmt zu lernen und autonom zu werden, behindert.

■ Nähe – liefert ein Modell für spätere Beziehungen und lehrt Empathie und Perspektivenwechsel.

Indem Sie Ihrem Kind Freiheit zum Experimentieren und zum Erfahrungslernen lassen, ohne Urteil und Kritik, helfen Sie ihm, Selbstvertrauen und Selbstwertgefühl aufzubauen. Bindung beginnt als Überlebensmechanismus, hilft aber auch, etwas über Gefühle und Intimität als Vorbereitung auf spätere Beziehungen zu lernen. Viele Kinder brauchen Hilfe, wenn sie sich später zeitweise von der vertrauten Person oder Familie lösen müssen. Das gehört zum Großwerden dazu.

Das Bindungsverhalten eines Kindes zeigt sich am deutlichsten, wenn es unter Stress steht: vielleicht weil es von vertrauten Menschen getrennt ist oder weil es etwas unbedingt sofort will. Sein Gehirn kann noch nicht mit Zeit umgehen. Es weiß weder zu warten, noch weiß es, dass Sie, wenn Sie weggehen, weiterhin in der Nähe sein können und zurückkommen werden. Dies verursacht Trennungsangst. Intensität und Dauer der Trennungsangst hängt sowohl vom Bedürfnis des Kindes nach seinen Eltern wie auch vom Bedürfnis der Eltern nach ihrem Kind ab. Jede Eltern-Kind-Beziehung ist anders, selbst innerhalb einer Familie.

Frühe Bindung des Babys

Im ersten Lebensjahr durchläuft ein Baby verschiedene Phasen der Bindung und Akzeptanz zu anderen Menschen. Im Vergleich zu Kleinkindern zeigen viele Babys keine Probleme im Umgang mit fremden Menschen. Die Trennungsangst setzt später ein und fällt mit der Entwicklung von Sprache und Gedächtnis zusammen, mit einem Höhepunkt im 12. bis 18. Monat.

ALTER	STADIUM	VERHALTEN
▶ 0-2 Monate	Unpersönliche Bindungen	Babys reagieren auf Menschen und Dinge ähnlich; mit zwei Monaten beginnen sie, Gesichter und Stimmen wiederzuerkennen, und lassen sich durch eine vertraute Person leichter beruhigen.
▶ 2-7 Monate	Unterschiedslose Bindungen	Kleine Babys haben eine gewisse Vorliebe für vertraute Gesichter, sind aber gewöhnlich auch bei fremden Menschen zufrieden.
▶ 7-9 Monate	Persönliche Bindungen	Es ist eine enge Bindung zur wichtigsten Betreuungsperson eingegangen und kann durch Fremde sehr verängstigt werden.
▶ 9 Monate +	Vielfältige Bindungen	Mit neun Monaten besitzt es eine Bindung an mehrere vertraute und wichtige Menschen, wie Verwandte, Geschwister und häufige Besucher.

Flanagan, C. (1996)

Es hängt vom Temperament des Kindes sowie den Reaktionen der Eltern ab. Eltern waren auch einmal Kinder; wenn man das eigene Kind heranwachsen sieht und auf seine Verletzlichkeiten reagiert, kann dies tief sitzende Erinnerungen an eigene Erfahrungen auslösen. Das beeinflusst Ihre Reaktionsweise (s. S. 22) und bedeutet manchmal eine echte Herausforderung.

Die Eltern-Kind-Beziehung

Kleine Kinder leiden meist sehr, wenn Eltern oder Betreuer nicht da sind. Sie können noch nicht verstehen, dass jemand oder etwas, das außer Sichtweite ist, weiterhin existiert und wieder auftauchen kann. Das ist keine Frage der Philosophie! Der Grund ist einfach der, dass das Gedächtnis noch nicht voll entwickelt ist. Aus dem gleichen Grund hat Ihr Kleinkind keine echte Zeitvorstellung und kennt keinen Unterschied zwischen zehn Minuten und einer Stunde oder gestern, heute und morgen. Es weiß nur, was es sehen kann und was es will, im Hier und Jetzt.

Es ist wichtig, dies zu verstehen, weil für Ihr Kind eine Trennung von Ihnen problematisch ist, bis es eine bestimmte Stufe der kognitiven Entwicklung erreicht hat. Ein sechsmonatiges Baby begreift vielleicht die Tatsache, dass ein Gegenstand immer noch existiert, wenn er versteckt

Aus dem wirklichen Leben

Ich wollte nach Pias Geburt auf jeden Fall wieder arbeiten gehen. Ich freute mich auf mein Baby, aber die Berufstätigkeit war mein Wunsch, aber auch eine finanzielle Notwendigkeit. Doch nichts hatte mich auf die starke Liebe zu meiner Tochter vorbereitet. Seit sie zwölf Monate alt war, arbeite ich wieder Vollzeit, fühle mich aber immer noch jeden Tag schrecklich deswegen. Pia ist zwei Tage in der Woche bei ihren Großeltern und drei Tage bei einer Tagesmutter. Sie weint oft, wenn ich gehe, was mir das Herz zerreißt, auch wenn ich weiß, dass das normal ist und sie völlig glücklich und gut versorgt ist.

Immer wenn ich beim Weggehen Schuldgefühle habe, frage ich mich, ob ich das Richtige getan habe. Manchmal bin ich eifersüchtig auf unsere nette Tagesmutter – einfach, weil sie so viel Zeit mit Pia verbringt. Ich sage mir, dass Pia gut versorgt ist, dass ihr kein Schaden geschieht, sie sich an andere Menschen gewöhnt und sehr geliebt wird. Ich glaube, für mich ist es schwerer als für sie. Sie bekommt eine Menge Zuwendung und hat eine schöne Zeit. Mir war einfach nicht klar, wie schwer die Umstellung sein würde. Ihr Vater und ich versuchen es wettzumachen, indem wir an den Wochenenden so viel wie möglich mit ihr spielen. So erhält Pia wirklich das Beste aus beiden Welten!

ist; doch es ist viel schwerer zu verstehen, dass Mama und Papa weiterhin existieren, wenn sie in einem anderen Zimmer sind. Die Abwesenheit der Eltern bedeutet mehr Stress als ein verstecktes Spielzeug; daher ist es schwerer zu verstehen, dass Mama oder Papa zurückkommen werden.

Interessanterweise erreicht die Trennungsangst ihren Höhepunkt mit etwa 15 Monaten und lässt dann langsam nach; dies fällt mit der Entwicklung der Sprache zusammen, die an die Entwicklung des Gedächtnisses und der Reflexionsfähigkeit gebunden ist. Inzwischen hat Ihr Kind auch mehr Trennungserfahrungen und weiß allmählich, dass Sie immer wiederkommen.

»›Loslassen‹ lernen ist eine Aufgabe, der Eltern bei jedem Entwicklungsschritt gegenüberstehen, sobald ihre Kinder beginnen, sich schrittweise zu lösen.«

Mit eigenen Ängsten umgehen

Auch Eltern empfinden Trennungsangst. Vielleicht empfinden Sie akuter als Ihr Kind den Trennungsschmerz, wenn Sie es in Betreuung zurücklassen müssen.

Um die Trennung zu erleichtern, sollten Sie:

■ sicherstellen, dass sich Ihr Kind in seiner neuen Umgebung wohlfühlt und sie ihm vertraut ist, bevor Sie es das erste Mal dort lassen.

■ vor dem Weggehen nicht zu viel Trara machen, sonst nimmt es Ihre Angst auf und wird unruhig.

■ Ihrem Kind eigene Spielsachen mitgeben und die Betreuerin bitten, seinen Rhythmus beizubehalten (ist das nicht möglich, schadet eine Veränderung Ihrem Kind aber nicht).

■ genügend Vertrauen in Ihre Erziehung haben, um zu wissen, dass Ihr Kind sich anpassen kann und ohne Sie nicht zugrunde gehen wird.

■ im Falle von Berufstätigkeit bewusst ein Netzwerk der Unterstützung aus Familie und anderen Eltern knüpfen, damit es Menschen gibt, die Sie im Notfall anrufen können. Es ist entlastend, wenn man weiß, dass es Menschen gibt, auf die man sich verlassen kann.

■ selbst wenn Sie einen verplanten Abend vor sich haben, sich abends etwas Zeit nehmen, um sich entspannt und in Ruhe auf das Kind einzulassen.

Die Wahl der Kinderbetreuung

»Soll ich arbeiten und die Betreuungskosten bezahlen oder mich selber um mein Kind kümmern?« Diese Frage stellen sich Tausende Eltern von Kleinkindern. Tatsache ist, dass das Recht zu arbeiten durch wirtschaftliche Erfordernisse schnell zu einer Notwendigkeit wird.

Welche Auswirkungen die Fremdbetreuung auf unsere heutigen Kinder oder die Gesellschaft insgesamt hat, ist nicht bekannt. Die Diskussion um Berufstätigkeit und Betreuung ist hoch emotional und ein »Dauerbrenner«.

Es besteht kein Zweifel, dass ein Kind von der konstanten Betreuung durch einen liebevollen Elternteil profitiert; aber warum sollte es Nachteile haben, wenn es von jemandem anderem ebenso gut betreut wird? Es gibt sogar Vorteile, wenn sich kleine Kinder an Erwachsene außerhalb der unmittelbaren Familie gewöhnen, vorausgesetzt, man hilft ihnen bei der Eingewöhnung (s. S. 91).

IHRE GEFÜHLE

In Wirklichkeit sind es eher die Eltern als das Kind, die ein akutes Trennungsgefühl verspüren. Es ist nicht leicht, von der Arbeit heimzukommen und z. B. festzustellen, dass Ihr Kind bei der Tagesmutter sein erstes Wort gesprochen oder seine ersten Schritte gemacht hat. Doch wenn Sie sich für eine Betreuung entschieden haben, ist Pragmatismus wichtig. Nehmen Sie sich deshalb Zeit für Ihr Kind, wenn Sie zu Hause sind.

WER SOLL BETREUEN?

Ein Kleinkind sollte mit jemandem zusammen sein, der ihm zuhört, seine Bedürfnisse wahrnimmt, angemessen reagiert und einen positiven Beitrag zur Verhaltensbildung leistet, ohne zu versuchen, den Platz der Eltern einzunehmen. Das ist der Schlüssel zu einer erfolgreichen Betreuung. Sie müssen hinter der Betreuungsform, die Sie gewählt haben, stehen, sonst nimmt Ihr Kind Ihre Zweifel auf und ist selber verunsichert.

Bestimmen Sie im Voraus, was Ihnen für Ihr Kind am wichtigsten ist und welche Qualitäten die Betreuung haben soll. Notieren Sie Vorlieben und Abneigungen Ihres Kindes und seinen Rhythmus. Tun Sie das auch, wenn eine Verwandte oder Freundin Ihr Kind betreuen wird, damit es später nicht zu Missverständnissen kommen kann. Betriebskrippen sind eine ideale Form für Eltern wie Kind, aber leider sind sie immer noch die Ausnahme und nicht die Regel.

AN DIE BETREUUNG GEWÖHNEN

Nehmen Sie sich vor Ihrer Rückkehr in den Beruf Zeit, Ihr Kind an die Betreuung zu gewöhnen. Ein Kind wird von einer fremden Person schnell überfordert, selbst von einer Verwandten oder Freundin, wenn sie es zu früh tragen

DIE RICHTIGE UMGEBUNG

Welche Betreuungsform Sie auch gewählt haben: Empfehlungen und Rückmeldungen anderer Eltern sind sehr hilfreich. Geprüfte Tagesmütter erfragen Sie auf dem Jugendamt. Wenn Sie mit Ihrem Kind einige Zeit in der neuen Umgebung verbringen, bevor Sie es zum ersten Mal dort lassen, wird es für Sie beide einfacher. Wenn Sie sehen, wie andere Kinder auf die Tagesmutter – oder die Erzieherin in der Krippe – reagieren, können Sie einschätzen, ob es der richtige Rahmen für Ihre Ansprüche ist. Wenn Sie wissen, dass Ihr Kind zufrieden ist und nicht ängstlich auf Ihre Rückkehr wartet, können Sie sich unbesorgt auf Ihren Beruf konzentrieren.

»Es ist völlig normal, wenn Sie Ihr Kind für Ihre Abwesenheit entschädigen wollen; doch Belohnungen für Bravsein in Ihrer Abwesenheit sind auf lange Sicht kontraproduktiv.«

will, zu intensiven Blickkontakt herstellt oder ihm zu nahe kommt. Machen Sie deutlich, dass Sie Ihrem Kind Zeit lassen wollen, warm zu werden und sich in seinem Tempo an die neue Situation zu gewöhnen.

▶ Lassen Sie Ihr Kind anfangs nicht allein mit der Betreuerin. Sie soll mit ihm in Ihrem Beisein sprechen. In dieser Phase ist es zu früh für Körperkontakt.

▶ Überlassen Sie beim ersten Kontakt Ihrem Kind die Führung. Achten Sie auf Blickkontakt oder ein Lächeln; Ihr Kind muss sich wohlfühlen, bevor sich die Betreuerin auf es konzentriert.

▶ Wirkt Ihr Kind interessiert und ungezwungen, fordern Sie es auf zu spielen, während Sie sich mit der Tagesmutter unterhalten.

▶ Bitten Sie nach einer Weile die Tagesmutter, in Höhe Ihres Kindes mit ihm zu spielen. Beobachten Sie Körpersprache und Blickkontakt zwischen ihnen – und achten Sie vor allem darauf, wie Ihr Kind reagiert.

▶ Ist Ihr Kind mit der Tagesmutter warm geworden, versuchen Sie, sich ein wenig zurückzuziehen, oder verlassen vielleicht das Zimmer.

▶ Schauen Sie, was passiert. Lassen Sie nicht zu, dass Ihr Kind außer sich gerät, aber regen Sie sich auch nicht unnötig auf. Eine gute Tagesmutter kennt viele wirksame Ablenkungsmethoden.

FORT VON ZU HAUSE *Kinder sind sehr anpassungsfähig. Wenn Sie die richtige Betreuung und Umgebung gefunden haben, gewöhnt sich Ihr Kind schnell ein.*

TRENNUNG BEWÄLTIGEN

Wie ein Kind auf Trennungen reagiert, hängt von seinem angeborenen Charakter und von Ihrem Verhalten beim Abschied ab. Manchmal trifft die erste Trennungserfahrung von den Eltern mit dem erstmaligen Zusammensein mit anderen Kindern zusammen. Es braucht eine Phase der Eingewöhnung, aber dank einer einfühlsamen Tagesmutter wird es sich sicher schnell daran gewöhnen.

Nur für Eltern

Vielleicht der wichtigste, aber auch schwierigste Teil des Elternseins ist es, Zeit für sich selbst zu finden. Sie haben eine Rolle übernommen und eine Menge Erwartungen an Ihr Verhalten, Ihre Prioritäten, Ihre Entscheidungen und die Zeiteinteilung. Das verändert Ihr Leben und Ihre Eigenwahrnehmung.

Während Ihr Kind seine ersten Erfahrungen der Unabhängigkeit genießt, fragen Sie sich vielleicht, wohin Ihre eigene verschwunden ist! Babys sind viel handlicher als Kleinkinder; vielleicht haben Eltern dann noch die Illusion, das Leben ginge weiter wie zuvor. Aber nicht lange! Der Beginn der Kleinkindzeit oder die Ankunft eines weiteren Kindes verändert alles. Persönliche Bedürfnisse und Interessen treten hinter der Elternrolle zurück. Der Beruf kann auch zu einer Zuflucht werden.

Ein Gleichgewicht finden

Manche Eltern haben Schuldgefühle, wenn sie ihr früheres Leben vermissen, oder empfinden Neid, wenn sie mit kinderlosen Freunden sprechen. Andere sind glücklich, so eingesponnen in ihrer familiären Welt mit ihren Kindern, und meinen, nichts anderes zu brauchen. Wie wir alle wissen, ist es am besten, in allen Dingen ein Gleichgewicht zu schaffen. Das ist oft schwer zu erreichen und beizubehalten. Unzufriedene Eltern übertragen ihre Stimmung auf ihr Kind; oft kommt es dann auch zu Streit. Eltern, die wiederum nur für ihre Kinder leben, machen es ihren Kindern schwerer, sich von ihnen zu lösen und Selbstvertrauen zu entwickeln. Frühe Kontakte mit anderen sind gut für die soziale Entwicklung Ihres Kindes.

»Als Mutter empfinde ich den finanziellen Druck nun viel stärker, daher mache ich Überstunden und bin müde, wenn ich heimkomme. Ich glaube, ich könnte abends gar nicht weggehen, selbst wenn wir das Geld hätten.« Louise, 37

Das große Geheimnis glücklicher Elternschaft ist Planung – und das Festhalten an dieser Planung. Viele Eltern füllen den Terminkalender mit Terminen ihrer Kinder, vernachlässigen aber ihre eigenen Bedürfnisse. In aller Regel lässt sich ein Babysitter finden, an den sich Ihr Kind im Voraus gewöhnen kann. Es ist wichtig, eine Person »im Hintergrund« zu haben, da Sie nie wissen, wann Sie vielleicht einmal ungeplant wegmüssen. Nehmen Sie sich kurz Zeit, um die folgenden Fragen zu bedenken:

Wie lange ist es her, seit ich…

- Freunde ohne meine Kinder getroffen habe?
- mit meinem Partner abends ausgegangen bin?
- richtig Zeit für mich selbst hatte?
- in Ruhe einen Film angeschaut habe?
- mich schick gemacht habe?
- ein Hobby ausgeübt habe?
- Sport getrieben habe (nicht einfach den Buggy geschoben)?
- neue Kleidung gekauft habe, die nicht einfach praktisch war?
- in Urlaub war?
- in Ruhe ein Buch gelesen habe?
- mich politisch auf dem Laufenden gefühlt habe?
- eine Nacht durchgeschlafen habe?

»Ich liebe meine Kinder, aber ich sehne mich nach einem richtigen Gespräch, bei dem ich mich wieder als Erwachsene fühle.« Maja, 25

JENSEITS DES ELTERNSEINS *Ihre Kinder haben Priorität, aber es nützt auf lange Sicht weder Ihnen noch den Kindern, wenn diese Ihr Leben völlig bestimmen. Es ist für Sie alle gut, wenn Sie gelegentlich eine Auszeit voneinander haben.*

■ frühzeitig von der Arbeit nach Hause gekommen bin?

■ eine Einladung angenommen habe?

■ mich selbst wirklich gut gefühlt habe?

Nun nehmen Sie sich ein paar andere Fragen vor:

■ Wie würden Sie gern mehr Zeit für sich verbringen?

■ Wie würden Sie gern Zeit mit Ihrem Partner verbringen?

■ Was hindert Sie daran?

■ Gibt es jemanden, der bereit wäre, an einem Abend in der Woche/im Monat einige Stunden babyzusitten, und wie schnell könnte man das arrangieren?

So oft sind es Druck oder Müdigkeit, die sich der Freizeit in den Weg stellen. Geld ist selten der eigentliche Grund, da es meist jemanden gibt, der einmal babysitten würde – vielleicht im Austausch zu einem anderen Gefallen. Wenn Sie meinen, dass Ihr Kind zu schwierig sei, gehen Sie das Risiko ein. Vielleicht werden Sie ja überrascht. Eltern sein bedeutet nicht, alle eigenen Bedürfnisse aufzugeben.

»Manchmal schaue ich in den Spiegel und weiß nicht mehr, wer ich bin. Trotz des Elternglücks habe ich irgendwie mein gesamtes Selbstvertrauen verloren, und unsere Beziehung ist angespannt.« Johanna, 29

Ihre Gesundheit und Ihre Beziehung

Als Eltern müssen Sie sich körperlich und emotional wohlfühlen. Schlechte Ernährung und Bewegungsmangel tragen zu Erschöpfung und Anfälligkeit bei. Informieren Sie sich über die Grundsätze gesunder Ernährung, wenn Sie hier nachlässig geworden sind. Bewegung, Gesundheitsvorsorge und gutes Essen sind Voraussetzung, um Energie und eine positive Einstellung zu haben, und Eigenschaften, die Sie an Ihre Kinder weitergeben.

Ebenso wichtig ist es, Zeit für den Partner zu haben. Kommunikation und Zuwendung sind wichtige Aspekte einer Beziehung, die gepflegt werden müssen. Planen Sie ein Essen, bei dem Sie nicht über Ihre Kinder sprechen! Das Gleiche gilt für Alleinerziehende. Wer ohne Partner ein Kind erzieht, für den sind Freunde besonders wichtig. Sie sind es sich schuldig, ein soziales Leben zu führen, und das kommt auch Ihrem Kind zugute.

Liebe Tanya ...

▶ Vor einem Jahr wurde meine Tochter geboren, und ich fühle mich immer noch dick, unattraktiv und nicht ich selber. Ich habe weder Zeit noch Motivation, Sport zu treiben. Wie finde ich mein früheres Selbst wieder?

Viele Mütter teilen die Gefühle, die Sie beschreiben. Zeit für sich selber zu finden ist schwer, wenn man ein Kleinkind hat. Ihre Gewichtszunahme ist aber ebenso ein emotionales Thema wie ein körperliches.

Mutter zu werden bedeutet nicht, sich vom alten Ich zu verabschieden. Sie schulden es Ihrem Kind ebenso wie sich selbst, Interessen neu zu entdecken, die nichts mit Zuhause und Muttersein zu tun haben. Ihr Kind verkraftet kurze Trennungen von Ihnen. Dabei lernt es auch, dass Mama eigene Freunde und Hobbys hat.

Wenn Ihr Partner Sie so mag, wie Sie sind, wird er Sie auch mögen, wenn Sie sich selbst wieder mögen – und die Wahrscheinlichkeit abzunehmen ist viel größer, wenn Sie ein wenig von Ihrem verlorenen Selbstwertgefühl zurückgewonnen haben.

▶ Unser 18 Monate alter Sohn will seinem Papa »Gute Nacht« sagen, bevor er ins Bett geht; daher lasse ich ihn vor dem Fernseher schlafen, bis mein Partner von der Arbeit nach Hause kommt. Ist das falsch?

Das wird leicht zu einer Gewohnheit, die schwer zu durchbrechen sein wird. Ihr Sohn verinnerlicht das Einschlafen vor dem Fernsehen und das Aufwecken durch seinen Papa als Teil seines Einschlafrituals. Wird der Schlaf eines Kindes unterbrochen, ist es tagsüber unruhiger, und in diesem Alter braucht Ihr Sohn nachts mindestens elf Stunden Schlaf. Es wäre besser, ein regelmäßiges Ritual mit Bad, kurzer Gute-Nacht-Geschichte und Bettbringen einzuführen. Er ist alt genug, dass ein Telefonat mit Papa eine gute Alternative wäre.

▶ Ich habe große Schuldgefühle, weil ich den ganzen Tag arbeite. Deshalb fällt es mir schwer, »Nein« zu sagen, wenn ich heimkomme. Ich will nicht, dass mir mein Sohn böse ist oder sich keine enge Beziehung zwischen uns entwickelt.

Vorausgesetzt, Ihrem Sohn geht es in seiner Tagesbetreuung gut, haben Sie keinen Grund für Schuldgefühle. Er lernt, sich an andere Menschen zu gewöhnen, und erwirbt soziale Fähigkeiten. Sie müssen auch nicht befürchten, die Beziehung zwischen Ihnen zu gefährden. Ihr Sohn will bei Ihnen sein und sucht während der Kleinkindjahre nach Ihrer Anerkennung und Zuwendung. Zu Ihrer Liebe gehört auch die Verantwortung, Grenzen zu setzen und einzuhalten. Nur mit Ihrer Hilfe kann er lernen, sein Verhalten zu steuern. Es muss lernen, dass Sie auch Zeit für sich selber brauchen.

Es mag einfacher scheinen, nachsichtig zu sein, als Regeln durchzusetzen. Doch dadurch wird es langfristig zu Problemen kommen. Wenn Ihr Kind keine Grenzen kennt, erleben Sie Abende voller Spannung und Stress. Statt Ihre Zeit positiv miteinander zu verbringen, haben Sie das Gefühl, keine Kontrolle zu haben, und Ihr Kind ebenfalls. Je älter er wird, umso schwieriger wird eine Verhaltensveränderung. Lassen Sie sich in Ihrer Erziehung nicht durch Schuldgefühle behindern und davon abhalten, Ihrem Sohn konstruktive Verhaltenstechniken beizubringen.

FRAGEN & ANTWORTEN

EIN KLEINES INDIVIDUUM *Betrachten Sie Ihr Kind als eigene Persönlichkeit. Es wird zu einem einzigartigen Ich heranwachsen. Dank Ihrer Liebe und Unterstützung entwickelt es sich zu einem starken, positiv gestimmten Individuum.*

5 Punkte zur Erinnerung

1 Glauben Sie nicht, die Entwicklung in irgendeiner Weise forcieren zu müssen; alles wird zu seiner Zeit geschehen. Lassen Sie sich nicht durch Meilensteine und Vergleiche mit anderen Kindern verrückt machen.

2 Zu den wichtigsten Aufgaben gehört es, viel zu loben und zu ermutigen und das Wort »Nein« nicht dominieren zu lassen. Gutes Betragen ist kein erzwungenes Benehmen, sondern das Ergebnis guter Gewohnheiten, klarer Routine und vielem Lob.

3 Ihr Kind braucht keine komplizierten Spielsachen – normale Haushaltsgegenstände machen oft mehr Spaß und sind für dieses Alter passender als multifunktionelles Spielzeug. Alltagsaktivitäten, wie Anziehen und Einkaufen, bieten Anlass für Spiel und Spaß.

4 Verhalten und Selbstbeherrschung Ihres Kindes können stark schwanken. Das ist normal und Folge davon, dass es sich auf so viele Veränderungen einstellen muss.

5 Es kommt allen zugute, wenn Sie die Hoffnung auf einen perfekten Haushalt aufgeben. Dreckelei und Chaos gehören zum Entwicklungsprozess des Kindes. Hygiene ist wichtig, aber man muss sie nicht übertreiben.

WIE ES SPIELT *In diesem Alter ist es normal, dass Ihr Kind allein spielt. Es ist noch nicht so weit, mit anderen Kindern zu spielen, aber es mag Sie als Spielkameraden.*

18–24
MONATE

IHR KIND WIRD GRÖSSER

12 **18** **24** 30 36 42 48

MONATE

NEUE AKTIVITÄTEN WENN IHR KIND IN DER HANDHABUNG KLEINER DINGE GESCHICKTER WIRD, HAT ES MEHR MÖGLICHKEITEN ZUM KREATIVEN SPIEL.

KLEINER DRAUFGÄNGER NEUE ABENTEUER BRINGEN STÜRZE UND KLEINE WEHWEHCHEN MIT SICH; VERSUCHEN SIE, DEN MITTELWEG ZU FINDEN ZWISCHEN SICHERHEIT UND ÜBERBEHÜTUNG.

»Es wird sich bewusst, dass es ein Individuum ist – und wehe, Sie wissen das nicht!«

VON IHNEN LERNEN
BEGEBEN SIE SICH ZUM SPIELEN IMMER AUF SEINE HÖHE. DAS WICHTIGSTE FÜR DEN LERN-PROZESS IST: LOB, LOB, LOB.

Die Entwicklung Ihres Kindes

In den nächsten sechs Monaten läuft und rennt Ihr Kind immer sicherer. Nun hat es den Kopf frei für eine andere lebenswichtige Fähigkeit: richtig sprechen lernen. Es lernt weiterhin vor allem im Spiel; beinahe alle Ihre Aktivitäten bieten Anlass, Spaß zu haben und neue Fähigkeiten zu entwickeln.

Seit seinem ersten Geburtstag hat sich die Fortbewegung Ihres Kindes dramatisch verbessert; im 18. bis 24. Monat wird es immer sicherer auf seinen Beinen. Sie erkennen mehr Anzeichen für selbstständiges Handeln, und sein Bedürfnis, gehört und verstanden zu werden, wächst stetig. Diese Veränderungen decken sich mit der anhaltenden Entwicklung von Gehirn und Gedächtnis; dies bringt mit sich, dass Ihr Kind ständig ganz aufgeregt plappert und beinahe täglich neue Wörter lernt. Es lernt ganz spielerisch, und es besteht in diesem Alter keinerlei Notwendigkeit für formelle Unterrichtsstunden oder strukturiertes Lernen; wird das Spiel zu stark kontrolliert, behindert dies die Entwicklung eher, als dass es sie fördert.

Kinder dieser Altersgruppe können selber mit einem Löffel essen (mit ein wenig Hilfe der Hände); manche brauchen zeitweise gar keine Windeln; die meisten sind in ihrem Spiel sehr erfinderisch und kreativ, und Sie haben vermutlich das Gefühl, viel weniger Zeit für sich selbst zu haben als zu Babyzeiten Ihres Kindes.

Frühe Verhaltensbildung und Routine

Klare Verhaltensregeln werden notwendig, sobald Ihr Kind mehr experimentiert und unternehmungslustiger wird – nicht nur zu seiner Sicherheit, sondern auch, weil es allmählich lernen kann, sein eigenes Verhalten zu steuern. Es ist nun in der Lage, den Unterschied zwischen »Ja« und »Nein« zu verstehen. Grenzen von außen helfen ihm, allmählich eigene Grenzen zu setzen und Ge- und Verbote sozialen Verhaltens zu begreifen.

Mit 21 bis 24 Monaten stellen Sie eine deutliche Veränderung in der Reflexionsfähigkeit Ihres Kindes fest. Es ist ganz begierig, Ihnen zu »helfen«, vielleicht indem es anfängt, seine Spielsachen wegzuräumen. Klein-

»Anna ist stur und bestimmt, aber wir lieben ihre Art. Wir lassen ihr viel Freiraum, aber sie weiß, ein ›Nein‹ bedeutet ›Nein‹.« Lisa, 36

kinder haben ein starkes Bedürfnis nach Ordnung und der »Richtigkeit« der Dinge. Diese Phase ist ideal, um mehr Struktur in den Tagesablauf zu bringen, besonders bei Mahlzeiten, Schlafenszeit und Aufstehen – wenn das nicht bereits geschehen ist. Sie müssen weiterhin eingreifen, um sein Verhalten zu lenken; doch wenn es sich jetzt an einen Rhythmus gewöhnt, wird Ihr Leben in einigen Monaten viel leichter sein.

»Ich erinnere die Leute immer daran, dass das Kleinkind von heute der Teenager von morgen ist. Im Interesse Ihres Kindes – und Ihrem eigenen – müssen Sie früh die Grundregeln einführen.«

Emotionale Entwicklung

Trennungsangst (s. S. 90) wird für Ihr Kind in dieser Sechs-Monats-Phase zu einem zentralen Thema. Sie fällt mit seiner zunehmenden Reflexionsfähigkeit und der Ausbildung seiner Einbildungskraft zusammen. Während Sie bislang das Haus problemlos verlassen konnten, um zur Arbeit zu gehen, stellen Sie plötzlich fest, dass Ihr Kind außer sich ist, vielleicht bitterlich weint und sich an Sie klammert, wenn Sie weggehen wollen.

Wenn Ihr Kind gut betreut wird und Sie wissen, dass es weder krank noch irgendwie gefährdet ist, machen Sie sich klar, dass die Angst Ausdruck eines Entwicklungsstadiums ist. Ein Abschied ist für ein kleines Kind hart; es ist im Augenblick der Verzweiflung nicht in der Lage, darauf

Mein ist mein

Ein Kleinkind ist sehr egozentrisch (s. S. 55) und wird sich seines Ichs als von Ihnen getrennte Person immer stärker bewusst. Es entwickelt ein starkes Besitzdenken und findet es schwer, Besitztümer abzugeben – jedoch weniger aus Egoismus als vielmehr aus dem wachsenden Bewusstsein seiner selbst als Individuum. Sobald es sicher weiß, was »meins« und was »deins« ist, ist es in der Lage zu teilen, hat aber oft keine Lust dazu! Der Erwerb von Selbstbeherrschung beginnt im Laufe dieses Jahres; es fehlt ihm jetzt aber noch die Fähigkeit, seine Gefühle zu steuern, und es wird schnell von ihnen und den extremen Gefühlen anderer überfordert.

zu vertrauen, dass Sie wiederkommen werden. Geben Sie ihm einen Kuss, und erklären Sie ihm, dass Sie »bald« heimkommen werden (wenn es etwas älter ist: »Wenn der kleine Zeiger auf der Sechs steht«). Seien Sie verständnisvoll, aber bestimmt, und verzögern Sie Ihren Aufbruch nicht. Es wird sich bald beruhigen.

Kleinkinder sind irgendwie Miniaturausgaben von Teenagern. Sie werden von rasch wechselnden Gefühlen überschwemmt, die sehr schwer zu bewältigen sind. Im einen Augenblick lachen sie und sind fröhlich, und im anderen ein Häufchen Elend und Verzweiflung. Oft weinen sie aus Frustration und Angst, lassen sich aber rasch trösten.

In diesem Alter fällt Ihrem Kind der Wechsel von einer Aktivität zu einer anderen ziemlich schwer: sich An- oder Ausziehen kann ein Problem werden; »Auf Wiedersehen«-Sagen oder unbekannte Menschen treffen ist stressig; ein Spiel beenden müssen, um zu essen, kann Tränen auslösen. Es fühlt sich von Veränderungen überfordert und hat den intensiven Wunsch, Kontrolle über sein Leben zu besitzen. Weil seine Aufmerksamkeit intensiver ist, ist es wütender als früher, wenn Sie es bei einer angenehmen Beschäftigung unterbrechen. Es kann sich nun bis zu fünf oder sieben Minuten auf eine neue Aktivität konzentrieren, wird aber durch Lärm, Menschen, helle Farben und Bewegungen noch leicht abgelenkt.

SICH SELBST ERFAHREN
Wenn Sie Ihr Kind bitten, auf Körperteile zu zeigen, wird es sich seiner selbst bewusst. Es erkennt, dass es »wie Mama und Papa« ist, aber doch auch eine eigenständige Person.

Seine Beziehungen

Jetzt erkennt Ihr Kind Familienmitglieder, aber auch regelmäßige Besucher oder Freunde. Es spielt etwas weiter weg von Ihnen. Es besteht ein sehr starkes Gefühl der Zugehörigkeit zu Ihnen, und es weiß, dass es Ihre Zuwendung braucht.

Vielleicht wird es auch fordernd, sobald Sie mit jemand anderem sprechen – vor allem am Telefon. Sie können es entweder durch eine Beschäftigung ablenken, während Sie Ihre Aufgabe beenden, oder seine Forderungen ignorieren, womit Sie die klare Botschaft geben, dass Sie ihm nicht ständig zur Verfügung stehen.

Anzeichen für eine gesunde Entwicklung

Beachten Sie, dass sich jedes Kind in seinem eigenen Tempo entwickelt und selten ganz geradlinig (s. S. 64). Im Folgenden finden Sie Anhaltspunkte, wann sich neue Fähigkeiten entwickeln.

SELBERMACHEN *Mit zunehmender Selbstständigkeit will Ihr Kind seine Zähne allein putzen und hilft beim Anziehen. Wenn Sie das erlauben, fördern Sie sein Selbstvertrauen.*

Am Ende des 18.–19. Monats wird Ihr Kind:

■ vermutlich zwei oder drei Wörter auf einfache Art zusammenfügen (»Lea Hund spielen«/»Mama Apfel essen«).

■ Gegenstände nicht mehr mit dem Mund untersuchen.

■ auf Aufforderung selber essen und dabei außer den Fingern auch Löffel oder Gabel benutzen.

■ zwei oder drei Körperteile kennen und auf Bitte darauf zeigen können, z. B. Zehen oder Ohren.

■ auf einen Ball zulaufen, um ihn wegzukicken.

■ einfache Aufforderungen verstehen; es befolgt sie aber nicht immer.

■ im Spiel gern imitieren, z. B. eine Puppe füttern.

Am Ende des 20.–21. Monats wird Ihr Kind:

■ einen Ball über den Kopf werfen.

■ mit einem Kuli oder Bleistift kritzeln.

■ vielleicht so gut sprechen, dass die Hälfte verstanden wird.

■ beim Ausziehen helfen.

■ beim Zähneputzen helfen.

Am Ende des 22.–23. Monats wird Ihr Kind:

■ mindestens sechs Wörter verwenden und über 50 verstehen.

■ Treppen hochsteigen können, wobei es beide Füße auf eine Stufe stellt, und einen kleinen Ball vorwärtskicken.

■ allmählich Präpositionen, wie »auf«, »in« und »unter« verstehen.

■ bekannte Menschen aus einiger Entfernung erkennen.

Am Ende des 24. Monats wird Ihr Kind:

■ beginnen, sich allein auszuziehen, und vielleicht auch, sich anzuziehen (mit Unterstützung).

■ einen Turm aus vier Bausteinen bauen.

■ auf ein oder zwei Bilder zeigen, die es wiedererkennt.

■ vielleicht hüpfen können.

»Denken Sie daran, dass es für Kleinkinder einfacher ist, mit etwas Neuem anzufangen, als eine Aktivität zu unterlassen. Sagen Sie das nächste Mal besser ›Geh langsam‹ statt ›Nicht rennen‹.«

GENAU WIE MAMA *Es lernt so viel, wenn es Ihr Tun und Sprechen nachahmt, und ist glücklich, wenn es manchmal der »Erwachsene« sein darf.*

Und dann sind es zwei ...

Kaum hat sich Ihr Kind an die Vorstellung gewöhnt, im Zentrum Ihrer Welt zu stehen, so wie Sie in seiner, geschieht etwas, das die Familiendynamik verwandelt ... es ist ein neues Baby da! Ihr Kind braucht all Ihre Hilfe und Ihr Verständnis, um diese Situation zu bewältigen.

Oft kommt ein neues Geschwisterchen, solange Kinder noch im Kleinkindalter sind. Die Ankunft eines neuen Babys erfordert von allen Beteiligten eine Umstellung; wie glatt der Übergang verläuft, hängt von verschiedenen Faktoren ab, z. B. wie viele Kinder Sie haben, vom Altersunterschied, von besonderen Bedürfnissen, Ihrer Gesundheit und Ihrer Einstellung. Doch dank Ihres heiteren Gemüts und effektiver Erziehungsme-thoden stellen sich Ihre Kinder allmählich darauf ein. Ältere Geschwister können wichtige Vorbilder, Spielgefährten und Verbündete sein! Zunächst kann Ihr Kleinkind ein ganzes Spektrum normaler Reaktionen zeigen: von Gleichgültigkeit über Aufregung, Beschützerinstinkt, Kummer, Ambivalenz bis zu Eifersucht.

WAS IST MIT MIR?

Um Ihr Kind auf die Ankunft des Babys vorzubereiten, beziehen Sie es in die Vorbereitungen ein. Einfache Aufgaben, wie die Auswahl eines Teddys für das Neugeborene oder Beteiligung bei der Namenswahl, verstärken das Gefühl der Zugehörigkeit statt dem Gefühl, verdrängt zu werden.

Auch wenn Ihr Kind stetige Fortschritte in seiner Entwicklung gemacht hat, seinen Sie nicht überrascht, wenn es nun Anzeichen der Regression zeigt, wie ein Baby spricht oder gestillt werden will. Das ist nicht ungewöhnlich, und es ist in Ordnung, wenn Sie es gelegentlich als Baby behandeln. Es gibt ihm Sicherheit, wenn es merkt, dass es nicht »ersetzt« wird. Zeigen Sie ihm aber auch, wie gut es ist, schon älter zu sein. Erwägen Sie, es nun aus dem Babybett in ein Kinderbett umziehen zu lassen (mit Gittern). Wenn es noch aus einem Fläschchen trinkt, ersetzen Sie es mit seinem Einverständnis durch einen besonderen Becher.

Ihr Kind will und braucht Zeit mit Ihnen; hüten Sie sich aber vor der Annahme, Sie müssten die Aufmerksamkeit, die Sie dem Baby schenken, mehr als wettmachen. Das funktioniert nicht. Sie sollten nicht versuchen, sich zu zerreißen, sondern lieber Wege finden, beide oder alle Ihre Kinder miteinander zu

AUS DEM WIRKLICHEN LEBEN

Wir hatten so kurz nach der Geburt von Justin, der ein ziemlich anstrengendes Baby war, kein zweites Kind geplant. Justin war erst 21 Monate alt und noch sehr unselbstständig, als Sven geboren wurde. Bald nach Svens Ankunft begann Justin, mich zu beißen, und bekam Wutanfälle. Sven hatte einen völlig anderen Charakter. Entspannt und sonnig, war er ein sehr einfaches Baby. Ich versuchte viel Zeit mit Justin zu verbringen, wenn Sven schlief, hielt ihn aber fern, wenn Sven wach war, damit Justin ihm nicht wehtun konnte. Das führte dazu, dass er noch mehr Zeit mit mir allein haben wollte. Er fiel in Babysprache zurück, wenn ich bei Sven war, und zeigte Anzeichen wachsender Eifersucht. Mein Mann und ich beschlossen, die Sache anders anzugehen. Wir wollten den Kindern helfen, sich aneinander zu gewöhnen. Wir badeten sie gemeinsam und führten abends eine gemeinsame Geschichtenzeit ein. Justin sollte viel positive Aufmerksamkeit bekommen und gleichzeitig an Sven gewöhnt werden. Ich kuschelte mit den Kindern, während mein Mann eine von Justin ausgewählte Geschichte vorlas. Der Erfolg stellte sich nicht über Nacht ein, aber heute hängen sie sehr aneinander. Sie lachen miteinander, und Justin beschützt sein kleines Brüderchen.

beschäftigen. Je früher Ihr älteres Kind mit dem Baby eine Beziehung eingehen kann, umso unwahrscheinlicher ist es, dass es übermäßig eifersüchtig wird oder sich ausgeschlossen fühlt.

Väter spielen in dieser Zeit eine zentrale Rolle, weil die Mütter unweigerlich weniger zur Verfügung stehen. Es ist eine schöne Gelegenheit für Väter, mehr Zeit allein mit ihren Kindern zu verbringen; bald wird für das ältere Kind der Vater zum bevorzugten Spielgefährten.

Sie können auch Freunde und Verwandte bitten, sich immer wieder mit Ihrem Kleinkind zu beschäftigen.

TOP-TIPPS FÜR DIE ANPASSUNGSPHASE

▶ Loben Sie Ihr Kind vor dem Baby, wenn es bei Ihnen ist.

▶ Lesen Sie Ihrem Kind Gute-Nacht-Geschichten vor, und nehmen Sie sich Zeit, ihm allein »Gute Nacht« zu sagen.

▶ Lassen Sie es auf Ihrem Schoß das Baby »halten«. Lassen Sie es seine Gefühle ausdrücken, und erkennen Sie an, dass der Lärm und die Unordnung, die ein Baby mit sich bringt, es nerven kann.

▶ Respektieren Sie Zimmer, Raum und Besitz Ihres Kleinkindes. Es ist ganz normal, wenn es sein »Territorium« verteidigt und sich vor möglichen Rivalen fürchtet.

▶ Versuchen Sie, Ihre Kinder nicht zu vergleichen und keine Bevorzugung zu zeigen.

▶ Seien Sie geduldig mit dem Verhalten

Ihres Kindes. Allzu leicht wird es als »böse« abgestempelt im Vergleich zum »braven« Baby; denken Sie daran, dass es Zeit braucht, sich an seinen neuen Familienstatus zu gewöhnen.

▶ Ihr Kind ist noch nicht in der Lage, die Rolle des Babysitters, des älteren Geschwisters, zu übernehmen. Es muss seine Kleinkindphase so lange wie möglich auskosten können.

EINBEZIEHEN *Fragen Sie Ihr Kind, ob es Mama und seinem Geschwisterchen während des Stillens eine Geschichte »vorliest«. So können Sie es einbeziehen und sind als Familie beisammen.*

▶ Setzen Sie von früh an klare Verhaltensgrenzen. Beißen, Schlagen, Boxen, Stoßen und Kratzen dürfen nie toleriert werden.

Sprechen lernen

In den nächsten sechs Monaten ersetzt Ihr Kind sein »Baby-geplapper« immer mehr durch richtige Wörter zur Beschreibung von Gegenständen. Sein Sprachverständnis entwickelt sich rapide, und Sie stellen vielleicht erstaunt fest, wie problemlos es jetzt auch einfache Aufforderungen befolgt.

Zwar verbessert sich das Sprachvermögen Ihres Kindes zusehends, doch erfolgt dies nicht über Nacht. Manchmal ist es Ihnen auch unmöglich, seine Äußerungen zu interpretieren. Nach den ersten Wörtern gibt es oft eine Pause von etwa drei bis vier Monaten, bevor der Wortschatz dann rasch anwächst. Mit 18 Monaten kennt es etwa 20 Wörter und kann zwei Wörter verbinden; mit 21 bis 24 Monaten sind es dann schon 50 bis 300 Wörter. Leider ergibt die Auswahl der verknüpften Wörter für Sie nicht immer einen Sinn. Oft erfolgen seine Äußerungen in einer Art Telegramm-Stil (oder auch in der Art einer SMS) und sind in der Aussage so konzentriert, dass Sie die Lücken selbst ausfüllen müssen. Ihr Kind jedoch hat eine klare Vorstellung von dem, was es sagen will, also beobachten Sie seine Körpersprache, und hören Sie auf seinen Tonfall.

Kommunikationsversuche

In diesem Alter kennen Kinder noch nicht genug Wörter, um klar auszudrücken, was sie meinen.

Isa, 18 Monate, ruft plötzlich: »Großer Hund!« Ihr Papa antwortet: »Siehst du einen großen Hund?« Isa sagt aufgeregt: »Großer Hund!« Papa fragt: »Denkst du an Omas großen Hund?« Isa, noch aufgeregter, sagt:

»Großer Hund, großer Hund!« Papa ist keineswegs klüger und braucht nun nonverbale Hinweise, wenn er der Sache auf den Grund kommen will. Er hat keine Ahnung, ob Isa sagt: »Ich möchte meinen großen Stoffhund«, »Denk an den großen Hund, den wir gesehen haben«, »Ich möchte das Buch über den Hund« oder einfach

»Mir gefallen die Wörter ›großer Hund‹.«

Nicht immer erkennen wir anfangs eine Logik in den Äußerungen unserer Kinder. Versuchen Sie, Äußerung und Tonfall als eine Art Echo zu wiederholen. Bitten Sie Ihr Kind, Ihnen zu zeigen, was es meint. Wird es frustriert, versuchen Sie, das Thema zu wechseln.

Dem Kind helfen

Je mehr Sie mit Ihrem Kind sprechen, umso schneller erlernt es die Grund-
züge der Sprache. Wiederholen Sie manchmal, was das Kind sagt, um
den Redeprozess zu verdeutlichen. Das bedeutet keine Bevormundung.
Das Wiederholen der Äußerung des Kindes in einfachen Sätzen und mit
korrekten Wörtern hilft ihm, ein Verständnis der Wechselseitigkeit einer
Unterhaltung zu gewinnen und zu erkennen, dass seine Äußerungen von
anderen Menschen beantwortet werden. Wenn es z. B. auf die Katze zeigt
und sagt: »Da, atte!«, antworten Sie: »Ja, schau, da ist die Katze!«

In anderen Fällen können Sie Ihrem Kind durch das Wiederholen
der korrekten Verwendung seiner Wörter helfen, die richtige Aussprache
zu erlernen. Ständiges Korrigieren versetzt es allerdings unter Druck,
alles richtig zu machen. Der Versuch, einen frühzeitigen Spracherwerb zu
erzwingen, funktioniert im Allgemeinen nicht, weil sich Stimmbänder und
Zungenkontrolle noch nicht ausreichend entwickelt haben. Wenn sich der
Kehlkopf im Verbund mit anderen motorischen Fähigkeiten (s. S. 48) allmählich kräftigt, wird es flüssiger sprechen.

Beschreiben Sie Ihrem Kind beim Spielen, Waschen und Anziehen,
was Sie tun: »Sollen wir jetzt die Hände waschen?«, »Das ist deine Nase«
(berühren Sie seine Nase), »Das ist meine Nase« (berühren Sie Ihre Nase),
»Mach mal ›Piep‹« (Drücken Sie Ihre Nase und machen Sie »Piep«, dann
bei Ihrem Kind). Die Kombination von Berührung und Laut verstärkt das
Bewusstsein seiner Nase und bekräftigt die Ähnlichkeit zwischen Ihnen.
Machen Sie es mit Texturen, Klängen, Farben und Düften vertraut: »Das
Fell der Katze ist weich und glänzend.« Zwar sprechen Kinder in unterschiedlichem Alter, doch unterscheidet sich der allgemeine Prozess des
Spracherwerbs sehr wenig. Kinder lernen hauptsächlich über das Hören
von Sprache und durch Imitation, nicht durch direkte Unterweisung.

»Manchmal ist Ihr Kind frustriert. Stellen Sie sich vor, Sie hätten Probleme mit den Mund-bewegungen, aber man erwartete von Ihnen, dass Sie deutlich sprächen.«

Kommunikation ohne Worte

Bis Ihr Kind sich selbst durch Sprache ausdrücken kann, teilt es seine
Bedürfnisse durch Gesten mit.

Zeigen Zeigen ist ein wichtiges Stadium beim Erlernen der Kommunikation. Es erfordert immense Konzentration, festzustellen: »Das ist es, was
ich will«, und zu folgern: »Wenn ich darauf zeige, verstehst du mich und
gibst es mir.« Kleinkinder wollen eine sofortige Bedürfnisbefriedigung,

daher ist es klug, auf die Zeichensprache zu reagieren und dann die Mitteilung verbal zu verstärken. Versuchen Sie vor Ihrer Reaktion Ihr Kind zur Verwendung der entsprechenden Wörter zu bewegen, kann der resultierende Stress die Aufnahme der »Sprachlektion« behindern.

Untersuchen Ihr Kind übt begeistert seine neue Fähigkeit, Dinge zu finden und Ihnen zu zeigen, was es will. Lassen Sie es erkunden und sich bewegen und seine eigenen Entscheidungen treffen. Stellen Sie sich vor, wie frustrierend es wäre, wenn Sie in einem Buchladen die Regale durchsuchten und immer wieder in einem Sessel zurückgebracht würden, bevor Sie die gesuchten Bücher gefunden haben.

Gesichtsausdruck Bei Kindern drücken sich alle Empfindungen auf ihrem Gesicht aus. Sie kennen schon viele dieser Stimmungsanzeiger. Ein einfacher Blick auf sein Gesicht sagt Ihnen sofort, wie es empfindet und, wichtiger noch, ob es zufrieden, besorgt oder ängstlich ist.

Mit der Mimik auf Tuchfühlung zu bleiben ist sehr hilfreich, um ihm zu helfen, seine Gefühle zu verstehen und zu verarbeiten. Selbst wenn Sie keine offensichtliche Erklärung für das Gefühl, das auf dem Gesicht Ihres Kindes geschrieben steht, erkennen – reagieren Sie trotzdem. Ihr Kind empfindet die Welt auf eine ganz andere Weise als Sie; es braucht vielleicht ein wenig Hilfe bei der Interpretation und Bewältigung seiner Erfahrungen.

Kooperieren Kinder lieben Nachahmung; dieser natürliche Instinkt befähigt sie, neue Fähigkeiten im Spiel und durch Beobachtung anderer Menschen zu erwerben. Daraus entsteht allmählich eine Kooperation. Dabei kann ein Kind sein Verständnis auch ohne Wörter ausdrücken. Achten Sie darauf, wie Ihr Kind nach dem Löffel greift, um selber zu essen; wie es seinen Fuß hinhält, wenn Sie nach seinem Strumpf greifen; wie es die Arme hebt, wenn es Zeit zum Ausziehen des T-Shirts ist. Diese Anzeichen zeigen, dass Ihr Kind begreift und allmählich die Fähigkeiten entwickelt, allein zurechtzukommen. Ermutigen Sie es und überlassen Sie ihm die Führung – indem Sie seine Gesten nicht ignorieren.

Sobald Ihr Kind dieses Verständnis zeigt, drückt es auch aus, dass es bereit ist, Dinge selber zu machen. Lassen Sie es möglichst oft Tätigkeiten selber ausführen: z.B. ein T-Shirt anziehen, selber essen und Zähne putzen. Mit Geduld, Ermutigung und ein wenig Unterstützung hat es Erfolg und lernt immer mehr.

Sprachliche Aktivitäten

In diesem Alter muss Spracherwerb Spaß machen und darf nicht in Zwang ausarten. Kleine Kinder sind immer für Spaß zu haben, lachen gern und lieben neue und »dumme« Geräusche. Je lockerer und lustiger der Lernprozess ist, umso leichter nimmt Ihr Kind neue Wörter und Ideen auf.

Reime, Lieder und Wortspiele Lieder und Quatschreime bringen Ihrem Kind Klang und Rhythmus nahe; bei Finger- und Zehenspielen werden Wörter bzw. Geschichten mit Handlungen kombiniert – auch eine lustige Methode, dem Kind die Körperteile beizubringen.

Traditionelle Kinderverse sind immer noch überall beliebt, aus dem einfachen Grund, weil Kinder so viel Spaß dabei haben und spielerisch die Sprache lernen. *Hoppe, hoppe, Reiter, Häslein in der Grube, Lirum, Larum, Löffelstiel* sind bewährte Klassiker.

Das Gleiche gilt für Lieder, die Wörter und Handlungen kombinieren. Ihr Kind macht in diesem Alter dabei eher Ihre Bewegungen nach, als auf die Anweisungen auf der CD zu hören. Kinder lernen dabei die soziale Seite der Interaktion; dazu gehören das Herstellen von Blickkontakt,

> »Kleinkinder machen eine Sache mit Begeisterung immer wieder. Ihnen macht Wiederholung Spaß, weil sie den Lerneffekt verstärkt und Erfolg verschafft – vor allem, wenn Sie darauf reagieren.«

gemeinsames Lachen und die Aufmerksamkeit. Diese Fähigkeiten sind wichtig, um später frei zu kommunizieren und Freundschaften einzugehen. Ihr Kind ist begeistert, wenn Sie mit ihm eigene Wortspiele erfinden, vor allem, wenn sie einen Überraschungseffekt haben. Diese Sprachspiele fördern die Interaktion und das Verständnis zwischen Spielgefährten und Kind.

Bilderbücher Sie machen Ihr Kind mit verschiedenen Formen und Texturen vertraut, ebenso mit Tierlauten und Alltagsgeräuschen. Bilderbücher spielen eine besonders wichtige Rolle bei der Förderung der Beobachtungsgabe und beim Erlernen von Wörtern, Geräuschen und dem Kontext von Dingen. Ihr Kind kann sich noch keine Geschichten selber ausdenken,

Typische Kleinkindsprache

Ihr Kind lässt vielleicht Buchstaben weg oder spricht sie falsch aus. Wiederholen Sie in diesem Fall das Wort korrekt, mit leichter Betonung auf dem korrigierten Laut. Das Kind muss das Wort aber nicht nachsprechen. Es wird es nach und nach durch wiederholtes Hören und Üben in seinen Wortschatz aufnehmen. Ihr Kind kann:

▶ den ersten oder letzten Laut eines Wortes weglassen, vor allem, wenn es mit Konsonanten wie b, k oder t beginnt.

▶ Laute ersetzen, z. B. s für sch.

▶ generalisieren und z. B. Substantive zu Verben machen.

▶ die Bedeutung eines Wortes auf eine ganze Gruppe anwenden, z. B. alle Maschinen als »Auto« bezeichnen oder alle Tiere als »Katze«.

▶ die Bedeutung von Wörtern reduzieren, z. B. ist nur Papa ein »Mann«.

▶ Grammatikregeln vereinfachen, z. B., alle Präteritumsformen mit -te bilden, wie »er gebte«, oder entsprechend bei den Perfektformen, z. B. »ich bin gegangt«.

▶ Stottern oder Poltern, wenn es schneller denkt, als es sprechen kann. Das ist in diesem Stadium sehr häufig, also machen Sie sich keine Sorgen. Anhaltendes Stottern muss ein Sprachtherapeut (s. S. 310f.) behandeln.

hört aber entzückt zu, wenn Sie ihm eine erzählen – vor allem, wenn es darin viel Action und Geräusche gibt.

Badespaß Das Spiel beim Baden lenkt Ihr Kind ab, sodass Sie es waschen können, ohne dass es dies überhaupt wahrnimmt. Es fühlt sich so im Wasser wohl. Haben Sie mehrere Kinder, baden Sie sie miteinander – das stiftet Gemeinschaft und spart Ihnen kostbare Zeit.

Wer ist schuld?

Mit 18 Monaten versteht Ihr Kind einfache Anweisungen wie »Halt«, »Nein« und »Komm her«. Es hat eine grundlegende Vorstellung von »Essenszeit« und »Badezeit« und kennt Fragen wie »Wo ist der Teddy?«. Und es hat sehr feine Antennen.

Eltern fragen sich oft, warum Kinder die unheimliche Fähigkeit besitzen, schon sehr früh unanständige Ausdrücke aufzuschnappen. Das liegt daran, dass diese meist kurz sind und sehr emotional oder betont verwendet werden – daher heben sie sich in einem Gespräch heraus. Hinzu kommt die Reaktion, die Kinder ernten, wenn sie sie verwenden: Gelächter, Schockiert-Sein und viel Aufmerksamkeit (egal ob positiv oder negativ). Es ist also an der Zeit, Ihre Sprache im Zaum zu halten, wenn Ihnen das Echo Ihres Kindes peinlich sein könnte!

Das Gehirn Ihres Kindes

Hohe Priorität hat im 18. bis 24. Monat die multisensorische Entwicklung. Visuelle Eindrücke, Geräusche, Gerüche und Texturen bieten praktische Erfahrungen, die das Gedächtnis entwickeln und dem Kind ermöglichen, sich Dinge weit wirksamer einzuprägen als nur durch Benennen.

Das Gehirn Ihres Kindes entwickelt sich im 18. bis 24. Monat ähnlich wie im 12. bis 18. Monat, doch mit viel deutlicherer Auswirkung, weil sich die nun einprägenden Informationen akkumulieren und das Gedächtnis besser wird. Die während der Gehirnentwicklung stattfindenden chemischen und neurologischen Veränderungen (s. S. 71) setzen sich fort. Alle Bereiche des Gehirns entwickeln sich in den nächsten sechs Monaten (und bis in die Pubertät hinein) weiter. Sie erkennen dabei eine Verbesserung von Reflexionsvermögen, Erinnerung, Aufmerksamkeit und Reaktion. Jedes Mal wenn es zuhört und spricht, trainiert das Kind sein Sprachvermögen. Zwar betrachten wir das Sprechen als selbstverständlich, doch es ist eine hoch komplexe Fähigkeit, die das Zusammenspiel vieler Gehirnbereiche voraussetzt.

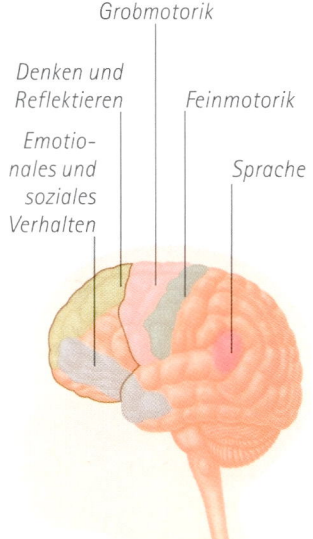

Grobmotorik

Denken und
Reflektieren

Feinmotorik

Emotio-
nales und
soziales
Verhalten

Sprache

Sprechen lernen

Um Sprache wirksam zu nutzen, müssen wir sie bilden können – das Sprechvermögen – und zuhören und begreifen können. Diese Fähigkeiten entwickeln sich gemeinsam, werden aber durch verschiedene Gehirnbereiche gesteuert. Sprechen und Verstehen hängen stark vom Gedächtnis ab und sind abhängig von der fortschreitenden Entwicklung der Bereiche, die für Denken und Nachdenken zuständig sind, sowie vom Gedächtniszentrum des Gehirns.

Im Gedächtniszentrum, so glaubt man, werden Informationen über die Bedeutung der Wörter und Gegenstände, basierend auf Beschreibung, persönlichen Erfahrungen und Verbindungen zu anderen Wörtern und Bedeutungen, festgehalten. Das Gedächtniszentrum bestimmt, welche Wörter wir kennen, auswählen und verwenden. Es steht in Verbindung zum Sprechzentrum und beeinflusst Sprachbildung und Sprachverständnis. Die Bereiche des Denkens und Reflektierens beeinflussen die Aufmerksamkeit und Zeitpunkt

SPRACHE UND BEWEGUNG

Die Bereiche für Grobmotorik und Sprache entwickeln sich rasch, um die Koordination und die Sprechfähigkeit auszubilden. Die Feinmotorik reift später aus.

und Ort des Sprechens. Der Bereich des emotionalen und sozialen Verhaltens ist an der Dekodierung der Sprache und Gestik anderer beteiligt und beeinflusst Gefühle und Äußerungen.

Wenn Ihr Kind etwas sagen will, laufen in seinem Gehirn verschiedene Prozesse ab. Weiß das Gedächtnis, worum es sich bei der gewünschten Information handelt? Das Kind kann noch nicht bewusst denken wie ein Erwachsener; aber es kann sich auf das, was es beschreiben will, konzentrieren (Wie sieht es aus?). Die visualisierte Information wird dann im Gehirn verarbeitet, ebenso die dadurch gewonnene Information (Sieht es bekannt aus?). Dann nimmt das Gehirn einen Abgleich vor (Erkennt es die Sache? Was stellt sie dar?) und stellt fest, ob es die zur Beschreibung notwendigen Wörter kennt.

Wenn Ihr Kind z. B. ein großes Tier mit vier Beinen betrachtet, versucht sein Gehirn zu klären, ob es einem der in seinem Gehirn gespeicherten mentalen Bilder entspricht. Dann muss es den Teil des Gehirns finden, der das dazugehörige Wort speichert und erinnert, um es laut zu sagen. Zur Artikulation müssen Zunge und Stimmbänder geformt und das Wort genau ausgesprochen werden. Dann schaut es Sie vielleicht an, zeigt darauf, lächelt und sagt triumphierend: »Großer Hund«.

WISSEN ERWERBEN

Aus vielen Eindrücken, Geräuschen und Erfahrungen bildet das Kind ein Informationsnetz, das den Wörtern Bedeutung verleiht und das Gedächtnis entwickelt.

Verstehen lernen

Beim Hören und Verstehen läuft im Gehirn ein anderer Prozess ab. Ebenso wie die Ohren notwendig sind, um die Laute zu hören und den *wörtlichen* Sinn der gesprochenen Wörter zu interpretieren, werden die Augen und andere Sinne eingesetzt, um die *soziale Bedeutung* des Gesagten zu dechiffrieren, in Informationen über den Sprecher (Geschlecht, Alter, Tonfall) und den Kontext (vertraut, gefährlich, neu, interessant, feindlich usw.). Die Wörter werden beim Hören dekodiert und mit den im Gehirn gespeicherten Wörtern und Bedeutungen verglichen. Über die Hörfähigkeit werden Anhaltspunkte aus dem Kontext zu den Wörtern gewonnen, und auch das Lippenlesen spielt eine Rolle (nicht nur für Kinder mit Hörbehinderungen). Nehmen wir das obige Beispiel: Sie erhalten von Ihrem Kind die Informationen »groß« und »Hund« und schauen sich das Bild an. Aus dem Kontext und Ihrer größeren »Gedächtnisbank« erkennen Sie, dass auf dem Bild in Wirklichkeit ein Pferd zu sehen ist. Ihr Kind beschreibt es als großen Hund, weil es dem »Hund«, den es in seinem Kopf hat, ähnelt und das Kind das Wort »Pferd« noch nicht kennt. Lächeln Sie es an und sagen Sie: »Ja, es hat vier Beine und ist sehr groß, zu groß für einen Hund. Dieses Tier nennt man Pferd.« So kann Ihr Kind die neue Information abspeichern. Zeigen Sie auf die Mähne des Pferdes, auf seine vier Beine und den Kopf; beschreiben Sie die Laute, die ein Pferd macht (»Ihhhh«/»klipp, klapp«) und vergleichen Sie es mit dem »Wau« des Hundes. Ihr Kind beobachtet, wie Sie die Wörter bilden, es wird das Bild betrachten, wenn Sie es beschreiben. Alle diese Informationen wird sich sein Gehirn für den späteren Gebrauch merken.

Sprache und Verständnis Ihres Kindes werden mit zunehmender Sprachverwendung und seinen Erfahrungen genauer und umfassender. Es beginnt z. B. Assoziationen herzustellen, wie »Leo ist Omas Hund. Er ist weiß mit braunen Flecken« und »Hunde sind Haustiere. Sie sind normalerweise freundlich. Aber ich darf keine fremden Hunde streicheln«.

Linke Gehirnhälfte/rechte Gehirnhälfte

Das Gehirn ist in zwei Hemisphären geteilt. Sie arbeiten zwar zusammen, sind aber zunächst unreif und werden bei kleinen Kindern erst ausgeformt.

Bei den meisten Menschen ist die linke Gehirnhälfte (sie kontrolliert die rechte Körperseite) für das logische Denken zuständig. Sie lenkt Verstehen und Sprache. Die rechte Gehirnhälfte (sie steuert die linke Körperhälfte) ist instinktiver und kreativer geprägt: Sie nimmt nonverbale Signale auf und ist stärker mit den physischen Reaktionen des Körpers verbunden. Zwischen beiden Seiten bildet ein Netzwerk von Nervenfasern die Brücke, über die Wörter übermittelt werden. Wörter, die ein Gefühl beschreiben, reisen von links nach rechts; die Information darüber, was das Gefühl darstellt und wie darauf reagiert wird, reist von rechts nach links. Wird diese Brücke stärker, entwickeln sich emotionales Verständnis und Sensibilität. Bei einem kleinen Kind ist diese Brücke unausgereift und die Koordination des Denkens schwierig, da das Kind zwischen ruhigem Wahrnehmen und emotionalem Reagieren schwankt. Sobald sich die Verbindung kräftigt (gemeinsam mit den Frontallappen) (s. S. 164), kommuniziert die logische, rationale, linke Gehirnhälfte besser mit der emotionalen, instinktiven rechten Hälfte, und das Kind reagiert ausgeglichener.

Spielen und Lernen

Spiel, Spaß und Lernen sind für Ihr Kind dasselbe. Voller Begeisterung erlernt es neue Fähigkeiten, macht neue Entdeckungen, und Sie erleben in den kommenden Monaten rasante und gravierende Fortschritte im Verständnis, dem Reflexionsvermögen und der Reaktionsgeschwindigkeit.

In dieser Entwicklungsphase brauchen Sie immense Geduld und viel Humor, denn Ihr Kind wird Dinge oft sehr unkonventionell angehen, ganz anders, als Sie es für richtig halten. Und es wiederholt Aktivitäten immer und immer wieder. Verbringen Sie viel Zeit mit Ihrem Kind, zeigen Sie ihm, wie Dinge funktionieren und wie man Aufgaben erledigt. Ihre Anteilnahme und Ermutigung sind unerlässlich, damit es sein Potenzial entfalten kann. Sie müssen auch tolerant sein und das Kind eigene Entdeckungen machen lassen, ohne zu viele Vorschriften.

Kinderzentriertes Spiel

Im Spiel werden in diesem Alter die Sinne entwickelt sowie die Welt erforscht; daher spielt Ihr Kind so gerne mit Sand und Wasser, mit Fingerfarben, Knetmasse und anderen Materialien. Beschaffenheit, Form, Geräusch, Gefühl und Bewegung der Materialien nehmen es komplett gefangen. Ihr Kind spielt dabei völlig »zweckfrei«: Ihm ist es nicht wichtig, dass etwas perfekt aussieht oder es etwas »richtig« macht, sondern ihm geht es um Wiederholungen, Ursache und Wirkung und die Entdeckung, was es selbst geschehen lassen kann. Keine Angst, dass es zu langsam lernt. Es denkt sich Dinge aus und erwirbt mit zunehmender Gehirnentwicklung ein komplexeres Reflexionsvermögen.

Denken Sie daran, nicht Kontrolle ist das Wichtigste:

- Lassen Sie Ihr Kind seine Beschäftigung oder sein Spielzeug aussuchen.
- Lassen Sie Ihr Kind mit dem Sprechen oder der Aktivität beginnen.
- Überlassen Sie Ihrem Kind weitgehend die Führung.
- Widerstehen Sie der Versuchung, sein Tun zu korrigieren.
- Scheren Sie sich nicht um Unordnung, räumen Sie nicht nebenher auf.

LIEBLINGSBESCHÄFTIGUNG *Ihr Kind initiiert sein Spiel zunehmend selbst und zeigt klare Vorlieben – z. B. läuft es auf dem Spielplatz direkt zur Rutsche. Diese Fähigkeit, selbst zu entscheiden, ist gut und sollte unterstützt werden.*

»Mia liebt
Reime und
Lieder. Dabei
kann man
sie morgens
problemlos
waschen und
anziehen.«

Wolfgang, 33

Betrachten Sie das Leben mit den Augen Ihres Kindes:

■ Spielen Sie gemeinsam auf dem Boden, wo Sie Blickkontakt herstellen können.

■ Lassen Sie Ihr Kind seine Aktivität beenden, bevor Sie beginnen.

■ Machen Sie Pausen, um sich im Spiel und Gespräch abzuwechseln.

■ Interessieren Sie sich für das, wofür Ihr Kind sich interessiert – beschäftigen Sie sich gemeinsam damit.

■ Akzeptieren Sie seine Art, Dinge zu tun.

■ Es »richtig« zu machen ist in diesem Alter nicht das Wichtigste.

Schenken Sie Ihrem Kind Ihre volle Aufmerksamkeit:

■ Zeigen Sie, dass Sie zuhören und sein Tun wahrnehmen, indem Sie es teilnehmend beobachten.

■ Kommentieren Sie sein Tun, und akzeptieren Sie die Art, wie es dies tut. Stellen Sie nicht zu viele Fragen, und korrigieren Sie sein Vorgehen nicht.

■ Loben Sie seine Tätigkeit möglichst oft.

Passen Sie Ihren Sprachstil an:

■ Kurze, einfache Wörter fördern Entwicklung und Verständnis.

■ Widersprechen Sie ihm nicht, sondern wiederholen Sie seine Äußerungen, um zu zeigen, dass Sie zuhören.

■ Seien Sie in Ihren Reaktionen sehr zugewandt, affirmativ und teilnehmend.

Lernen, dass jeder an die Reihe kommt

In diesem Alter ist Ihr Kind noch sehr selbstbezogen; es ist zu jung, um zu verstehen, dass ein anderes Kind ein möglicher Spielkamerad ist. Vielleicht spielt es aber gern in der Nähe eines anderen Kindes, und die beiden beobachten sich interessiert oder ahmen sich nach. Diese Phase bezeichnet man als Parallelspiel; sie leitet bald ins gemeinsame Spiel und zum Teilen über. Bis dahin kommt es vermutlich bei jeder Interaktion zu einer kleinen Streiterei. Kleine Kinder haben ein starkes Besitzdenken – alles ist »meins«.

Ihr Kind kann allmählich etwas über »Dran-Sein« lernen, indem Sie das mit ihm im Spiel üben. Das ist weit wirksamer als einzugreifen, wenn es Ärger gibt. Ihr Kind muss seine Sozialkompetenz erst noch entwickeln. Es fällt ihm schwer, mit seinen Gefühlen umzugehen, und es ist frustriert, weil es sich nicht richtig ausdrücken kann. Das ist eine explosive Mischung, die oft körperlich ausagiert wird. Schlagen und Beißen ist zwischen Kleinkindern nichts Ungewöhnliches. Passen Sie gut auf und greifen Sie schnell ein, wenn Wut ausbricht, bevor jemand verletzt wird. Mit einem erregten Kind können Sie nicht vernünftig reden. Ein einfaches »Nein!«, bevor Sie es aus der Situation herausnehmen, ist in diesem Alter am wirksamsten.

Das An-die-Reihe-Kommen kann in beinahe jede Aktivität integriert werden, vom Sortieren von Bauklötzen in verschiedene Behälter über das Teilen von Lebensmitteln, einen Ball fangen oder das Umblättern von Seiten. Mit einem gleichaltrigen Kind kann dies ein Kind in diesem Alter noch nicht, aber es spielt gern mit einem älteren Kind oder Geschwister, das Geduld zeigt und ruhig über das Abwechseln verhandelt.

Der Wert der Wiederholung

Ihr Kind kann eine einfache Handlung immer wieder wiederholen; es beobachtet, wie etwas fällt, sich bewegt oder aufleuchtet. Diese Wiederholungen können für Sie nervtötend sein, zeugen aber von den sich konsolidierenden Lernfähigkeiten Ihres Kindes und seiner wachsenden Aufmerksamkeitsspanne. Es erwirbt auch die Fähigkeit, selbstbestimmt zu spielen; ermutigen Sie solche Ansätze so häufig wie möglich.

Veränderungen und Übergänge werden nun bewusster wahrgenommen. Selbst erfundene Lieder, die Handlungsfolgen begleiten, wie »*Nun putzen wir die Zähne, dann kämmen wir die Haare, heute früh am Morgen*«, unterstützen auf lustige Art den Lernprozess und prägen solche Abläufe leichter ins Gehirn ein.

Den Frieden wiederherstellen

Eltern von Kleinkindern sind beim Spiel ebenso als Schiedsrichter wie als Mediatoren gefordert.

Sandra, 23 Monate, und Malik, 14 Monate, machen mit Kochlöffeln auf leeren Töpfen Musik. Sandra legt ihren Löffel weg und nimmt einen Topfdeckel. Malik nimmt den Löffel, Sandra schreit wütend auf und lässt den Deckel mit einem lauten Knall fallen. Sie versucht, Malik den Löffel abzunehmen. Beide Kinder fangen an zu schreien. Papa sagt: »Sandra! Hör sofort auf. Malik ist kleiner als du. Was meinst du, wie er sich fühlt, wenn du das tust?«

Sandra ist zu jung, um die Gefühle eines anderen zu verstehen. Sie jammert und zieht am Löffel: »Meins! Gib her!« – »Sandra ...« (er spricht langsam und ruhig). »Lass den Löffel los. Malik ist dran. Du bekommst ihn in einer Minute wieder. Komm, spiel dafür mit diesem Mixbecher.« Die ruhige Anweisung, verbunden mit der Ablenkung oder einem klaren »Nein« verhindert einen Wutanfall.

IHR AKTIVES KIND *Spielen ist unverzichtbar für die körperliche, geistige und emotionale Entwicklung. Die Möglichkeit zu vielerlei Tätigkeit regt das Kind an und trägt zur Ausbildung vieler Fähigkeiten bei.*

Spielideen

BEWEGUNGSSPIELE

Kinderspiele, zu denen Laufen, Rennen, Springen und Klettern gehören, fördern die Entwicklung der Grobmotorik. Ihr Kind braucht einen sicheren Ort zum Spielen und Erkunden, ohne viele Bewegungseinschränkungen. Und es muss wissen, dass seine Bezugsperson nicht weit weg ist. Kinder sind »wetterfest«, und frische Luft und Szenenwechsel tun ihnen wirklich gut.

Verschiedene Materialerfahrungen und neue Herausforderungen sind in diesem Alter gefragt:

▶ Auf Gras oder Sand laufen, von einer Treppenstufe springen, einen Berg hinauf- oder hinunterlaufen, rennen (und später rollen), durch Kriechtunnel krabbeln – all das trägt zur Stärkung von Muskeln und Reflexen bei.

▶ Schaukeln, Rutschen und Balancieren fördern hervorragend die Gehirnentwicklung. Ihr Kind will vielleicht schon erste Klettereien wagen. Wägen Sie Ihre Angst um seine Sicherheit gegen sein Bedürfnis, sich zu erproben und aus der Umgebung zu lernen, ab.

Die feineren Bewegungen perfektionieren sich, wenn Ihr Kind lernt, Dinge zu greifen und kleinflächige Bewegungen auszuführen. Es lernt zeichnen (auch wenn es den Stift noch sehr ungelenk hält), es versucht, Formen zusammenzufügen, und kann Löffel und Gabel halten. Geeignet sind:

▶ Spielsachen, die das Halten, Schöpfen, Drücken und Gießen üben.

▶ Sand- und Wasserspiele, Fingerfarben, Puzzles und Holzklötze.

▶ Rennen, Springen und Klettern.

▶ Einen Ball kicken und werfen.

▶ Seifenblasen pusten.

▶ Fang- und Kitzelspiele.

▶ Tanzen, das den Sinn für Rhythmus und Koordination trainiert.

SPRACHE UND SINNE

▶ Sachen zum Vorlesen und Betrachten: Pappbilderbücher mit großen Bildern, bunte Lebensmittelkartons und glänzende Zeitschriften mit Bildern von Babys und Kleinkindern gefallen ihm.

▶ Schreibutensilien: dicke Stifte und viel Papier (wenn es nicht die Wände bemalen soll).

▶ Dinge, die Krach machen: Reis in verschlossenen Behältern, Kochlöffel, Töpfe, Blumentöpfe, Glöckchen – die Liste ist endlos. Erzeugen Sie selbst auf ungewöhnliche Weise Geräusche

▶ z.B. indem Sie in einen Schlauch blasen, um ein Echo zu schaffen oder Tierlaute bilden, die Ihr Kind nachmacht.

▶ Spielsachen mit hellen Farben und kontrastierenden Materialien.

▶ Kinderverse und Spiellieder fördern die Sprachentwicklung.

IMITATION UND TROST

▶ Kuscheltiere: Es gibt so viele, meist hat das Kind ein Lieblingstier.

▶ Hilfen zum Rollenspiel: Puppen und Spiellieder oder lustige, selbst erfundene Reime und Geschichten.

▶ Spielsachen, mit denen es Sie und Ihre Tätigkeiten imitieren kann, wie Besen, Kinderwerkzeug und Spieltelefon.

URSACHE UND WIRKUNG

▶ Spielsachen, die leuchten und ein Geräusch machen, wenn z.B. ein Knopf gedrückt wird – Ihr Kind erkennt dabei, dass sein Tun die Dinge beeinflusst.

INTERAKTIVE SPIELE

▶ Guck-Guck ist immer noch ein Favorit.

▶ Etwas unter einem Becher verstecken und gemeinsam finden.

▶ Ihre Handlungen nachmachen und übertriebene Mimik.

Überlegungen zur Sauberkeitserziehung

Es gibt viele Aspekte der Babyzeit, denen Sie ein wenig nachtrauern, aber dem Wickeln wohl kaum. Die Sauberkeitserziehung muss für das Kind zu einer positiven Erfahrung werden und darf keinen Druck bedeuten.

Eltern sind oft erstaunlich ehrgeizig, wenn es um die Sauberkeitserziehung geht. Ein Kind ohne Windel bedeutet weniger Arbeit und ist leichter mitzunehmen. Manche Kindergärten nehmen Kinder erst auf, wenn sie trocken sind. Vor allem für berufstätige Eltern bedeutet das einen echten Druck. Trotzdem gelten die wichtigsten Richtlinien für die Sauberkeitserziehung:

▶ Fangen Sie nicht zu früh an.
▶ Beschleunigen Sie den Prozess nicht, und machen Sie keinen Druck.
▶ Zwingen Sie Ihr Kind niemals, auf die Toilette zu gehen.
▶ Denken Sie daran, dass jedes Kind anders ist.

▶ Schimpfen Sie ein Kind niemals, wenn es eingenässt hat, egal wie enttäuscht Sie sind.

Die Altersspanne, in der Kinder nachts trocken werden, ist sehr breit und liegt zwischen 18 Monaten und acht Jahren. Eines von zehn Fünfjährigen nässt tagsüber und nachts immer noch ein. Studien zeigen, dass Kinder, die vor dem 18. Monat trocken werden sollten, oft erst im vierten Lebensjahr ganz sauber sind, während Kinder, bei denen die Sauberkeitserziehung mit zwei Jahren beginnt, oft beinahe sofort trocken sind. Kinder werden erst dann sauber, wenn sie reif genug sind und die Blasen- und Darmmuskulatur voll entwickelt ist. Dies erfolgt irgendwann zwischen 18 Monaten und drei Jahren.

TROCKEN WERDEN

▶ Ihr Kind soll zunächst angezogen auf seinem Töpfchen sitzen, um sich daran zu gewöhnen. Soll es die Toilette benutzen, kaufen Sie einen Kindersitz, der die Toilettenbrille verkleinert. So muss es keine Angst haben hineinzufallen. Stellen Sie einen kleinen Schemel dazu, auf den es seine Füße stellen kann; dann sitzt es stabiler und sicherer.

▶ Sobald es weiß, wozu das Töpfchen da ist, und bereit ist, es zu versuchen, nehmen Sie die Windel ab und lassen es draufsitzen. Wenn Sie gleichzeitig den Windelinhalt ins Töpfchen leeren, versteht es den Sinn schneller.

▶ Leiten Sie es an, nach dem Essen und Trinken auf Töpfchen oder Toilette zu gehen.

▶ Stellen Sie sicher, dass es immer weiß, wo sein Töpfchen ist; bitten Sie es, es zu benutzen oder Ihnen zu bringen.

▶ In den Sommermonaten kann Ihr Kind ohne Windel herumlaufen und das Töpfchen benutzen, wenn es notwendig ist. Auf diese Weise lernt es problemlos etwas über seinen Körper und das Pipimachen.

FAKTEN ZUR SAUBERKEITSERZIEHUNG

▶ Nicht alle Kinder gehen aufs Töpfchen.

▶ Das Wasserlassen erfolgt oft gleichzeitig mit dem Stuhlgang; daher kann es für das Kind schwierig sein, den Unterschied zu benennen.

▶ Jungen setzen sich zunächst hin und lernen später, im Stehen zu urinieren.

▶ Vor allem Jungen finden die Umstellung zur Toilette oft beängstigend und mögen vor allem den Stuhlgang nicht. Seien Sie bei Ängsten geduldig.

▶ Seinen Sie nicht überrascht, wenn Ihr Kind von dem »Ergebnis« fasziniert ist und es vorzeigen will. Das ist normal.

▶ Wenn Sie Ihr Kind im Sommer ohne Windel herumlaufen lassen, wird es nach dem dritten Lebensjahr bedeutend schneller sauber.

▶ Nehmen Sie es mit, wenn Sie auf die Toilette gehen; es lernt auch hier durch Nachahmung.

▶ Zwingen Sie es nicht, aber ermutigen Sie es intensiv.

▶ Wenn es selbst merkt, ob es nass oder trocken ist, ziehen Sie ihm tagsüber Trainerhöschen an und bitten es, Ihnen zu sagen, wann es auf die Toilette muss.

▶ Es dauert länger, bis Ihr Kind nachts auch trocken ist. Eine Nässeeinlage und ein zusätzliches Laken, die Sie ins Bett legen, sind nachts schnell zu wechseln.

KEIN EINKOTEN MEHR

▶ Erwarten Sie nicht, dass Ihr Kind den Stuhlgang vor dem 18. Monat kontrollieren kann, realistischer ist zwischen zwei und drei Jahren. Manche Kinder sind erst mit fünf ganz sauber.

▶ Helfen Sie ihm, sich auf Töpfchen oder Toilette zu entspannen. Anspannung kann den Stuhlgang behindern.

▶ Lassen Sie es dreimal täglich nach den Mahlzeiten aufs Töpfchen sitzen, jeweils höchstens drei Minuten.

▶ Versuchen Sie, es spielerisch zu machen; es soll regelmäßig draufsitzen und es versuchen. Macht Ihr Kind sehr regelmäßig die Windel voll, setzen Sie es jeweils zu dieser Zeit aufs Töpfchen.

▶ Hat es Erfolg, loben und belohnen Sie es; wenn nicht, ignorieren Sie das und versuchen es später wieder.

▶ Wenn es sich weigert, zwingen Sie es nicht und zeigen keine Missbilligung oder Ungeduld. Die Situation ist

beängstigend, und eine Weigerung sollte respektiert werden.

▶ Loben Sie es, wenn es einen neuen Versuch unternehmen will.

Sie können sicher sein, dass alles gut ausgehen wird. Sie kennen wohl keinen 15-Jährigen, der in Windeln herumläuft! Lassen Sie ihm Zeit. Bei Bedenken beobachten Sie seine Fortschritte und fragen ggf. den Kinderarzt.

LANGSAME GEWÖHNUNG *Lassen Sie doch erstmal den Teddy aufs Töpfchen gehen, so wird Ihr Kind damit vertraut.*

Was kleine Kinder wollen und brauchen

Während dieser sechs Monate durchläuft Ihr Kind vielfältige Veränderungen, auf die Sie möglichst einfach und klar reagieren sollten. Es gedeiht dank Liebe und Zuwendung, braucht aber zunehmend auch Verhaltensregeln und Grenzen.

»Anfangs fiel es uns schwer, einen festen Rhythmus einzuführen – aber wir blieben konsequent, und heute ist Elsa viel zufriedener.«

Sonja, 32

Ein Kind, dem keine Grenzen gesetzt werden, sucht seine eigenen und provoziert die Eltern, bis es auf Widerstand stößt. Ihr Kind beginnt zu verstehen, wer es ist und was es von der Welt denkt. Sie müssen angesichts seines Benehmens stark und konsequent sein. Diese Phase ist auch eine Zeit des Übergangs: Dank seines neuen Sprachvermögens versteht es mehr als bisher; durch sein Bewusstsein, von Ihnen getrennt zu sein, weiß es, dass Sie weggehen können (und sorgt sich, ob Sie wieder zurückkommen). In der Familie kann es große Veränderungen geben, z.B. dass Mutter bzw. Vater wieder arbeiten gehen oder vielleicht ein Baby kommt.

Auch seine Versorgung verändert sich. Vielleicht wollen Sie ihm nun das Fläschchen ganz abgewöhnen; jeder Tag bringt neue Geschmacksnuancen und Konsistenzen auf seinem Teller; vielleicht ist es vom Babybett ins Kinderbett umgezogen. In Verbindung mit all den neuen Gefühlen, die es erlebt, ist es da nicht überraschend, dass Ihr Kind sehr sensibel auf Ihre Rückmeldungen achtet und Ihren Zuspruch braucht.

Wie Sie reagieren

Als Eltern formen wir das frühe Verhalten unserer Kinder. Das hat Einfluss darauf, wie sie sich später im Leben selber sehen. Ein Kind, das weder Selbstbeherrschung noch Grenzen kennt, fühlt sich sowohl mächtig als auch unsicher. Das resultiert in schlechtem Benehmen und emotionalen Ausbrüchen. Ihr Kind freut sich über seine Kommunikationsfähigkeit und liebt »Unterhaltungen«. Es ist weiterhin egozentrisch (s. S. 55) und vorrangig mit seinen eigenen Bedürfnissen beschäftigt. Es will selbstständig sein und selbst bestimmen, ist aber oft ängstlich und frustriert. Es braucht daher Ihre konsequente Betreuung und Zuwendung. Durch Verhaltenslenkung helfen Sie ihm, seine starken Gefühle zu beherrschen. So fühlt es sich sicher. Entscheidend ist, genügend Kontrolle zu bewahren, um seine körperliche Unversehrtheit sicherzustellen, und Routinen und Grenzen festzusetzen, die ihm helfen, sein eigenes Benehmen in den Griff zu bekommen – ohne seinen freien Geist zu behindern. Bis es drei Jahre alt ist, müssen Sie ihm zeigen, nicht sagen, wie es sich zu verhalten hat.

Sorgen rund um die Mahlzeiten

Häufig entwickelt sich in dieser Zeit ein ständiger Kampf ums Essen. Wie die Tabelle unten zeigt, sind davon oft Eltern betroffen, die das Verhalten ihres Kindes falsch deuten.

Kleinkinder und Geschmacksknospen

Fehlt eine klare Routine oder bestehen unrealistische Erwartungen hinsichtlich der Bedürfnisse und Wünsche des Kindes, können die Mahlzeiten des Kindes und der ganzen Familie sehr konfliktreich werden. Oft missverstehen Erwachsene die Reaktion eines Kindes auf das Essen.

REAKTION DES KINDES	INTERPRETATION DER ELTERN	ANDERE MÖGLICHE BEDEUTUNGEN
▶ Schiebt den Teller weg	Benimmt sich schlecht	Ist gelangweilt oder satt
▶ Spuckt Essen aus	Benimmt sich schlecht, ist krank oder mag es nicht	Speise ist zu heiß/zu kalt/Geschmack oder Konsistenz sind ungewohnt
▶ Spielt mit dem Essen/ will nicht essen	Benimmt sich schlecht/will hungern	Hat genascht/ist satt/die Portion ist zu groß
▶ Wirft Essen auf den Boden	Benimmt sich schlecht	Experimentiert/spielt/hat Spaß/will Reaktion der Eltern testen
▶ Isst den Teller nicht leer	Ist ein heikler Esser	Hat eine zu große Portion bekommen
▶ Will eine neue Speise nicht essen	Ist ein heikler Esser	Schmeckt ihm vielleicht beim nächsten Mal
▶ Kann sich nicht entscheiden, was es essen will	Ist schwierig/ist ein schwieriger Esser	Kann noch nicht selbst entscheiden, was es essen will
▶ Leckt am Essen und lässt es dann liegen	Spielt mit Essen/ist unartig	Experimentiert/gewöhnt sich an neue Konsistenz und Geschmack; isst es evtl. das nächste Mal

GROSS WERDEN *Gehen Sie Veränderungen positiv an – ermuntern Sie ihn damit, dass er jetzt ein großer Junge ist und aus dem Becher statt aus einer Flasche trinken kann.*

Praktische Tipps für fröhliche Mahlzeiten:

■ Seien Sie ein Vorbild, und zeigen Sie Ihrem Kind, wie man Messer, Gabel und Löffel benutzt. Es wird Sie bald nachmachen, aber sehen Sie gelassen zu, wenn es weiterhin meist lieber mit den Fingern isst.

■ Regen Sie sich nicht ständig auf. Es isst kaum, wenn Sie angespannt sind.

■ Tauschen Sie Fläschchen und Hochstuhl Ihres Kindes gegen Becher und Kindersitz ein.

■ Führen Sie neue Speisen spielerisch ein, und lassen Sie es mit den Fingern essen, damit es sich an die Beschaffenheit und den Geruch gewöhnt.

■ Führen Sie jeweils nur eine neue Speise ein.

■ Geben Sie kleine Portionen; Ihr Kind hat einen sehr kleinen Magen (etwa so groß wie seine Faust).

■ Haben Sie bei der Einführung neuer Speisen Geduld. Geben Sie kleine Mengen und zwingen Sie es nicht, die ganze Portion zu essen.

■ Seien Sie darauf gefasst, dass es 15 bis 20 Anläufe braucht, bis Ihr Kind einen neuen Geschmack akzeptiert.

■ Achten Sie darauf, dass es zwischen den Mahlzeiten nicht zu viel nascht. Das könnte erklären, warum es sein Essen nicht anrührt.

■ Falls Ihr Kind immer noch Flasche oder Brust erhält, ist es schon weitgehend satt, wenn es sich zum Essen hinsetzt.

■ Ermutigen Sie ältere Kinder, »gutes« Essverhalten vorzumachen. Ihr Kind schenkt Geschwistern große Aufmerksamkeit.

So sieht Ihr Kind die Welt

Das könnte Ihr Kind denken:

▶ »Wir gehen in den Park spazieren, und da gibt es so viel zu sehen, zu riechen und zu hören. Ich will langsam machen, damit ich alles entdecken und mir einprägen kann, aber Erwachsene haben es immer so eilig.«

▶ »Nie weiß man, wie man es ihnen recht macht: Mal soll ich lernen, auf einen Stuhl zu steigen, mal versperren sie die Treppe mit einem Gitter, und ich kann das Klettern nicht üben!«

▶ »Es gibt so viele verschiedene Wörter für die gleiche Sache. Warum heißen nicht alle Tiere einfach ›Hund‹? Ich scheine ein ›Erik‹ zu sein – so jedenfalls rufen sie mich.«

▶ »Ich rede jetzt viel mehr, aber Mama und Papa verstehen mich nicht immer. Ich strenge mich an, und manchmal nervt es mich und ich werde wütend.«

▶ »Wir spielen gern miteinander. Am liebsten mag ich das ›Nein-Spiel‹. Ich werfe etwas runter, Mama verzieht ihr Gesicht und sagt ›Nein!‹. Ich glaube, sie mag dieses Spiel nicht.«

Das Verhalten lenken

Ihr Kind ist zu klein, um »Richtig und Falsch« zu verstehen;
es versteht nicht, warum ein bestimmtes Verhalten nicht
akzeptabel ist. Aber es mag Routine und gedeiht dank Ihrer
Annahme. Mit nun bald zwei Jahren lernt es, dass Verhaltensweisen »positive« oder »negative« Folgen haben können.

Verhaltensregeln sind am wirkungsvollsten, wenn sie Teil der täglichen
Routine sind. So gibt es klare Erwartungen, und Ihr Kind kann allmählich
Kontrolle über sein Verhalten und seine emotionalen Reaktionen gewinnen.
Wirksame Methoden der Verhaltenssteuerung in diesem Alter sind:

■ Routine – wenn es die Erwartungen kennt, dreht es seltener auf.

■ Belohnung – es soll »gutes« Verhalten mit positiver Zuwendung verbinden.

■ Ablenkung – infolge der kurzen Aufmerksamkeitsspanne lässt es sich
leicht ablenken.

■ Formulieren Sie eine Bitte einmal freundlich, einmal bestimmt (s. S. 135).

■ Ignorieren – um Wutausbrüchen/Schreien keine Aufmerksamkeit zu
schenken.

Routine bietet Sicherheit

Eine positive Routine schafft regelmäßige Struktur und Vertrautheit, das
gibt Ihrem Kind Sicherheit; und sie verstärkt Verhaltensregeln. Wenn
klar ist, dass nach dem Abendessen und Baden Schlafenszeit ist und dazu
Kuscheln und ein Bilderbuch gehören, erwartet Ihr Kind diese Abfolge,
freut sich darauf und verhält sich entsprechend. Wichtig: Ein gutes Einschlafritual fördert auch ein gesundes Schlafverhalten (s. S. 136).

Schlechtes Benehmen ignorieren

Wenn Eltern Kinder von etwas »Unartigem« abhalten wollen, machen sie
oft den Fehler, mit ihnen zu diskutieren. Das funktioniert in diesem Alter
nicht, denn Ihr Kind will im Grunde Ihre Aufmerksamkeit. Indem Sie mit
ihm über sein Benehmen sprechen, belohnen Sie es genau damit – mit viel
Aufmerksamkeit! Doch das verursacht auf lange Sicht Probleme.

»Jedes Kind strebt nach Lob, Wärme und positiver Zuwendung. Wenn es sie nicht bekommt, bemüht es sich um negative Aufmerksamkeit.«

Gutes Benehmen belohnen

Je öfter Sie gutes Verhalten loben und belohnen, umso besser wird sich Ihr Kind benehmen. Es sucht Anerkennung und Zuneigung. Wenn Sie gutes Verhalten mit Wärme und positiver Zuwendung belohnen, assoziiert es allmählich gutes Benehmen mit guten Gefühlen und lernt, dass dieses mehr Freude bringt als schlechtes Benehmen.

»Loben Sie sein Handeln, nicht das Kind, damit es erfährt, dass sein Verhalten gut ist. Auf diese Weise lernt es viel mehr, und Ihre Verstärkung ist wirksamer.«

Ablenkung in bestimmten Situationen

Ablenkung funktioniert bei Kleinkindern, weil sie eine Unterbrechung schafft zwischen seinen Gedanken und seinem Handeln; in diesem Moment der Neugierde kann sich seine Stimmung bessern. Ist die unmittelbare Krise vorüber, können Sie beide die positive Wendung genießen. Die folgende Interaktion zwischen dem 20 Monate alten Fabian und seiner Mutter zeigt, dass die Ablenkungsmethode wirksamer ist als Verbieten.

Situation 1 Fabian wirft beim Essen wiederholt seinen Teller auf den Boden. Seine Mutter will unbedingt, dass er isst. Sie fährt ihn an: »Fabian, hör auf! Du bleibst in deinem Stuhl, bis du aufgegessen hast.« Fabian bricht in Tränen aus, sie versucht, ihn zu füttern – unter Schwierigkeiten, weil er seinen Kopf von einer Seite zur anderen wirft und den Teller wieder hinunterwirft.

Ergebnis Fabian ist unglücklich, hat aber die Aufmerksamkeit seiner Mutter. Die Mutter ist verärgert, muss putzen und fühlt sich als Versagerin.

Perspektive Die Situation wird sich vermutlich wiederholen.

Situation 2 Fabian wirft sein Essen herum und zappelt. Seine Mutter will, dass er isst, erkennt aber, dass er sich langweilt. Sie sagt: »Fabian, hier ist ein Flugzeug, das dir den nächsten Bissen bringt! Bist du bereit? Mach weit auf …« Fabian sitzt starr und macht voller Erwartung den Mund auf. Seine Mutter nimmt den Löffel wieder, spielt wieder Flugzeug und lädt das Essen in seinen Mund. Fabian nimmt es und schluckt. »Und noch ein

Flugzeug …« Fabian lacht und hat Spaß am Spiel, bis der Teller beinahe leer ist. Dann sagt er »Jetzt Fabian machen!«.

Ergebnis Fabian hat Spaß und isst, und die Mutter ist zufrieden. Es ist ihr gelungen, das schwierige Verhalten zum Positiven zu wenden. Das heißt nicht, dass Mahlzeiten ein Spiel sein sollen. Entscheidend ist, dass die Methode vom störenden Verhalten ablenkt und nicht vom Essen.

Perspektive Weniger wahrscheinlich, dass sich ein negatives Essverhalten einspielt; das Selberessen wird gefördert.

Einmal bitten, einmal auffordern

Wenn Ihr Kind etwas tun soll, sollten Sie es nicht mehr als zweimal auffordern. Um seiner Sicherheit willen müssen Sie sich darauf verlassen können, dass es nicht nur Ihnen gehorcht, sondern jeder Betreuungsperson, besonders in einem Notfall. Bitten Sie es einmal freundlich, dann fordern Sie es einmal bestimmt auf. Mit Mimik und Körpersprache unterstreichen Sie die Anweisung.

Ihr Kind kennt Sie inzwischen gut; es spürt Ihren Tonfall sehr sensibel oder deutet einen bestimmten Ausdruck auf Ihrem Gesicht. Wenn Sie in Ihren Reaktionen konsequent sind, können Sie ihm nach und nach klarmachen, dass Sie es ernst meinen mit den Konsequenzen bei schlechtem Benehmen. Sie müssen nicht schimpfen, damit es Ihnen folgt.

Bitten Sie einmal freundlich »Bitte setz dich jetzt in den Buggy.«

Sagen Sie es einmal bestimmt Gehen Sie in die Knie, schauen Sie ihm in die Augen und sagen Sie langsam und bestimmt: »Setz dich jetzt bitte in den Buggy.« Seien Sie geduldig. Sagen Sie nichts mehr, bis es der Aufforderung nachgekommen ist. Funktioniert das nicht, müssen Sie handeln, also es in den Buggy setzen. Dann sieht es, dass Sie meinen, was Sie sagen.

Ablenken »Hast du das Eichhörnchen den Baum hochklettern sehen?« Während es schaut, nehmen Sie es hoch und setzen es in den Buggy.

Standhaft bleiben Geben Sie nicht nach. Einen Wutanfall oder Aggression ignorieren Sie. Bald ist diese Entwicklungsphase vorüber.

ZUGEWANDT SEIN
Lächeln Sie Ihr Kind an, und geben Sie ihm viel positive Verstärkung. Bekommt es Ihre Aufmerksamkeit und ist zufrieden, wird es kaum unartig sein.

Nachts gut schlafen

Es gibt nichts Erholsameres als die Energie aus einer guten Nachtruhe – und Kleinkinder brauchen besonders viel Schlaf. In vielen Familien jedoch bringen Einschlafprobleme und nächtliches Aufwachen Eltern wie Kinder um ihren Schlaf.

Schläft ein Kleinkind nachts weniger als zehn Stunden, ist es in einem Zustand chronischen Schlafmangels. Diese Müdigkeit hat auch Auswirkungen auf sein Verhalten tagsüber. Das Gehirn ist müde, die körperlichen und geistigen Reaktionen sind verlangsamt, und es ist schneller frustriert als normal. Das Ergebnis: mehr Wutanfälle und weniger Selbstkontrolle – zu jeder Tageszeit. Schlafmangel ist bei Kleinkindern oft die Ursache von Verhaltensproblemen am Tag. Wenn Sie ein gutes Schlafverhalten schaffen, lassen sich damit vielleicht auch die Probleme am Tag lösen.

ELTERN ALS EINSCHLAFHILFE

Ihr Kleinkind muss selbst in den Schlaf finden können, ohne Ihre Hilfe. Nur so kann es bei nächtlichen kurzen Wachphasen wieder zur Ruhe finden, ohne Angst zu bekommen.

Die meisten Probleme treten auf, weil es kein Einschlafritual gibt und das Kind keine festen Anhaltspunkte dafür hat, dass es schlafen soll. Wenn ein Kind z. B. gewohnt ist, vor dem Fernseher in den Armen seiner Eltern einzuschlafen, verbindet es das Einschlafen mit der Körperwärme der Eltern und dem Fernsehen. Mit einem Kleinkind zu kuscheln ist schön und tröstlich, aber Ihr Kind erhält in diesem Fall die Botschaft, dass es nicht ohne Sie einschlafen kann. Je länger dies anhält, umso schwerer wird es ihm fallen, später allein einzuschlafen.

> »Wir sind völlig erschöpft, weil Robin ständig aufwacht. Wir haben aufgegeben und lassen ihn in unserem Bett schlafen.« Lizzy, 25

EINE GESUNDE SCHLAFROUTINE

Dank einer förderlichen Schlafroutine können Sie mit 18 bis 24 Monaten einen »süßen« Schlaf sicherstellen.

▸ Planen Sie Ihr Einschlafritual.
▸ Führen Sie geeignete Hinweise ein.
▸ Praktizieren Sie die Technik des allmählichen Rückzugs (s. S. 202).
▸ Seien Sie geduldig.
▸ Seien Sie konsequent.

Feste Zeiten in Alltag und Beruf bedeuten oft, dass Kinder erst abends ihre Eltern sehen. Verständlicherweise werden Kinder versuchen, diese abendliche Aufmerksamkeit so lange wie möglich zu erhalten – am liebsten mit Spiel und Spaß. Waren Sie tagsüber nicht bei Ihrem Kind, freut es sich, Sie wieder zu sehen. Passen Sie aber auf, dass es nicht zu aufgedreht wird, wenn schon bald Schlafenszeit ist. Denn sonst wird es vor dem Einschlafen kaum zur Ruhe finden.

Spielphasen und Mahlzeiten lassen sich oft gut verbinden. Ihr Kind kann spielen, während Sie das Essen vorbereiten, und mit Ihnen spielen, während es kocht. Nach der Mahlzeit wird sein Energiepegel steigen, geben Sie ihm daher möglichst früh am Abend sein Essen, damit es vor dem Baden noch Energie abbauen kann. Beim Baden kann es zur Ruhe kommen.

Am einfachsten lassen sich die Bedürfnisse des Kindes nach Zuwendung und die Vorbereitung auf den Schlaf in einem Ritual verbinden, das ihm Wärme, Spaß und Aufmerksamkeit schenkt, aber auch sehr klare und positive Hinweise auf die bevorstehende Bettzeit. So weiß es, dass der Prozess des Bettgehens und Einschlafens begonnen hat.

Vorschlag für eine Abendroutine:

▸ Mahlzeit.

▸ Spielzeit.

▸ Badezeit.

▸ Schlafanzug anziehen.

▸ Letztes Getränk.

▸ Zähneputzen.

▸ Ins Bett.

▸ Gute-Nacht-Geschichte.

▸ Ende der Geschichte ankündigen.

▸ Geschichte beenden.

▸ Kuss und Schmusezeit.

▸ Lichter aus (wenn nötig, ein Nacht-licht anlassen).

FEST BLEIBEN

Geben Sie Betteln nach längerem Baden oder mehr Geschichten nicht nach, sonst wird es zur Gewohnheit, und es dauert länger, bis Ihr Kind zur Ruhe findet. Legen Sie es ins Bett und verlassen Sie den Raum ruhig. Natürlich ist das oft leichter gesagt als getan.

Hat sich das Kind angewöhnt, auf-zustehen oder nachts aufzuwachen, braucht es Zeit zur Umstellung. Haben Sie Geduld. Bei einem sehr ängstlichen Kind müssen Sie vielleicht etwas sanfter verfahren, mithilfe des langsamen Rückzugs (s. S. 202).

Selbst unter außergewöhnlichen Umständen sollte die Schlafroutine möglichst beibehalten werden. Vielleicht war Ihr Kind krank, oder Sie haben auswärts übernachtet oder mit der Sauberkeitserziehung begonnen (s. S. 128). Oder nach einer nächtlichen Störung musste Ihr Kind getröstet werden. Egal aus welchem Grund Ihr Kind nachts Aufmerksamkeit einfordert, denken Sie daran, dass es unerlässlich für seine Entwicklung und sein Wohlbefinden ist, dass es nachts durchzuschlafen lernt. Selbst wenn Ihr Kind am Nachtschreck (s. S. 205) oder Albträumen (s. S. 264) leidet, kommt es wohl besser im eige-

BABYSITTER *Bei einem festen Ablauf können auch andere Ihr Kind leichter ins Bett bringen – und Sie können eher ausgehen!*

nen Bett zur Ruhe. Das hat jedoch viel mit persönlichen Einstellungen zu tun, und Sie müssen tun, was für Sie und Ihre Familie das Beste ist.

WIE VIEL SCHLAF IST GENUG?

Die Tabelle unten zeigt die Schlafdauer, die für Kinder von ein bis vier Jahren empfohlen wird. Jedes Kind ist anders, daher sind dies keine strikten Angaben; bei bedeutend niedrigeren Werten könnte es jedoch Probleme geben – ebenso wie bei zu viel Schlaf tagsüber.

ALTER	NACHTS	TAGSÜBER	GESAMTSCHLAF	IDEALE BETTZEIT
▸ 12–18 Monate	11 ½ Stunden	2 Schläfchen (zus. 2 ¼ Stunden)	13 ¾ Stunden	18–19 Uhr
▸ 18–24 Monate	11 ½ Stunden	2 Schläfchen (zus. 2 Stunden)	13 ½ Stunden	18–19 Uhr
▸ 24–36 Monate	11 Stunden	1 Schläfchen (2 Stunden)	13 Stunden	18–19 Uhr
▸ 36–48 Monate	11 Stunden	1 Schläfchen (1 Stunde)	12 Stunden	18–19.30 Uhr

Das weitere Umfeld Ihres Kindes

Ihr Kind schwankt zwischen Anhänglichkeit mit viel Zuwendung und dem Wunsch nach Selbstständigkeit – dann schiebt es Sie weg und will weder geküsst noch umarmt werden. Das erschwert den Umgang mit anderen Menschen. Dabei ist es nach wie vor besonders abhängig von Ihnen.

Es ist wichtig, dem Kind zu helfen, sein Bewusstsein von der Welt zu erweitern, da neue Erfahrungen seine Lernfähigkeit, das Gedächtnis und die Denkfähigkeit fördern. Es ist nun bereit, Freunde zu finden, braucht aber Ihre Hilfe, um richtiges Verhalten zu erwerben.

»Es ist schwer, ein Kind ›loszulassen‹. Doch es muss sich so weit wie möglich sozialisieren, um seinen Horizont zu erweitern und soziale und kommunikative Kompetenzen zu erwerben.«

Erste Freundschaften schließen

Bis jetzt waren die Erwachsenen in der Familie der wichtigste Bezugspunkt Ihres Kindes; nun beginnt es, mehr Interesse an anderen Kindern zu haben, insbesondere an gleichaltrigen Kindern. Schaffen Sie Gelegenheiten für solche Treffen.

Seien Sie sich der Unterschiede zwischen Ihrem Wesen und der sich entwickelnden Persönlichkeit Ihres Kindes bewusst. Das schüchterne Kind extrovertierter Eltern braucht viel Einfühlungsvermögen. Drängen oder schimpfen Sie es nicht, wenn es nicht schnurstracks mit anderen spielt oder sich gleich in eine neue Umgebung eingewöhnt; führen Sie es sanft an neue Erfahrungen heran, loben Sie es und, erwarten Sie nicht sofort ein gemeinsames Spiel. Ermutigen Sie es, sich unter Kinder zu mischen, um sich an unterschiedliche Temperamente zu gewöhnen. Aber man muss nicht gleich ein schüchternes oder ängstliches Kind mit einem lebhaften zusammenbringen; lassen Sie die Kinder sich selber finden.

Andere verstehen

Ihr Kind wird sich in diesen sechs Monaten der Bedürfnisse anderer bewusster; Sie erleben vielleicht, wie es ein weinendes Kind tröstet oder ihm unbehaglich ist, wenn Sie ärgerlich sind. Anhand solcher Situationen können Sie nun darüber sprechen, was Gefühle sind, und Ihrem Kind beschreiben, wie es sich vielleicht fühlt. Es bekommt erst eine Vorstellung von Emotionen und Gefühlen, wenn es über die Sprache verfügt, sie zu beschreiben. Ihre Beschreibungen tragen dazu bei, dass es anfängt, zwischen verschiedenen Empfindungen zu unterscheiden, wie Wut, Traurigkeit, Freude.

Gefühle wie Ärger und Aufregung lösen ähnliche körperliche Empfindungen aus, die kleine Kinder nicht unterscheiden können. Sie brauchen Hilfe beim Einordnen und Verstehen dieser Gefühle. Vielleicht stellt Ihr Sohn z. B. fest, dass sein Freund aufgeregt ist. Sie können die Situation interpretieren und ihm z. B. erklären: »Hannes ist wütend, weil er nicht aus seinem Sitz herauskommt«, oder: »Chloe ist aufgeregt, weil ihre Freundin zum Spielen da ist.« Ähnlich ist es bei Symptomen von Unwohlsein. Wenn ein Kind über Bauchweh klagt, schauen viele Ärzte zuerst in den Hals. Das Kind weiß, dass es Schmerzen hat, kann aber nicht sagen, woher sie kommen. Alle Schmerzen werden so zu Bauchschmerzen.

Allein spielen

Ihr Kind muss lernen, sich selbst zu beschäftigen und sich nicht in allem auf Sie zu verlassen. Beim Spiel kann es diese Fähigkeit entwickeln. Geben Sie Ihrem Kind Aktivitäten, die ungefährlich sind, ihm aber doch genug Raum zum Spielen und Ausprobieren geben. Allein spielen und Selbstgespräche führen sind wertvolle Lernerfahrungen und fördern die Einbildungskraft. Und es lernt so, auch allein zufrieden zu sein.

SPIELKAMERADEN *Ihr Kind wird bald gern mit anderen Kindern zusammen sein. Es soll Dinge aber auch allein machen können. Drängen Sie ihm keine Freundschaften auf.*

Nur für Eltern

Das Thema »Pflichten« führt in jeder Familie immer wieder zu heftigen Auseinandersetzungen. Wenn Kinder dazukommen, artet eine einfache Diskussion darüber, wer was tut, leicht in einen Streit darüber aus, was gerecht ist, wer das meiste tut und wer Schuld an diesem unordentlichen Kind hat.

Sie kennen die Situation. Es war eine lange, harte Woche. Sie hatten abends kaum Zeit, miteinander zu sprechen, und sanken erschöpft ins Bett. Jetzt ist Wochenende. Der Wocheneinkauf ist zu erledigen, ein Berg Bügelwäsche, endlose Geschirrberge und Aufräumen – und der Teppich hat schon lange keinen Staubsauger mehr gesehen. Haushaltspflichten erfüllen sich nicht von selbst; sie stehlen Zeit, in der Sie viel lieber etwas anderes tun würden. Sind kleine Kinder im Spiel, kann die Haushaltsführung zu einer nie endenden Aufgabe werden, und die Stichelei beginnt: »Du machst nie etwas.«/»Du fragst mich nie.«/»Ich muss alles tun.«/»Aber du bist nie da.«/»Schau dieses Chaos an. Deine Kinder sind unmöglich.«/»Was sagst du, meine Kinder?!« und so geht es weiter … Was beide Seiten sagen, ist: »Ich bekomme nicht genug Anerkennung, und ich würde viel lieber etwas anderes tun – und zu alledem hörst du mir nie zu.«

Sie können einander helfen

Gemeinsame Zeit ist kostbar. Sparen Sie sich die immer gleichen Vorwürfe. **Die meisten Dinge können mit minimalem Aufwand erledigt werden:**

■ Vereinbaren Sie, es dem anderen klar zu sagen, wenn Sie Hilfe erwarten. Männer wie Frauen können eine Märtyrerhaltung entwickeln, wenn sie das Gefühl haben, das Leben sei ungerecht – vor allem, wenn ein Partner nachts häufiger das Wickeln übernommen hat. Erklären Sie, wie Sie sich fühlen und wobei Sie Hilfe brauchen.

■ Suchen Sie Kompromisse. Wenn einer eine tadellose Wohnung liebt und der andere mit dem Chaos leben kann, müssen Sie eine grundlegende Übereinstimmung finden, z. B. dass Sauberkeit Vorrang vor Ordnung hat.

■ Vereinbaren Sie eine Arbeitsteilung.

■ Vereinbaren Sie, die Kinderbetreuung aufzuteilen, sodass jeder »kinderfreie« Zeiten hat, um manches zügig erledigen zu können.

■ Beschränken Sie die Anzahl an Spielsachen oder Räumen, wo Ihr Kind spielen darf. So bleibt das Chaos in gewissem Maße überschaubar (aber nicht so, dass Ihr Kind zu stark eingeengt wird).

■ Tauschen Sie gelegentlich die Rollen, um einander besser zu verstehen.

■ Treffen Sie sich mit Eltern von gleichaltrigen Kindern; dabei wird manches ins rechte Maß gerückt, und Sie sehen, dass Sie nicht die Einzigen sind!

■ Schätzen und danken Sie einander – so oft wie möglich. Kinder machen Freude, sind aber auch anstrengend. Es ist schön, eine Wohnung zu haben, die ein paar Stunden die Ihrige ist, bevor sie wieder zur Kleinkindzone wird.

Liebe Tanya ...

FRAGEN & ANTWORTEN

▸ **Wir haben Schuldgefühle, weil unser zweitgeborener Sohn nicht so viel Aufmerksamkeit bekommt wie seine Schwester im selben Alter. Er spricht noch nicht, wirkt aber zufrieden. Müssen wir uns Sorgen machen?**

Es ist unvermeidlich, dass Ihr Sohn weniger Zeit mit Ihnen allein verbringt als Ihre Tochter, weil Sie mehr zu tun haben. Aber er hat andere Vorteile.

Seine Schwester wird eine wichtige Rolle in seiner Entwicklung spielen, ist sowohl Vorbild wie Spielkamerad. Er versteht mehr Wörter, als er spricht, und auch sie redet vielleicht manchmal für ihn. Jungen sind in der Sprachentwicklung oft ein wenig langsamer als Mädchen, holen das später aber auf. Es tut ihm sicher gut, wenn er auch allein mit Ihnen Zeit zum Spielen und für Ihre Beziehung hat, aber er hat andere Bedürfnisse als seine Schwester und seinen eigenen Charakter.

Beim zweiten Kind sind Eltern dafür weniger besorgt, und das Kind hat einen Spielkameraden. Also vergessen Sie die Schuldgefühle, und freuen Sie sich an Ihrem Sohn.

▸ **Mein Partner sagt, unser Kind werde ein Muttersöhnchen und er sollte strenger erzogen und härter behandelt werden. Hat er recht?**

Die Meinung, dass kleine Kinder beiderlei Geschlechts von Härte profitieren würden, ist überholt. Kinder sind viel offener und abenteuerlustiger, wenn sie wissen, dass sie getröstet und nicht geschimpft werden, sobald etwas schiefläuft.

Ihr Partner hat insoweit recht, dass Verhaltensregeln sein müssen, aber man hat den Eindruck, dass er auch eifersüchtig ist auf die Nähe, die Sie zu Ihrem Sohn haben. Wenn er sich zurückgesetzt oder als Außenseiter in der eigenen Familie fühlt, hat das Einfluss auf seine Einstellung.

Lassen Sie zu, dass Ihr Partner Ihrem Sohn auf seine eigene Weise Vater ist und seine eigene Beziehung zu ihm eingeht. Die Vater-Beziehung wird von wachsender Bedeutung, wenn Ihr Sohn heranwächst. Sie profitiert davon, wenn die beiden sich in diesen ersten Monaten lieben gelernt haben.

EMOTIONALE INTELLIGENZ *Ihr Kind muss lernen, auch intensive Gefühle zu meistern. Sie müssen ihm helfen, damit es sich in diesen Zeiten sicher fühlt und seine Emotionen immer besser steuern lernt.*

5 Punkte zur Erinnerung

1 Je mehr Sie positives und fröhliches Verhalten loben und belohnen, umso mehr von diesem Verhalten ernten Sie. Ihr Kind lernt dabei, dass es schöner ist, »lieb« zu sein als unfolgsam.

2 Kleinkinder sind oft sehr erpicht auf Ordnung und die »Richtigkeit« der Dinge. Sie müssen nicht zu streng sein, aber dies ist eine ideale Zeit, um mehr Routine und Struktur in den Tag Ihres Kindes zu bringen. Das verleiht ihm ein Gefühl der Sicherheit und erleichtert Ihnen den Tagesablauf.

3 Je mehr Sie mit Ihrem Kind sprechen, umso früher erlernt es die Grundlagen der Sprache. Wiederholen Sie das, was Ihr Kind gesagt hat, in einfachen Wörtern und Satzstrukturen.

4 Wenn Ihr Kind spielt, muss es nicht wissen, wie man etwas »perfekt« macht. Es braucht die Freiheit und Ermunterung zum Ausprobieren, damit es sich selbst einen Sinn der Welt bildet.

5 Schlafmangel ist oft die Wurzel von Verhaltensproblemen am Tag. Wenn Sie einen guten Schlafrhythmus schaffen können, lösen Sie vielleicht auch Probleme am Tag.

LASSEN SIE ES KRITZELN

Ihr Kind braucht in diesem Alter keinen »Unterricht«. Zu stark gelenktes Spiel behindert die Entwicklung Ihres Kindes eher, als dass es sie fördert.

2–3
JAHRE

DAS ZWEIJÄHRIGE KIND

12   18   **24**   **30**   **36**   42   48

MONATE

DIE WELT ENTDECKEN SEINE KENNTNIS DER UMGEBUNG WÄCHST, ALLES MACHT NEUGIERIG UND WILL UNTERSUCHT WERDEN.

IMMER GESCHICKTER IHR KIND WEISS IMMER BESSER, WIE SPIELSACHEN FUNKTIONIE-REN, UND MERKT SICH, WIE MAN DAMIT SPIELT.

ZEIT MITEINANDER
AM GLÜCKLICHSTEN IST ES, WENN SIE SICH MIT IHM BESCHÄFTIGEN – SIE BLEIBEN SEIN LIEBSTER SPIELKAMERAD. ES FREUT SICH, WENN SIE BEI SEINEN TÄTIGKEITEN MITMACHEN.

»In der einen Minute lacht es und hat Spaß, in der nächsten weint und tobt es – das Leben wird Ihnen bestimmt nicht langweilig!«

Die Entwicklung Ihres Kindes

Zweijährige haben einen eher schlechten Ruf – »Trotzkopf« werden sie oft genannt. Für Ihr Kind ist der 24. bis
36. Lebensmonat jedoch weniger eine Kampfarena als
eine Zeit großer Abenteuer und persönlicher Veränderung;
auch für die Eltern überwiegen die schönen Momente.

Was unterscheidet Ihr Zweijähriges so sehr vom Einjährigen? Vielleicht
haben Sie kaum die Zeit, innezuhalten und bewusst wahrzunehmen, wie
sehr Ihr Kind gereift ist; bestimmt ist Ihnen aber wohl bewusst, dass es
höchst mobil, abenteuerlustig, laut und zunehmend gesellig ist. Es ist auch
sehr liebenswert und weiß, wie sehr es Sie liebt, auch wenn es die Intensität
seiner Gefühle noch nicht in Worten ausdrücken kann. Sie und Ihr Zuhause
sind das Zentrum seiner Welt; es hinterfragt aber zunehmend und probiert
aus, um seine Grenzen zu finden und Selbstständigkeit zu entwickeln.

Bedeutende Veränderungen

Zwar ist es noch sehr egozentrisch (s. S. 55), ist sich selbst als menschliches
Wesen jedoch weit bewusster geworden. Es entwickelt eigene Gedanken,
Wünsche und Meinungen, was im kommenden Jahr immer deutlicher wird.
Es strebt danach, selbstständiger zu werden. Es ist begierig zu lernen. »Selber machen«, »alleine« sind in diesem Alter häufige Äußerungen (neben
»Nein!«). Während der nächsten zwölf Monate wird es all seine Mobilität
und Sprachfertigkeit darauf verwenden, noch mehr über seine Welt zu
erfahren; Gehirn und Gedächtnis entwickeln sich schnell. Es lebt in einem
ständigen, raschen und intensiven emotionalen Wechselbad, von dem es
häufig überfordert ist – ebenso wie Sie.

   Ihr Kind braucht Sie in dieser anstrengenden, aufregenden Phase mehr
denn je. Sie sind sein Anker, sein sicherer Hafen, seine äußere Kontrolle. Sie
müssen ihm helfen, seine Gefühle so zu managen, zu verstehen und steuern,
dass es sich wohl und nicht ausgeliefert fühlt. Wenn Sie verstehen, was sein
Verhalten auslöst, können Sie diese Faktoren durch praktische Maßnahmen
meiden (s. S. 193), und das Leben wird für alle angenehmer.

»Ich weiß
nicht,
welches Wort
ich von Jenny
im Moment
öfter höre –
›Nein!‹ oder
›Noch mal!‹.«

Tina, 38

Die Persönlichkeit Ihres Kindes

Mit zwei Jahren hat Ihr Kind bereits seine eigene, klar erkennbare Persönlichkeit entwickelt, die in sechs Monaten noch deutlicher sein wird. Jedes Kind ist einzigartig, besitzt eine individuelle Mischung genetischer Merkmale und persönlicher Reaktionen auf seine Umwelt. Doch keinesfalls sollten kleine Kinder in Schubladen sortiert oder mit anderen verglichen werden (s. S. 43). Vielleicht ist Ihr Sohn schwatzhafter, schüchterner, schneller oder schwieriger als sein älterer Bruder, sein Cousin oder seine Schwester. Vielleicht meint

»Schnell wird ein kleines Kind verteufelt, wenn es leicht frustriert ist und seine Wutanfälle nicht zügeln kann. Aber das ist einfach eine Entwicklungsphase.«

Oma, dass er genauso ist, wie sein Vater in diesem Alter gewesen war. Doch sein Gehirn ist noch nicht so weit entwickelt, dass seine wahren Talente und sozialen Fähigkeiten zutage treten. Seine einzigartige Persönlichkeit ist noch nicht vollständig ausgebildet – Ihr Kind ist einfach es selber. Statt es zu klassifizieren, entwickeln Sie lieber die besondere Beziehung, die Sie zu ihm haben (und zu jedem Ihrer Kinder!). Je besser Sie es in jungem Alter kennenlernen, umso besser werden Sie es später verstehen können, wenn die Kommunikation manchmal sehr schwierig wird. Im Spiel können Sie Ihr Kind anregen, seine persönlichen Fähigkeiten zu entwickeln.

In diesem Alter scheint es oft große Unterschiede im Entwicklungsstadium zu geben. Manche sprechen in ganzen Sätzen, andere sagen sehr wenig, und die große Mehrheit liegt irgendwo dazwischen. Das ist keine Zeit für Vergleiche – fast alle lernen nach und nach, in ganzen Sätzen zu sprechen, sodass keine Eile besteht. Wichtig ist, dass Ihr Kind weiß, dass es so geliebt und geschätzt wird, wie es ist, bedingungslos.

In seinem eigenen Tempo

Kleine Kinder müssen bei Lernprozessen sofortige Fortschritte und Erfolge erfahren; daher sollte sich Ihr Kind in seinem eigenen Tempo entwickeln dürfen. Ein Zweijähriges kann zeitverzögerte Erfolgserlebnisse oder Warten auf eine Belohnung noch nicht in Verbindung zum Ereignis setzen. Durch sofort erlebbaren Erfolg entwickelt sich Selbstvertrauen. Drängen

Sie Ihr Kind, führt dies zu keiner schnelleren Entwicklung, sondern verursacht im Gegenteil Ängste. Vielleicht gibt es auch schnell auf, aus Frustration oder Langeweile, weil es keinen Erfolg sieht. Steht das Kind ständig unter Druck, kann sich ein Muster erlernten Versagens entwickeln, das Erfolge in der Schule und im späteren Leben behindert.

Eine fröhliche, entspannte Umgebung fördert eine gesunde Entwicklung. Der Grat zwischen Druck und Förderung eines Kindes kann erstaunlich schmal sein, aber Sie müssen ihn beachten. Lernen Sie, das Verhalten Ihres Kindes zu deuten, dann können Sie erkennen, ob ihm die Lernerfahrung Spaß macht oder ob es sich unter Druck fühlt.

Anzeichen, dass sich Ihr Kind eventuell unter Leistungsdruck fühlt:
■ Tätigkeiten werden ganz vermieden.
■ Es bleibt bei einer Aufgabe, die es kann, und wiederholt sie, statt etwas Neues auszuprobieren.
■ Es wird sehr frustriert und gestresst, wenn ihm etwas nicht gelingt. (Zu einem gewissen Grad ist das normal, und es entwickelt dadurch Frustrationstoleranz; reagiert Ihr Kind aber auf jede kleine Frustration sehr heftig, fühlt es sich möglicherweise unter Druck.)
■ Regression in eine frühere Entwicklungsphase.
■ Suche von Bestätigung und der Wunsch, es Ihnen recht zu machen, statt dem Bedürfnis nach Begreifen und Beenden einer Aufgabe.

Anzeichen, dass Ihr Kind entspannt und zufrieden lernt:
■ Begierig, Neues auszuprobieren.
■ Will immer voranschreiten und wird durch Misserfolg nicht abgehalten.
■ Geht in der Beschäftigung auf.
■ Hat Spaß an Herausforderungen und eine spielerische Natur.
■ Ist in der Lage, Aufgaben so zu gestalten, dass sie seinen Vorstellungen entsprechen; es ist kreativ, statt auf ein perfektes Ergebnis versteift.

ZUFRIEDEN SPIELEN
Ermutigung, nicht Druck, ist in diesem Alter der Schlüssel zum Lernen. Wenn Ihr Kind sich gern beschäftigt und mit Spielzeug spielt, lernt es ganz von selber.

Grenzen setzen

Wutanfälle und »Nein« sagen gehören zu dieser Altersgruppe; beides ist sehr wichtig. Ein Kleinkind »kämpft« sowohl mit seinen Eltern als auch mit sich selbst. Es lernt etwas über Gefühle wie über die Möglichkeit der Selbstbeherrschung. Dabei beginnt es, seine persönlichen Grenzen auszutesten, und wird selbstständiger. Mit der Freude des selbstständigen Entdeckens geht ein starkes Bedürfnis, sich aufgehoben und sicher zu

fühlen, einher. Es ist das ideale Alter, um einfache Verhaltensregeln und Routinen einzuführen. Grenzen setzen hat nichts mit übermäßiger Strenge oder Kontrolle zu tun. Sie sollen Ihr Kind nicht davon abhalten, sich selbst zu entfalten oder zu experimentieren. Regeln machen das Leben einfacher und helfen Ihrem Kind, seine eigenen Grenzen zu erkennen und zu lernen, die eigenen Stimmungen und das Verhalten zu steuern. Achten Sie darauf, »unartigem« Verhalten nicht mehr Aufmerksamkeit zu schenken als »gutem« Benehmen, da dies die »Unartigkeit« verstärkt und das »gute« Benehmen unkommentiert lässt. Das Gleiche gilt, wenn ein Kind lebhafter ist; nehmen Sie sich für Ihr ruhiges Kind ebenso Zeit wie für Ihr lebhaftes.

Sprachentwicklung

Zweijährige lieben das Sprechen. Ihre neu erworbene Sprachkompetenz ist ihre Eintrittskarte zum Verständnis der Welt. Sie wollen keine einzige Gelegenheit versäumen, ihre Stimmbänder zu trainieren. Der Wortschatz Ihres Kindes vergrößert sich täglich, und es versteht viel mehr, als es sagen kann. Allmählich gelangt es von Zwei-Wort-Sätzen zu Sechs-Wort-Sätzen. Am Ende dieses Jahres wird es von den meisten Erwachsenen verstanden. Unterstützen Sie Ihr Kind dabei, seine Sprachfähigkeit auszuleben und zu entwickeln, durch Gespräche, Lieder, Verse und Wortspiele. Während Ihr Kind mit Sprechen beschäftigt ist, sind Sie mit »aktivem Zuhören« beschäftigt. Dies bedeutet, dass Sie Ihr Kind sowohl verbal wie nonverbal zum

Dem Kind helfen, intensive Gefühle zu bewältigen

Ein wichtiger Teil der Entwicklung ist, mit Gefühlen von Freude bis zu Wut umgehen zu können. Das Kind muss erfahren, dass diese Gefühle vorbeigehen und gesteuert werden können. Es lernt so, seine Gefühle zu beherrschen.

▸ Achten Sie auf Anzeichen von Frustration, vor allem, wenn es gern beißt, schlägt oder brüllt.

▸ Versuchen Sie, ruhig zu bleiben. Geben Sie eine klare Anweisung zum Aufhören, lassen Sie sich aber nicht in Erklärungen verwickeln. Es ist zu klein, um das zu verstehen.

▸ Sagen Sie Ihrem Kind, wie es sich fühlt, damit es nebenher das Vokabular zur Beschreibung seiner Gefühle erlernt.

▸ Lenken Sie Ihr Kind mit einer Aktivität ab, statt sich auf das Negative zu konzentrieren.

▸ Probleme sind wahrscheinlicher, wenn ein Kind müde, hungrig, gelangweilt oder überreizt ist.

▸ Ein zorniges, aggressives Kind müssen Sie vielleicht für eine Auszeit aus der Situation herausnehmen.

Sprechen ermutigen und wiederholen, was es gesagt hat. So lernt es allmählich auch, seine Gefühle auszudrücken.

Reflexionsfähigkeit und Erinnerungsvermögen

Bis jetzt hat sich Ihr Kind zum Verständnis seiner Welt hauptsächlich auf sein Kurzzeitgedächtnis gestützt. Es erinnert sich daran, was in den letzten paar Stunden passiert ist, und erkennt das Aussehen, den Geruch und den Klang der Menschen wieder, bei denen es sich sicher fühlt. Es hatte bislang

»Kleinkinder haben ein sehr eingeschränktes Zeitverständnis und brauchen Vorgaben und Erinnerungen zum Verständnis wie ›morgen, wenn die Sonne aufgeht‹ oder ›später, nach dem Abendessen‹.«

aber wenig Vorstellung davon, wann Dinge geschahen. Dies verändert sich nun. Sein Gehirn entwickelt sich (s. S. 164) und damit geht ein erhöhtes Zeitverständnis einher. Das ist eine wichtige Entwicklung. Zeitverständnis ermöglicht uns, unsere Erinnerungen zu bezeichnen und abzuspeichern. Wir brauchen die Fähigkeit, Dinge wiederzuerkennen, um sie wieder aufrufen zu können. Auch diese Fähigkeit entwickelt Ihr Kind.

Es erinnert sich allmählich nicht nur an die letzten paar Stunden, sondern weiß, was »gestern« passiert ist, und hat auch ein Bewusstsein von »morgen«. Das kann sich in der Art seines Spiels zeigen. Es wählt häufiger Spielsachen, mit denen es ohne Hilfe spielen will, und beharrt auf seinen Spielideen. Hat es z. B. kürzlich bei einem Freund mit Bauklötzen gespielt, sagt es vielleicht jedes Mal wenn Sie die Bauklötze aus dem Regal holen, »Haus bauen«. Ihr Kind betrachtet nun die Klötze und denkt: »Ich weiß, was ich mit ihnen machen will«, statt einfach »Gestern machte mir das Spielen Spaß, also will ich es heute wieder machen.« Der Erinnerungsvorgang wird durch einen inneren Auslösereiz in Gang gesetzt.

Mit dem Langzeitgedächtnis (s. S. 242) entwickelt sich allmählich auch die Fähigkeit, nachzudenken und zu begreifen. Klare Verhaltensregeln und Routinen verleihen dem Tag Ihres Kindes Struktur. Sie stellen fest, dass Ihr Kind Routine, Gewohnheiten und Ordnung in seinem Leben liebt. Das liegt zum Teil daran, dass seine Aufmerksamkeitsspanne immer noch recht begrenzt ist, aber auch daran, dass die Wiederholung von Handlungen das Lernen unterstützt, indem die Informationen in sein Gehirn »eingeschliffen« werden. Routine hat noch einen weiteren Vorteil. Die raschen Ver-

> »Wenn sich alles um sie herum so schnell verändert, auch ihre eigenen Fähigkeiten, brauchen kleine Kinder Dinge, die gleich bleiben und ihnen Sicherheit geben.«

änderungen in der Entwicklung können Ihr Kind manchmal überfordern. Struktur, Routine und Konsequenz schaffen eine sichere Umgebung für Lernen und Entwicklung

Ihr geschicktes Kind

Mit zwei Jahren ist Ihr Kind viel sicherer auf seinen Beinen; außer dem Laufen entdeckt es nach und nach neue Arten der Fortbewegung, wie Rennen, Klettern, Springen und Hüpfen. Es kann nun einen Stift in Schreibhaltung halten, Türen öffnen und manche Knöpfe, Reißverschlüsse und Deckel schließen. In diesem Jahr beginnt es zu zeichnen und blättert beim Betrachten eines Bilderbuches die Seiten um.

Das ganze Jahr über wird es selbstsicherer und entwickelt Körperkoordination. Es erfährt die Welt weitgehend über seine körperlichen Fähigkeiten. Je mehr Zeit es an der frischen Luft verbringt, umso besser. In diesem Alter beginnt es mit einfachen Ballspielen, Huckepack, Pferdchen spielen (am besten mit einem Erwachsenen, der auf allen vieren das Pferd spielt), und es wird gern herumgeschwungen (vorsichtig!).

Sicherheitshinweis

Kleinkinder sind sehr unfallgefährdet und können Situationen nicht einschätzen. Wasser ist besonders gefährlich, da das Kind den Atem nicht anhalten oder sich beim Fallen umdrehen kann. Straßen sind eine große Gefahrenquelle. Ein Kleinkind muss immer von einem Erwachsenen beaufsichtigt werden.

LERNEN HELFEN *Sich zum Ausgehen fertig zu machen, dauert nun dreimal so lange; Geduld ist jedoch wichtig und gibt Ihrem Kind die Möglichkeit, Fähigkeiten wie das Selber-Anziehen zu erlernen.*

So fördern Sie die Gedächtnisentwicklung

Das Erinnerungsvermögen Ihres Kindes wird immer besser, und Sie können es auch fördern:

▶ Kinder lernen hauptsächlich durch persönliche Erfahrung, also ist handelndes Lernen immer hilfreich.

▶ Fördern Sie die Gedächtnisbildung, indem Sie mehrere Sinne ansprechen, z. B. Wörter durch Liederlernen, die Gerüche beim Essen in Verbindung mit den Namen der Speisen.

▶ Fördern Sie sein Zeitverständnis, indem Sie Fotos betrachten und über vergangene Ereignisse sprechen: »Als du ein Baby warst, haben wir …«

▶ Machen Sie beim Vorlesen seiner Lieblingsgeschichte Pausen, bevor Sie den Helden nennen oder bestimmte Sätze lesen. Es soll den Satz ergänzen.

▶ Geben Sie kurze Anweisungen, z. B. »Hol deine Strümpfe«, statt »Hol deine Strümpfe und such deinen Ball«. Es kann sich nur eine Sache merken.

▶ Erwarten Sie nicht, dass Ihr Kind die Zeit benennen kann.

▶ Geben Sie ihm zusätzliche Informationen, durch die es eine Vorstellung von Zeit entwickeln und in der Erinnerung verankern kann. Wenn Sie z. B. davon sprechen, was Sie »morgen« tun, führen Sie dies aus: »Wenn du aufwachst, dann ist morgen, und dann werden wir in den Park gehen.«

Motorik und Koordination entwickeln sich nun immer schneller. Das Gehirn des Kindes übermittelt Informationen rascher, und so wirken seine Bewegungen spontaner. Am Ende dieses Jahres kann es rückwärtsgehen und die Richtung beim Laufen und Rennen wechseln; es hat einen anderen Gang, nicht mehr schlingernd wie ein Kleinkind, sondern sicher.

Soziale Entwicklung

Kinder von 24 bis 36 Monaten sind voller gemischter Gefühle und immer noch sehr egozentrisch und selbstbezogen. Jedoch interessieren sie sich nun viel mehr für gleichaltrige Kinder und spielen gern eine Zeit lang neben einem anderen Kind – bevor Streit ausbricht. Meinungsverschiedenheiten unter Spielkameraden können häufig und lautstark sein und körperlich ausgetragen werden. Kleinkinder sind hervorragende Imitatoren und haben ein wachsames Auge auf die Menschen in ihrer Umgebung, von denen sie lernen, wie man Dinge tut. Ihre Meinung, alles sei »ihres« und jeder erfahre das Leben so wie sie selber, wird unweigerlich zu Wutanfällen und Missverständnissen führen. Ihr Kind lernt jedoch schnell. Vielleicht hören Sie vom Babysitter, dass es sich tadellos benimmt, wenn Sie weg sind. Es experimentiert ständig – im Vertrauen darauf, dass Sie da sind und es »retten«, wenn etwas schiefläuft.

Anzeichen für eine gesunde Entwicklung

Beachten Sie, dass sich jedes Kind in seinem eigenen Tempo entwickelt und selten ganz geradlinig (s. S. 64). Im Folgenden finden Sie Anhaltspunkte, wann sich neue Fähigkeiten entwickeln.

Am Ende des 24.–27. Monats kann Ihr Kind:

▪ etwa 50 Wörter verwenden und bis zu 300 verstehen.

▪ zwei oder mehr Wörter zu einem Satz zusammenfügen.

▪ vermutlich eine einfache, zweiteilige Anweisung befolgen.

▪ bestimmt ein Kleidungsstück ausziehen.

▪ vielleicht versuchen, sich selber anzuziehen.

▪ vielleicht schon hüpfen.

▪ vielleicht seine Hände waschen.

▪ ohne viel zu verschütten aus einem Becher trinken.

Am Ende des 27.–30. Monats kann Ihr Kind:

▪ vermutlich ein Kleidungsstück anziehen.

▪ schon sechs Körperteile benennen.

▪ Bilder durch Zeigen identifizieren.

▪ bestimmt hüpfen.

▪ vielleicht einen Freund benennen.

▪ sich vielleicht auf einem Foto erkennen.

Am Ende des 30.–33. Monats kann Ihr Kind:

▪ vielleicht einen Turm aus sechs Bauklötzen bauen.

▪ vermutlich seine Hände waschen und abtrocknen.

▪ in einer kurzen Unterhaltung ein oder zwei Sätze sagen.

▪ auf den Zehenspitzen stehen, wenn es vorgemacht wird.

▪ schon Kreis, Linien und Punkte zeichnen.

▪ schon Anzeichen von Rechts- oder Linkshändigkeit zeigen.

▪ kleine Details in einem Bilderbuch wahrnehmen.

▪ seinen vollen Namen nennen.

Am Ende des 36. Monats kann Ihr Kind:

▪ mindestens vier Bilder benennen.

▪ seine Hände waschen und abtrocknen.

▪ mit Hilfestellung seine Zähne putzen.

▪ Präpositionen wie »auf«, »in«, »unter« und »über« verwenden.

DIE HÄNDE EINSETZEN

Die Feinmotorik entwickelt sich, aber vor dem dritten Geburtstag ist noch keine eindeutige Händigkeit erkennbar.

Neue Fähigkeiten erwerben

Die Beziehung zu Ihrem Kind verändert sich allmählich. Es braucht weiterhin oft Ihre Hilfe und strebt nach Ihrer Wertschätzung und Teilnahme, aber es wird selbstständiger, orientiert sich stärker nach außen und fasst Einflüsse auf sein Leben bewusster auf – es erinnert sich an Menschen und ihr Aussehen.

»Je mehr sich seine Persönlichkeit und sein Charakter zeigen, umso mehr Anzeichen der Selbstbewusstheit sind zu erkennen.«

Während dieser zwölf Monate vollziehen sich rapide Veränderungen in der Gehirnentwicklung. Ihr Kind ist vollauf damit beschäftigt, ein ganzes Spektrum an neuen Fähigkeiten zu entwickeln. Vor allem will es alles selber machen und das Geschehen kontrollieren. Das führt unweigerlich zu Wutanfällen, häufiger Verweigerung und dem oft provozierenden Verhalten, das typisch für Zweijährige ist, die mit Frustration und emotionaler Überforderung kämpfen. Ihr Kind ist hin- und hergerissen zwischen dem verzweifelten Wunsch, alles selber zu machen – wie anziehen, unabhängig unterwegs sein –, und dem Bedürfnis, weiterhin von Ihnen abhängig zu sein. Es weiß allmählich, was es will – und weiß auch, dass es dies allein nicht schafft.

Mit der Frustration umgehen

In dem Maße, wie Ihr Kind die Welt als größeren und aufregenderen Ort wahrnimmt, will es alles öfter ausprobieren, entwickelt aber gerade erst die Fähigkeiten, die für bestimmte Aufgaben erforderlich sind. Das kann zu Frustration führen. So kann es z. B. plötzlich seine Spielsachen quer durchs Zimmer werfen. Setzen Sie sich ruhig zu ihm. Helfen Sie ihm, sein Vorhaben auszuführen, wobei Sie ihm Anleitung geben und es vor allem ermutigen. Das versetzt es in die Lage, das Gewünschte zu erreichen und gleichzeitig neue Fähigkeiten und positivere Wege des Umgangs mit Misserfolg zu entwickeln.

Einbildungskraft und Reflexionsfähigkeit

Während der kommenden zwei oder drei Jahre entwickelt sich die Fantasie Ihres Kindes rasant, dank der Veränderungen, die sich in seinem Gehirn vollziehen (s. S. 165). In diesem Jahr lernt es das Symbolspiel und versteht, dass ein Gegenstand (z. B. ein Spieltelefon) für etwas anderes stehen kann (ein echtes Telefon) – vorausgesetzt, es sieht aus wie die reale Sache. Mit drei oder vier Jahren hat sich diese Fähigkeit viel weiter entwickelt; nun kann alles Mögliche, von einem Schuh bis zu einer Banane, ein Telefon darstellen! Doch vorerst bedeutet diese wirklich wichtige Fähigkeit, dass es Freude an Bildern und Geschichten entwickelt und sie versteht und später auch Buchstaben und Zahlen lernen kann.

Ohne Einbildungskraft und das Verständnis, dass eine Sache eine andere repräsentieren oder symbolisieren kann, könnte Ihr Kind nicht verstehen, dass ein Laut einen Buchstaben des Alphabets darstellen kann oder dass Zahlen für eine Anzahl von Dingen stehen, dass z. B. die Zahl zwei die Menge »zwei Äpfel« oder »zwei Pferde« oder zwei andere Dinge bezeichnen kann. Noch könnte es sich oder andere auf Fotos erkennen oder begreifen, dass das Bild einer Kuh im Bilderbuch für eine echte Kuh steht.

Mit drei bis vier Jahren ist seine Fantasie weit entwickelt; schon jetzt bedeutet seine Fähigkeit zur Vorstellung und zum Symbolspiel, dass die Grenzen zwischen Fantasie und Realität verschwimmen können und sich von Zeit zu Zeit vermischen, wie das folgende Beispiel zeigt:

»Mein kleiner Nicky spielte kürzlich mit seinem zehnjährigen Cousin Michael. Michael verschwand immer kurz hinter dem Sofa, verstellte seine Stimme, als wäre er ein Krümelmonster und wollte Nickys Kekse essen. Am Anfang fand

SICH ENTSCHEIDEN *In diesem Alter werden sich Kinder bewusst, welche Spielsachen sie am liebsten mögen und welche Trost spenden. Das Gedächtnis kommt ins Spiel: Sie erinnern sich daran, wie man mit etwas spielt und Spaß dabei hat.*

Nicky es lustig und schaute immer hinters Sofa, um die Lage zu überprüfen, aber als Michael mit seiner Monsterstimme ankündigte: ›Jetzt komme ich und hole die Kekse …‹, schwappte Nickys Fantasie plötzlich über und es wurde zu viel für ihn. Schreiend rannte er zu mir.«

Bei der Beobachtung seines Spiels können Sie einen faszinierenden Einblick bekommen, was im Kopf Ihres Kindes vor sich geht. In diesem Alter spricht es oft mit sich selber und kommentiert das Geschehen. Sie können sehen, ob es etwas Lustiges, Liebevolles oder Gruseliges spielt und ob es Verhalten widerspiegelt, das es erlebt hat, wie im folgenden Beispiel:

»Paula hatte morgens einen Wutanfall, weil ich mich erst um ihre kleine Schwester Rachel gekümmert habe. Sie schlug Rachel. Ich sagte ihr bestimmt, dass Schlagen böse ist und sie Rachel sanft behandeln solle. Später sah ich

Rollenspiel

Das Vorstellungsvermögen bedeutet, dass Sie Ihr Kind auch durch Rollenspiele an gutes Benehmen oder schwierige Situationen heranführen können, z. B. an den Eintritt in den Kindergarten, einen Arzt- oder Zahnarztbesuch oder die Begegnung mit Menschen, die ihm Angst einflößen, etwa ein exzentrischer Nachbar. »Alsob«-Spiele helfen ihm, Zusammenhänge herzustellen.

Sie dürfen sich nie über die Ängste des Kindes lustig machen oder sie banalisieren; vertrauen Sie Ihrem Urteilsvermögen, um zu entscheiden, wann ein wenig Humor die Situation entspannen könnte. Wenn es z. B. sehr an seinem Großvater hängt und traurig ist, weil er geht, können Sie mithilfe eines Symbolspiels verständlich machen, dass Großvater am nächsten Tag wiederkommt, und ihm so helfen, seine Stimmung zu verändern.

▸ **Papa:** »Lukas, spielst du Großpapa, und ich bin du?« Mit trauriger Stimme (als wäre er sein Sohn Lukas): »Geh nicht, Opa. Ich will nicht, dass du gehst, ich bin sehr traurig und muss weinen.«

▸ **Lukas (als wäre er Großvater):** »Nicht weinen. Nein, weine nicht. Ich komme wieder.«

▸ **Papa, mit ängstlicher Stimme:** »Wann kommst du wieder, Opa? Kommst du heute Abend und liest mir eine Geschichte vor?«

▸ **Lukas, bestimmt:** »Nein, morgen.«

▸ **Papa, traurig:** »Ich bin traurig und will nicht, dass du gehst.«

▸ **Lukas, sanft:** »Sei nicht traurig.« Streichelt Papas Kopf. »Ich komme morgen.«

▸ **Papa, sanft:** »Okay, Opa. Ich hab dich lieb.« Gibt Lukas einen Kuss. »Ich versuche, nicht traurig zu sein, aber ich vermisse dich. Manchmal ist morgen ganz weit weg.« Macht eine kurze Pause … und dann in anderer Stimmung, übermütig: »Opa?« Erhält Lukas' Aufmerksamkeit und Blickkontakt: »Opa, bitte, bleib hier …«

▸ **Lukas, kichernd:** »Nein, ich gehe jetzt.«

▸ **Papa, noch übermütiger und kichernd:** »Opa, biiiiiittte, bleib.« Dann in ruhigerer Stimme: »Dann kommst du morgen, Opa?«

▸ **Lukas, kichernd:** »Ja.« Abschiedskuss.

gerührt, wie sie im Spiel mit ihrer Puppe sagte: ›Den kleinen Teddy nicht hauen. Hauen böse! Lieber streicheln.‹ Dann half sie ihrer Puppe, den Teddy zu umarmen.« Mit der Einbildungskraft geht auch eine zunehmende Denkfähigkeit einher. Das Kind kann Ursache und Wirkung klarer in Verbindung bringen und erkennen, dass sein Handeln Einfluss auf das Geschehen hat.

Soziale und emotionale Kompetenzen erwerben

Jetzt, da Ihr Zweijähriges zu verstehen beginnt, dass es Einfluss auf seine Umgebung ausüben kann, wird es sich auch bewusst, dass andere Menschen die Welt nicht unbedingt in der gleichen Weise sehen.

Ihr Kind braucht nun Ihre Hilfe, um mit seinen Gefühlen in Einklang zu kommen und zu realisieren, dass andere Menschen auch Gefühle haben; so entwickelt es allmählich Sozialkompetenz. Die Mühe, die Sie darauf verwenden, ihm bei der Bewältigung und Erklärung seiner intensiven Gefühle zu helfen, hilft ihm, diese zu verstehen. Je besser es seine Gefühle bestimmen und verstehen kann, umso besser wird es sich in andere Menschen einfühlen können.

In dieser Phase lernen Kinder, offen ein ganzes Spektrum an Emotionen auszudrücken und allmählich auch ihre Trennungsangst zu bewältigen. Wie oben ausgeführt, liegt der Grund darin, dass Ihr Kind nun versteht, dass Sie, auch wenn Sie weggegangen sind, wiederkommen werden. Dieses Maß an Vertrauen und Voraussicht erklärt, warum Kleinkinder jede Veränderung ihrer Routine hassen. Sie gewinnen Halt aus der Regelmäßigkeit und Vorhersehbarkeit von Handlungen und Verhaltensweisen. Verläuft etwas nicht wie erwartet, kann dies sehr aufreibende Auswirkungen haben.

Helfen Sie Ihrem Kind, soziale und emotionale Kompetenz zu erwerben:

■ Wenn Sie Ihr Kind in seine Schranken weisen müssen, sprechen Sie respektvoll, und beleidigen oder erniedrigen Sie es in keiner Weise. So bleibt es mit seinen Gefühlen in Einklang.

■ Trösten Sie es, und helfen Sie ihm zu verstehen. Kinder, die darauf vertrauen können, bei Unsicherheit getröstet zu werden, und die ermutigt werden, ihre Gefühle auszudrücken und zu verstehen, sind von klein an in der Lage, Mitleid zu entwickeln und anderen gegenüber Empathie zu zeigen. Sie wachsen in Einklang mit ihren Gefühlen auf.

■ Tun Sie seine Gefühle nicht ab. Kinder, die Verletzung erfahren, die beleidigt werden oder deren Sensibilität regelmäßig missachtet wird, passen sich

SYMBOLSPIEL *Kaufladenartikel und ähnliche Spielsachen bilden die Brücke zwischen Spiel und Realität, regen die Fantasie Ihres Kindes an und ermöglichen ihm, das Gleiche zu tun wie Mama oder Papa.*

ABWARTEN *Geduld und Kooperation sind zwei Eigenschaften, die Ihr Kind allmählich lernt; es beginnt abzuwarten, bis es an der Reihe ist, und spielt harmonischer mit anderen.*

an, indem sie sich nach und nach von ihren Emotionen abschotten. Dies kann zu Schwierigkeiten führen, später enge Freundschaften oder Beziehungen einzugehen.

Warten lernen

Gerade wenn Sie sich zu fragen beginnen, ob Ihr Kind jemals die Kunst des Wartens erlernt, vollzieht sich eine große Veränderung in seinem Verhalten. Parallel zur Denkfähigkeit kommt ein Verständnis: »Ich kann es jetzt nicht haben, aber ich bekomme es später.« Ihre Geduld zahlt sich nun aus, weil Ihr Kind endlich Selbstbeherrschung lernt. Die Fähigkeit zur Symbolbildung bedeutet auch, dass es sich vorstellen kann, dass etwas später geschehen kann. Dank seines verbesserten Zeitgefühls kann es mehr Selbstkontrolle ausüben, weil es weiß, dass es später bekommen wird, was es will.

Sie erinnern sich vermutlich, dass die Nacht ewig zu dauern schien, als Sie jung waren. Lange Zeitphasen sind für Kinder dieses Alters ein Problem – eine Stunde ist immer noch eine endlos lange Zeit – und »später« hat für Ihr Kind eine andere Bedeutung als für Sie. Also behalten Sie das im Kopf, und helfen Sie ihm, ein Zeitverständnis zu entwickeln.

Wie Ihr Kind abwarten lernt:

■ Verbinden Sie den Zeitrahmen mit einem Ereignis, damit es weiß, wann es so weit ist: »Nicht jetzt. Später, wenn deine Schwester im Bett ist.«

■ Verwenden Sie »wenn, dann« (s. S. 196): »Wenn du erst deine Spielsachen in die Kiste räumst, dann kannst du mit der Eisenbahn spielen.«

■ Wenn das Warten schwerfällt, geben Sie einen Anreiz und zeigen Ihre Wertschätzung: »Ich möchte, dass du jetzt still bist, Toni. Kannst du still sein, bis wir den Laden verlassen? Wenn du das kannst, dann darfst du mit deinem Bruder Fußball spielen, wenn wir nach Hause kommen. Danke.«

■ Stellen Sie eine Belohnung in Aussicht, z. B. kleine bunte Bälle, Sticker oder Bauklötze zum Sammeln. Sagen Sie, dass es für jede fünf Minuten, die es warten und sich gut benehmen kann, damit belohnt wird.

Unnötig zu sagen, dass die Erwachsenen ihre Versprechen einhalten und tun müssen, was sie sagen, damit ein Kind lernt, auf »später« zu vertrauen. Stellt das Kind fest, »später« ist eine Umschreibung für »nie« oder »Ich habe keine Lust«, fühlt es sich hintergangen und wird sich in Zukunft kaum gut benehmen.

Das Gehirn Ihres Kindes

In dieser Phase verlangsamt sich die Entwicklung der Motorik, und das Gehirn setzt eine andere Priorität: die Entwicklung der Frontallappen. Dieser Bereich des Gehirns spielt eine große Rolle für die Entwicklung des rationalen Denkens, der Emotionen, der Aufmerksamkeit und des Gedächtnisses.

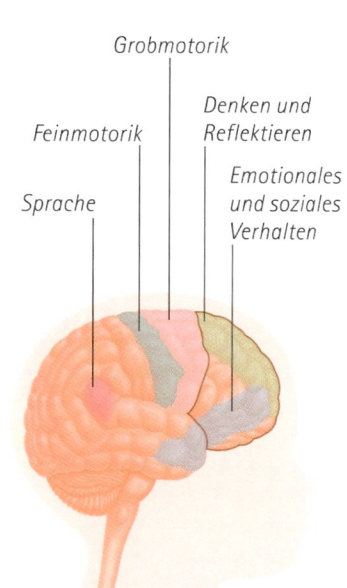

Grobmotorik

Feinmotorik

Denken und
Reflektieren

Sprache

Emotionales
und soziales
Verhalten

GRÖSSERES VERSTÄNDNIS

Der Bereich der Frontallappen wird durch die dunklere Linie markiert. Die beiden inneren Bereiche reifen und beeinflussen das Weltverständnis Ihres Kindes.

Die Frontallappen oder Stirnlappen (s. Abbildung links) stehen in enger Verbindung zu der in diesem Jahr stattfindenden Verbesserung der kommunikativen Fähigkeiten, der Herausbildung der Einbildungskraft und der Persönlichkeit. Sie tragen zum großen Teil zu den Merkmalen bei, die das typisch Menschliche ausmachen. Beide Seiten der Frontallappen sind miteinander verbunden, wobei die Denk- und Reflexionsfähigkeiten im einen Bereich und das emotionale und soziale Verhalten im anderen begründet sind. Sie sind für Verständnis, Nachdenken, Planung und Organisation verantwortlich, regulieren unsere Emotionen und Reaktionen und halten unsere Impulse in Zaum. Die Frontallappen steuern die übergreifende Aktivität des Gehirns als Ganzes. Wie der Geschäftsführer eines großen Unternehmens entscheiden sie, welche Ideen umgesetzt werden und was im jeweiligen Augenblick Priorität hat; sie koordinieren die anderen Gehirnbereiche und sind Motor des Handelns und Reagierens.

Die Bereiche für das praktische sowie das logische Denken sagen uns:

- Worauf wir unsere Aufmerksamkeit richten sollten.
- Woran wir uns erinnern sollten.
- Wann wir handeln sollten und wann nicht.

Der soziale und emotionale Bereich:

- Überblickt unsere Emotionen.
- Reguliert unsere Gefühle und stellt sie in einen Kontext.
- Hilft, unsere Reaktionen zu lenken, und kontrolliert impulsive Aktionen.

Die Stirnlappen entwickeln sich in den frühen Kindheitsjahren weiter und reifen in der Adoleszenz aus; sie verleihen die Fähigkeit, ab etwa 15 Jahren komplexere Erfordernisse, wie Flexibilität und Multitasking, zu bewältigen. Sie sind unverzichtbar für die Entwicklung der Verhaltenskontrolle.

Die richtige Reaktion bestimmen

Die Frontallappen spielen eine wichtige Rolle beim Denken und Problemlösen. Sie helfen uns zu entscheiden, worauf wir in einem bestimmten Augenblick unsere Aufmerksamkeit richten und wie wir am besten reagieren. Sie
sind der Bereich des Gehirns, der die Dinge in einen Zusammenhang bringt.
Hier verbinden sich Gedanken über die innere Welt – unsere Erinnerung,
Bewegung, Emotion usw. – mit Wahrnehmungen der äußeren Welt – wo Sie
sind, wer auch noch da ist. Unter Berücksichtigung dieser Informationen entscheiden die Frontallappen, welches Verhalten oder Handeln angemessen ist.

Im Falle Ihres Kindes könnte dies z. B. bedeuten, dass es Hunger oder
Aufregung versteht und bewusst darauf reagiert: »Was ist mir nun wichtiger:
das Gefühl, Hunger zu haben (seine innere Welt), oder die Aufregung, die
ich verspüre, weil Mama mir gerade ein total aufregendes neues Spielzeug
gekauft hat (seine äußere Welt)?« In seiner Reaktion muss es entscheiden,
worauf es hört und wie es sich verhalten sollte.

Denken und Reflektieren

Das praktische und logische Denken in den Frontallappen steuert die Entwicklung des Planungs- und Reflexionsvermögens ebenso wie die Fähigkeit,
Gedanken und Reaktionen zu widerstehen, die uns vom Weg abbringen
könnten. Sie stellen nun eine echte Verbesserung seines Planungs- und Reflexionsvermögens fest. Zum Beispiel: »Wenn ich einen Stuhl hierherziehe und
darauf steige, gelange ich an die Schokolade auf dem Tisch.« Es kann sich
besser konzentrieren und auf Informationen einstellen; dadurch bekommt
es leichter, was es will. Es entwickelt Selbstbeherrschung und erlernt Fähigkeiten, die es braucht, um intellektuell wie sozial erfolgreich zu sein. Kann
es erst einmal still sitzen und aufmerksam sein, die Gefühle anderer berücksichtigen und impulsive Reaktionen zurückhalten, beginnt es, Verhalten und
Handlungen zu planen.

Aufmerksamkeitsspanne

Bevor ein Kind nachdenken und effektiv planen kann, muss es sich konzentrieren können. Die Fähigkeit, sich voll auf eine Aufgabe, ein Spiel oder eine
Unterhaltung zu konzentrieren, entwickelt sich über verschiedene Stadien
der Aufmerksamkeit. Mit zunehmender Entwicklung konzentriert es sich
mehr auf seine eigenen Bedürfnisse, Wünsche und Ziele (was nicht immer ein

Segen ist) und lässt sich weniger leicht ablenken. Es gibt drei verschiedene Formen der Aufmerksamkeit, die sich allmählich entwickeln:

Selektive (gerichtete) Aufmerksamkeit Die Basisfähigkeit, um zu entscheiden, was wichtig ist und beachtet wird, und anderes zu ignorieren. Erst mit dieser Fähigkeit, die sich ab dem Babyalter entwickelt, können Informationen im Arbeitsgedächtnis abgespeichert werden (s. unten).

Geteilte Aufmerksamkeit Wenn wir mehr als einer Sache gleichzeitig Aufmerksamkeit schenken, teilen wir unsere Aufmerksamkeit. Dies ist für Kleinkinder schwierig. Sie können nicht wie Erwachsene mehrere Dinge gleichzeitig erledigen. Aus diesem Grund ist es wichtig, dass Sie, wenn Sie z. B. wollen, dass Ihr Kind isst, Spielsachen vom Tisch wegräumen.

»Emma hilft mir gern beim Backen, ist aber schnell abgelenkt. Sie rührt gern den Teig und verziert Kuchen, aber wir müssen auch Pausen machen, damit sie nicht frustriert ist und einen Wutanfall bekommt.« Annette, 27

Längerfristige Aufmerksamkeit Die Aufmerksamkeit eine gewisse Zeit halten zu können, muss man lernen. Ein Kleinkind kann nur wenige Minuten am Stück aufmerksam sein. Im Allgemeinen können sich Kinder auf Aktivitäten wie Malen oder Bücher-Anschauen nur sehr kurz konzentrieren. Mit 24 Monaten beträgt diese Zeitspanne etwa sieben Minuten und steigt auf etwa neun Minuten mit drei Jahren, auf 13 Minuten mit vier und 15 Minuten mit fünf. Erst mit sechs oder sieben Jahren kann sich ein Kind eine Stunde lang konzentrieren. Ihr Zweijähriges malt vielleicht sieben Minuten lang, streichelt dann die Katze, trinkt einen Schluck, läuft durchs Zimmer und malt dann wieder sieben Minuten. Kleinkinder müssen häufig Pausen machen, das ist normal.

Wie das Gedächtnis funktioniert

Um eine Anweisung auszuführen, arbeiten zwei Gedächtnisformen zusammen. Das Kurzzeitgedächtnis wiederholt und speichert die Information (»Ich muss meinen Mantel holen«); das Arbeitsgedächtnis hilft, die Anweisung in die Tat umzusetzen, sehr schnell und Schritt für Schritt. (»Ich muss an den

Haken kommen. Ich muss meine Muskeln anspannen. Ich gehe auf Zehenspitzen. Ich greife nach meinem Mantel.«) Im Arbeitsgedächtnis werden
kleine Informationseinheiten gerade so lange präsent gehalten, dass wir wissen, was wir zur Erreichung des Ziels tun müssen. Sobald das Kind seinen
Mantel hat, erinnert es sich noch daran, dass es ihn wollte (dank des Kurz-
zeitgedächtnisses), aber das Arbeitsgedächtnis hat schon alle diese Phasen
ausgeblendet. Jetzt hilft ihm das Arbeitsgedächtnis, einen Fuß vor den anderen zu stellen, um aus der Tür zu gehen, ein Spielzeug aufzuheben oder seine
Schwester zu suchen.

Das Kurzzeitgedächtnis verfügt über eine sehr geringe Kapazität, und
das Erinnerungsvermögen entwickelt sich bei kleinen Kindern erst noch. Aus
diesem Grund fällt es ihnen schwer, komplexe Anweisungen zu befolgen,
und sie sind leicht frustriert. Teilen Sie Anweisungen in zwei, drei oder mehr
kleine Einheiten auf. (Selbst ein Erwachsener kann nur sieben Informationseinheiten auf einmal behalten.) Anstatt zu sagen: »Zieh dich an, wasch
dich, putz die Zähne und sag dann Gute Nacht«, teilen Sie die Information
in kleinere Aufgaben auf: »Komm, wir ziehen dich aus« (es erledigen)/»Nun
wirst du gewaschen« (es tun)/»Nun putz deine Zähne« (abwarten)/»Und jetzt
sag Gute Nacht.«

Planen und Ziele erreichen

Die Frontallappen des Gehirns (s. S. 164) ermöglichen Entscheidungen, Handlungsplanung und Handlungsausführung. Sie ermöglichen auch, Hindernisse und Ablenkungen zu überwinden, um Ziele zu erreichen.

Tina will mit ihrem roten Ball spielen. Erst muss sie denken: »Ich möchte den roten Ball.« Sie setzt ihr Arbeitsgedächtnis ein, um den Gedanken festzuhalten, während sie überlegt, wie sie den Ball bekommt: »Ich werde zur Spielzeugkiste gehen und ihn holen.« Dann setzt sie ihre Gedanken in die Tat um und geht zur Spielzeugkiste. Beim Hineinschauen sieht sie ihren blauen Ball: »Das ist ein schöner blauer Ball ...« Statt sich ablenken zu lassen, kann sie dank der Stirnlappen das Signal »blauer Ball« ausblenden und sich auf das Signal »roter Ball« konzentrieren: »... aber ich will meinen roten – er ist nicht da!« Sie erkennt, dass sie hier nicht weiterkommt, und folgert: »Er könnte im Garten sein ...«, und sie geht weg.

Wäre Tina jünger, würde sie vermutlich den roten Ball ganz vergessen und zufrieden mit anderen Spielsachen spielen; aber weil sie nun 30 Monate alt ist, will sie nicht nur den roten Ball, sie erinnert sich auch, wie und wo sie ihn finden kann. Ihr Arbeitsgedächtnis hilft ihr, lange genug an einer Aufgabe zu bleiben, um ihr Ziel zu erreichen.

Ihr ängstliches Kind

Ängste gehören zum Großwerden dazu. Fantasie und Reflexionsvermögen Ihres Kindes entwickeln sich so weit, dass es Gefahren versteht. Es erkennt damit auch, dass Dinge schieflaufen können. Sie können Ihrem Kind helfen, extreme Gefühle zu meistern.

Angst ist ein Anzeichen, dass wir erschrocken sind oder uns bedroht fühlen, von etwas Körperlichem (z. B. bei einem Angriff), aus der Umwelt (z. B. einem Tornado) oder psychisch (z. B. kritisiert zu werden).

In der Kleinkindzeit gehört zu diesen »Gefahren« z. B., lange schreien zu müssen, elterliche Spannung oder Kummer zu erfahren oder geschimpft zu werden. Angst löst eine heftige, automatische Reaktion im primitivsten Teil des Gehirns aus, der unseren Überlebensinstinkt steuert. Bei intensiven Emotionen, wie Ärger, Furcht und einfach Aufregung, löst das Gehirn im Körper die Freisetzung von Stresshormonen aus, die uns dazu bringen, uns entweder der Situation zu stellen (Kampf) oder wegzulaufen (Flucht). Diese »Angriff-oder-Flucht«-Hormone, insbesondere Adrenalin und Kortisol, blockieren dann die Bildung von »Wohlfühl«-Hormonen wie Oxytozin (s. S. 86).

BEWÄLTIGEN LERNEN

Jeder erlebt Angst, doch mancher bewältigt diese Gefühle besser als ein anderer. Wir wissen heute, dass diese Fähigkeit ihre Wurzeln in der Kindheit hat. In der Kleinkindzeit ist ein Kind völlig abhängig von fürsorglichen Erwachsenen, die ihm bei der Bewältigung seiner Gefühle helfen.

Wird ein verängstigtes Kind von Mama oder Papa schnell getröstet, bildet sein Körper »Wohlfühl«-Hormone, sobald es sich beruhigt. Ein Kind, das dagegen nicht getröstet wird, wird immer ängstlicher und produziert noch höhere Mengen an Stresshormonen. Sein Gehirn wird eher auf Furcht als auf Ruhe »programmiert«.

Mit zwei bis drei Jahren legt sich die Trennungsangst (s. S. 90) allmählich, nur um von einer ganzen Reihe anderer Ängste abgelöst zu werden, die aus der sich entwickelnden Fantasie und dem Bewusstsein für die weitere Welt genährt werden. Es ist normal, dass Kinder in diesem Alter vor neuen Erfahrungen Angst haben. Diese Angst

---

IHRE EIGENEN ÄNGSTE BEWÄLTIGEN

Fällt es Ihnen schwer, Ihre eigenen Stressgefühle zu bewältigen, dann ist es für Sie vielleicht auch schwer, extreme Gefühle bei Ihrem Kind zu tolerieren. Wenn Sie als Kind ständig angeschrien oder beschimpft worden sind, setzt Ihr Gehirn in Angstsituationen hohe Mengen Kortisol frei, und Sie übertragen Ihre Stressgefühle leicht auf Ihr Kind.

▶ Nehmen Sie sich Zeit für Aktivitäten, die Sie beruhigen und entspannen.

▶ Schaffen Sie sich ein soziales Netzwerk, das Ihnen bei Bedarf Wärme und Unterstützung schenkt.

▶ Bei Beziehungsproblemen, einem Trauerfall oder anderen Krisensituationen suchen Sie ggf. professionelle Hilfe, um Ihre Ängste zu bewältigen. Sie können Ihr Kind nicht vor Ihren Gefühlen schützen, und seine Emotionen können sich als Reaktion auf die Ihrigen noch verstärken.

▶ Verzichten Sie auf Rauchen, Alkohol und hohen Koffeinkonsum aus Tee, Kaffee, Schokolade und entsprechenden Limonadengetränken.

▶ Die Erziehung eines Kleinkindes ist gelegentlich stressig. Ängste sind normal. Seien Sie mit sich nicht zu streng, und bewahren Sie die richtige Perspektive.

geht allmählich vorüber, wenn sensibel damit umgegangen wird.

ZEICHEN DER ANGST

Kinder zeigen Angst auf vielfältige Weise. Manche weinen, andere sind sehr ruhig, anhänglich oder weinerlich. Tics wie Blinzeln oder Zucken sind ebenfalls verbreitet; meist verschwinden diese unwillkürlichen Muskelbewegungen, die das Kind nicht kontrollieren kann, von selbst.

In jedem Fall braucht Ihr Kind Trost. Jedes Mal wenn Sie es umarmen und beruhigen, erhöhen Sie seine Chancen, seine Gefühle zu meistern und später Stress zu bewältigen. Kinder, die getadelt statt getröstet werden, werden oft noch ängstlicher. Sie entwickeln später öfter Verhaltensprobleme wie Phobien (s. S. 260), Bettnässen oder Einkoten (s. S. 303).

IHREM KIND HELFEN

Ihr Kind lernt aus Ihrem Beispiel, also beherrschen Sie zunächst Ihre eigenen intensiven Gefühle und zeigen ihm, dass Schimpfen oder Schreien nicht die einzigen Reaktionsmöglichkeiten sind.

▸ Bleiben Sie ruhig, lächeln Sie, und sprechen Sie sanft mit ihm.

▸ Küssen Sie es, zeigen Sie ihm Ihre Liebe, um die Angst zu vertreiben.

▸ Tadeln Sie es nie für seine Angst; ermutigen Sie es lieber vorsichtig, Neues zu wagen, und loben Sie

es jedes Mal, wenn es eine Angst bezähmt.

▸ Nutzen Sie zur Angstreduzierung Ablenkungsmethoden, wie Singen, und helfen Sie ihm auszudrücken, was seine Angst verursacht hat.

▸ Werten Sie ein Kind nie ab, als »dumm«, »ungeschickt« oder »hoffnungslos« oder als »Schreibaby«, nicht einmal im Spaß. Es muss wissen, dass

KLETTERN LERNEN *Natürlich hat man Angst, wenn das Kind Neues versucht. Sagen Sie aber nicht ständig »Pass auf«, wenn es alles richtig macht.*

es Ihrer beständigen Liebe, Fürsorge und Unterstützung sicher ist. Wird es zurückgestoßen oder erschreckt, steigert sich seine Angst noch.

Spielen und Lernen

In den Kleinkindjahren bedeutet Spielen Lernen. Beides ist eng miteinander verbunden. Am schönsten ist es für Ihr Kind, wenn Sie mitmachen. Die Stunden, die Sie im gemeinsamen Spiel verbringen, sind nie vergeudete Zeit; es lernt ständig von Ihnen und braucht all Ihre Aufmerksamkeit.

Ein Ausgleich zwischen körperlichem und intellektuellem Spiel ist wichtig, damit sich Gehirn und Körper aufs Lernen einstellen. Ihr Kind lernt das, was wichtig ist und wie Dinge von den Menschen in seiner Umgebung wertgeschätzt werden. Es entdeckt eigene Vorlieben und Abneigungen, erkennt, wie Dinge funktionieren und wie es seine persönlichen Fähigkeiten einsetzt und entwickelt. Zwar ist Spielen ein natürlicher Instinkt; es muss jedoch gefördert werden, damit das Kind weiß, dass es dabei Ihre Beachtung und Billigung hat. Ohne Beteiligung der Erwachsenen und ohne Spielgefährten kann das Interesse am Spiel verloren gehen. Denken Sie daran: Was zählt, ist der Prozess, nicht das Endergebnis. Der Erfolg ist die Tatsache, dass es zu zeichnen beginnt – nicht, ob das Bild wirklich Papa ähnlich sieht!

Maria Montessori

1870 in Italien geboren, war Maria Montessori die erste italienische Frau, die als Ärztin ausgebildet wurde. Sie gewann die Überzeugung, dass das wahre Potenzial eines Kindes sich nur entwickeln kann, wenn es in den ersten Lebensjahren die richtige Anregung erhält, und sie widmete ihr Leben der Entwicklung einer neuen Art kinderzentrierter Pädagogik, die in den letzten 100 Jahren weltweit stark rezipiert wurde.

In den Anfängen ihrer Arbeit mit benachteiligten Kindern entdeckte sie, dass Kinder praktische Fähigkeiten erlernen wollen und von einer ruhigen und geordneten Umgebung profitieren. Ihrer Philosophie liegt die Überzeugung zugrunde, dass Spielen und Lernen miteinander verbunden sind, weil eines nicht ohne das andere geschehen kann. Sie identifizierte verschiedene Entwicklungsstufen und sog. »sensible« Phasen des Lernens.

Montessori-Lehrer fördern das Lernen mit mehreren Sinnen, insbesondere im Spiel, und helfen Kindern, Selbstmanagement, Selbstachtung und selbstständiges Denken und Handeln zu erwerben.

Geschlechtsunterschiede zeigen sich in dem Maß der Reife und der Entwicklung der Geschicklichkeit und der Sprache. In beiden Bereichen entwickeln sich Mädchen tendenziell schneller. Diese Faktoren hängen zusammen, weil die Sprachentwicklung Einfluss auf die soziale Kompetenz hat. Die Unterschiede zwischen den Geschlechtern gehen wohl weitgehend auf die häusliche Umgebung zurück; mit drei bis vier Jahren hat ein Kind eine viel klarere Vorstellung, was weiblich oder männlich bedeutet. Mit zwei bis drei Jahren jedoch sind Spiele und Spielsachen austauschbar, und nicht alle Kinder wissen genau, wer ein Mädchen und wer ein Junge ist.

Phasen des Spiels

Das Spiel des Kleinkindes entwickelt sich in mehreren Phasen. Bis etwa 24 Monate hatte Ihr Kind beim Spielen sehr wenig Interesse an irgendjemand anderem als Ihnen; nun ist die Gehirnentwicklung so weit fortgeschritten, dass es beginnt, seine Gefühle zu verstehen, und Fantasie entwickelt. Damit einher gehen die Entwicklung des Gedächtnisses und die Fähigkeit, sich auf die weitere Umgebung »einzustellen«. Dadurch schenkt es Gleichaltrigen mehr Beachtung und will auch bei ihnen sein.

Die Fähigkeit zum Parallelspiel entwickelt sich weiter. Statt nur neben einem Kind zu spielen, zeigt es mehr Interesse daran, was das Kind tut, und beobachtet und kopiert manche seiner Handlungen – auch wenn es noch nicht bereit ist, mit anderen Kindern zu spielen. Mit der Zeit, wenn es Teilen und Abwechseln gelernt hat, entwickelt sich das stärker kooperative Spiel. Vorläufig jedoch ist der Wechsel vom Allein-Spielen zum Parallelspiel Herausforderung genug, und Ihr Kind braucht dabei Ihre Hilfe.

Teilen und An-die-Reihe-Kommen

Ihr Kind plant nun seine Spielhandlungen. Sie haben vielleicht festgestellt, dass es an sich oder an Ihnen etwas erlebt und dann seine Fantasie einsetzt, um dies in einer ausgedachten Spielsituation anzuwenden. Es kann z. B. seinen Teddy in der gleichen Weise ins Bett bringen wie Sie seine kleine

AN DIE REIHE KOMMEN
Zwar ist es sich nun seiner Spielgefährten bewusst, versteht Spielregeln aber noch nicht und meint weiterhin, alles gehöre ihm.

Schwester. Dieser Lernprozess gilt auch für das Teilen und An-die-Reihe-Kommen – aber es braucht dabei Ihre Hilfe. Zählen Sie z. B. Bonbons ab – eines für Mama, eines für das Kind – oder die Stücke beim Teilen einer Pizza für die Familie. Wenn das Kind mit einem anderen spielt, erklären Sie ihm, dass seine Spielkameraden dran sind, das Spielzeug zu bekommen. Sich an die Sozialisation mit Gleichaltrigen zu gewöhnen, erfordert einige Zeit der Anpassung. Das Problem für Kleinkinder besteht darin, dass andere Kinder die Regeln des Teilens und Abwechselns oft nicht in der Weise, wie Sie es Ihrem Kind gezeigt haben, verstehen – daher gibt es rasch Tränen, Wutausbrüche oder Aggression. Geben Sie ihm Unterstützung. Mit Ihrer Hilfe kann es einen kooperativen Spielstil einüben, in der Sicherheit seiner Beziehung zu Ihnen, ohne die Machtkämpfe und Ausfälle, zu denen es in seiner eigenen Altersgruppe leicht kommt. Bleiben Sie auch präsent, wenn es mit anderen spielt, sodass Sie schlichten können, wenn Spannung aufkommt, und helfen Sie ihm, seine eingeübten Fähigkeiten in einer realen Situation umzusetzen.

Sobald es sich an den Umgang in seiner Altersgruppe gewöhnt, können Sie sich etwas zurückziehen und es selber verhandeln lassen; aber zuerst muss es das Prinzip des Teilens begriffen haben.

»Die Beaufsichtigung des gemeinsamen Spiels von Kleinkindern hat nichts mit Kontrolle oder Bevormundung zu tun; man muss ein Auge auf die Situation haben und helfen, Auswege zu finden, wenn es Streit gibt.«

Spielformen entwickeln

Ihr Kind experimentiert mit verschiedenen Spielformen, seit es geboren wurde. Als Baby beherrschte es die Kunst des Herunterwerfens oder Anschlagens von Gegenständen aus Neugierde und der bloßen Freude, Lärm zu erzeugen. Nun hat es ein meisterhaftes Aufgebot an körperlichen Fähigkeiten erworben und seine Kraft durch experimentelles Spiel und Erkunden entwickelt. Jetzt kann es seine Sinneswahrnehmung mit seinen körperlichen Fähigkeiten kombinieren, und dank seiner großen imaginativen und sprachlichen Fähigkeiten eröffnet sich eine ganz neue Welt des Symbolspiels.

KITZLE MICH! *Kitzelspiele entzücken Ihr Kind, weil es Ihre Aufmerksamkeit hat. Wählen Sie die Momente jedoch mit Bedacht, denn diese Spiele sind zwar toll, um Energie abzubauen, können Ihr Kind jedoch auch überreizen.*

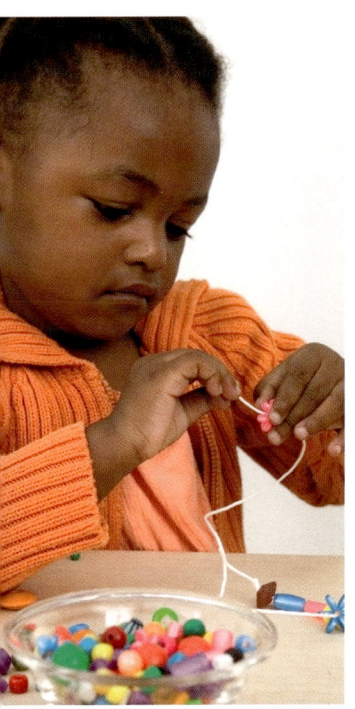

KREATIVITÄT *Die Fähig-keit zur längeren Kon-zentration gibt mehr Spielraum für kreative Aktivitäten. Schlagen Sie ihm vor, seine »Kunstwerke« seinen Lieben zu schenken.*

Sprachspiele Vielleicht stellen Sie fest, dass Ihr Kind vor sich hin spricht. Es kommentiert ständig, was es tut, wie es sich fühlt und was es spielt. Diese wichtige Phase hilft ihm, seine innere Stimme zu entwickeln und seine Handlungen und Gefühle zu verstehen. Es weist sich damit selbst den richtigen Weg. Diese Stimme verstummt allmählich und wird verinnerlicht. In dieser Phase können Sie durch die Selbstgespräche Ihres Kindes einen Einblick in seine Gefühle und Reaktionen sowie seine Fantasiewelt gewinnen.

Seine Sprachspielereien entstehen aus der puren Freude am Experimentieren mit Lauten und Wörtern. Kleinkinder plappern oft mit sich selber, wenn sie abends im Bett liegen. Eine »Geschichte« kann sich schnell in eine Quatsch-Geschichte wandeln, wie »Papa spielt mit Andy, geh Onkel Max besuchen. Hallo, Onkel Max, Max, Max. Gehst du max max. Maxi, mexi, muxi, maximaxi ...«

Wir besitzen alle diese innere Stimme, die Gedanken und Handlungen kommentiert. Sie ist eine wichtige Form der Eigenwahrnehmung und Selbstkontrolle. Bei Kindern mit späteren Verhaltensproblemen hat sich möglicherweise diese innere Stimme nicht ausreichend entwickelt, und daher ist die Selbstableitung schwieriger. Helfen Sie Ihrem Kind, diese Kontrollinstanz zu entwickeln, indem Sie mit ihm über Ihr Tun sprechen und es zum Kommentieren anleiten, damit es dies selber lernt. Zum Beispiel: »Mama spült nur schnell ihren Teller und Becher, dann spielt sie mit dir«, »Papa freut sich sehr, er kommt gleich und gibt dir einen Kuss«, »Ich spiele jetzt mit dir Ball und zeige dir, wie man hin- und herkickt«.

Die innere Stimme fungiert als Kommentator und kann daher Einfluss auf die Entwicklung von Selbstwertgefühl nehmen. Wenn Sie hören, dass Ihr Kind ständig selbstkritische oder kritische Bemerkungen macht, ist das ein Zeichen, dass es mit sich oder seinen Leistungen nicht zufrieden ist. Helfen Sie ihm unbedingt, Selbstachtung zu erwerben und seine negativen Gedanken durch positivere zu ersetzen.

Bewegungsspiele Kinder sind gern in Bewegung, und es fällt ihnen in diesem Alter ziemlich schwer, lange still zu sitzen. An der frischen Luft zu spielen – bei jedem Wetter – gibt ihnen ein Gefühl der Freiheit. Faktoren wie Energiepegel, Müdigkeit, Körpertemperatur, Spieldauer, persönliche Vorlieben und ob Sie eine »Outdoor-Familie« sind, spielen eine Rolle dabei, wann es wieder Zeit für etwas anderes ist. Es steht außer Zweifel, dass Kinder sich leichter auf Aktivitäten im Haus, wie Zeichnen, Puzzeln,

Basteln oder Geschichtenhören, konzentrieren können, wenn sie die Möglichkeit hatten, Energie abzubauen. Vereinfacht gesagt, bringt körperliche Aktivität das Blut zum Zirkulieren und versorgt das Gehirn und andere lebenswichtige Organe mit mehr Sauerstoff – was Ihr Kind gesund erhält und Lernprozesse unterstützt.

Körperliche Bewegung trägt auch zur Entwicklung von Selbstvertrauen bei. Ihr Lob, wenn es tapfer das erste Mal auf der Wippe sitzt oder den Nervenkitzel auf der Schaukel genießt (was sehr gut für die Entwicklung des Gleichgewichtsinns ist), ermutigt es, seinem körperlichen Leistungsvermögen zu vertrauen. Bald wird es sich auch auf dem Klettergerüst versuchen und dort frei schwingen. Loben Sie es für seine Künste, und ermutigen Sie es, neue Aktivitäten auszuprobieren. Versuchen Sie Ihre Angst, dass es fallen oder sich wehtun könnte, zurückzuhalten. Lassen Sie ihm in einer sicheren Umgebung »freien Lauf«.

Wie Sie mit Ihrem Kind spielen

Spielzeit ist eine kreative und fröhliche Zeit für Ihr Kind – und auch für Sie. Die Spielphasen sind eine kostbare Zeit im Leben Ihres Kindes; es wird Sie dabei beide ständig mit seinen Entdeckungen, Fähigkeiten und Beobach-

Supermarkt-Spiele

Der gemeinsame Einkauf im Supermarkt ist für Sie vielleicht anstrengend. Doch mit ein wenig Planung und viel Geduld kann das Einkaufen Spaß machen und Ihr Kind viel dabei lernen.

▸ Auf dem Weg in den Supermarkt machen Sie ein Erinnerungsspiel: »Wir gehen in den Supermarkt und heute kaufen wir ... einen riesigen Laib Zauberbrot, der uns in den Mund fliegt.« Beschreiben Sie genau, bildhaft und verrückt. So wird das Gehirn Ihres Kindes angeregt, Assoziationen herzustellen. Fügen Sie nach und nach Details dazu, und achten Sie darauf, woran es sich erinnert und was es selbst erfindet.

▸ Lassen Sie es dabei helfen, den Einkaufswagen zu schieben oder die Münze in den Schlitz zu stecken.

▸ Erstellen Sie aus auffälligen Etiketten eine eigene Einkaufsliste für Ihr Kind. Geben Sie ihm Hinweise, wo es die Produkte findet.

▸ Spielen Sie eine vereinfachte Version von »Ich sehe was ...«, damit es Produkte benennt: »Ich sehe ein grünes Gemüse ... Siehst du es auch?«

▸ Es darf dabei helfen, die Waren auf das Band an der Kasse zu legen.

▸ Beschreiben Sie, was Sie kaufen.

▸ Belohnen Sie es mit viel Lob und einer kleinen Leckerei, damit das Einkaufen in positiver Erinnerung bleibt.

▸ Zu Hause lassen Sie es beim Wegräumen der Einkäufe helfen.

tungen überraschen. Kinder können in diesem Alter sehr witzig sein (oft unbewusst); sie lieben es, zu unterhalten und unterhalten zu werden.

Überlassen Sie Ihrem Kind beim Spiel möglichst oft die Initiative. Es ist wichtig, dass es eine Idee von Anfang bis Ende verfolgen kann; so erkennt es, dass es etwas »zu sagen« hat. Dabei muss alles möglichst einfach sein: Kinder in diesem Alter können kaum mehr als eine Idee im Kopf behalten. Wenn es durch Ihre Vorschläge unterbrochen wird, ist es frustriert und kommt durcheinander.

Fördern Sie seine Fantasie, indem Sie ihm Spielsachen geben, die wirkliche Dinge repräsentieren – Kinderküche und Kindergeschirr, Gartengeräte und Heimwerkergeräte. Mit der Zeit wird Ihr Kind jeden beliebigen Gegenstand für seine Vorstellungen einsetzen können.

»Unterteilen Sie alles in kleine Schritte. Ihr Kind kann nicht mehr als ein oder zwei Informationseinheiten auf einmal aufnehmen; daher müssen Sie ihm helfen, Anleitungen schrittweise nachzuvollziehen.«

Die Bedeutung von Bildern

Bilder spielen beim Lernen Ihres Kindes eine wichtige Rolle. Sein Gehirn entwickelt sich sehr schnell; Langzeitgedächtnis und Einbildungskraft verbessern sich. Bilder sind wichtige »Auslösereize« für Gedächtnis sowie Symbolspiel; daher sind Bilderbücher in diesem Alter so wichtig.

Seine Fähigkeiten haben sich nun so weit entwickelt, dass es kleine Details auf einer Seite erkennen und viel mehr Abbildungen wiedererkennen kann als noch vor Kurzem. Das Gedächtnis Ihres Kindes entwickelt sich weiterhin (s. S. 242), und seine Aufmerksamkeitsspanne ist noch kurz. Daher hat es einen unersättlichen Appetit auf Wiederholung und will das gleiche Buch und die gleichen Bilder immer und immer wieder anschauen.

Bilderbücher bieten großartige Lernanlässe. Sie fördern Wortschatz und Lautbildung und sind »Futter« für die Fantasie. Bitten Sie Ihr Kind, alle Dinge auf einer Seite herauszusuchen. Fragen Sie es, was es sieht und was es am meisten und am wenigsten mag. Machen Sie beim Erzählen Pausen, und warten Sie, ob es sie füllt. Die Verwendung von Adjektiven zur

Beschreibung der Bilder (konzentrieren Sie sich auf Formen, Farben, Größen und Orte) leitet Ihr Kind an, einen entsprechenden Wortschatz zu erwerben und sich selbst abwechslungsreich auszudrücken.

Bilderbücher führen Ihr Kind umsichtig an den Spracherwerb und das Lesen heran. Sie können in Ihren »Lesestunden« auch erkennen, wie sich die Persönlichkeit Ihres Kleinen entwickelt, und Einblick gewinnen, wie es seine Welt sieht.

In Freiheit lernen

Ideal sind in diesem Alter Aktivitäten, die die Entwicklung verschiedenster Fähigkeiten und Interessen fördern. Ihr Kind wird Vorlieben entwickeln, macht aber weiterhin begeistert ganz neue Erfahrungen.

Unterstützen Sie Matschspiele Wenn Sie Ihr Kind nach Herzenslust unterschiedliche Beschaffenheiten, Formen, Farben und seine Fantasiewelt erkunden lassen, entwickelt es dabei nicht nur seine Motorik (Stifte halten, Deckel von Gläsern oder Tuben schrauben), es lernt auch, sich kreativ auszudrücken. (Nach dem Spiel ist es dann an der Zeit, aufräumen zu lernen.)

Halten Sie Ihr Urteil zurück Kleinkinder sind zu jung, um »es richtig« zu machen. Es kommt darauf an, ihren Forscherdrang zu fördern und sie zum Experimentieren zu ermutigen. Halten Sie Kritik zurück und loben Sie viel.

Neue Fähigkeiten erlernen Das Spiel darf nicht zur Unterweisung werden, aber eine Frage wie »Weißt du, wie man ein Gesicht zeichnet?« weckt die Neugierde und erlaubt Ihnen, ihm etwas Neues zu zeigen. Lassen Sie es Ideen aufnehmen und in seinem eigenen Tempo umsetzen.

Legen Sie die Spielregeln weg Es muss nicht die genauen Spielregeln kennen oder wissen, dass man beim Puzzeln besser an den Seiten beginnt.

Selber erfinden Denken Sie daran, dass die neuesten Spiele und Spielgeräte eher dem Herstellerprofit als Ihrem Kind von Nutzen sind. Größten Spaß kann es machen, eigene Spiele, Reime, Spielsachen und Geschichten zu erfinden. Kinder haben eine Menge Ideen, wie Dinge sein sollten. Etwas gemeinsam schaffen hat bleibenden Wert für Sie beide.

LIEBLINGSGESCHICHTE

Wenn Ihrem Kind die Geschichte das letzte Mal gefallen hat, will es sie wieder hören. Es verbindet sie mit Spaß und Ihrer Nähe.

»Die Neugierde wecken fördert eine gesunde Einstellung zum Lernen – auch später noch.«

Spaß muss sein Gleichförmig und vernünftig müssen Sie beide noch viele Jahre lang sein. In diesem Alter muss Ihr Kind Wege entwickeln, neue Informationen zu erinnern. »Blödeln« oder Dinge auf originelle Weise tun unterstützt die Gedächtnisbildung und fördert die Kunst des Selbstausdrucks und originellen Denkens.

Verkleiden macht Spaß Das kreative Spiel entsteht aus der Fantasie des Kindes. Zwar dauert es noch sechs bis zwölf Monate, bis es sich verkleiden und das Fantasiespiel voll ausleben kann, aber jetzt schon wird es mit einem Hut, Mantel oder Zauberstab ein Zauberer werden. Stellen Sie eine Verkleidungskiste mit Requisiten für Ihr Kind zusammen.

Nie zu jung Helfen Sie ihm, die Vorgänge in seiner Umgebung zu verstehen, indem Sie sie kommentieren und ihm neue Erfahrungen ermöglichen. Sie können es bereits mit verschiedenen Musikrichtungen, Bildern, Farben, Pflanzen, Samen, Mond und Sternen bekannt machen.

Bitte in Kindergröße Eimer, Gießkannen, Löffel, Messer und Gabeln: All das gibt es preiswert in kleinen Größen, damit Ihr Kleines seine Geschicklichkeit üben kann.

Zeigen Sie ihm, wie die Dinge funktionieren Kinder mögen lieber gezeigt als gesagt bekommen, wie etwas funktioniert. Mit sachter Anleitung entwickeln sie das Zutrauen, selbst auszuprobieren.

Lev S. Vygotski

Der russische Entwicklungspsychologe Vygotski (1896–1934) war fasziniert von den Verbindungen zwischen der Entwicklung des Denkens, der Sprache und des Gedächtnisses. Er glaubte, dass die Geschwindigkeit der Entwicklung stark von der Förderung des Problemlösens beeinflusst wird. Seine Theorie lautet, dass Kinder leichter lernen, wenn sie Assistenz bekommen. Die Eltern (und später die Lehrer) sollten Kindern helfen, die Kluft zwischen ihrem gegenwärtigen und ihrem künftigen Potenzial zu schließen. Ein Kind, das z. B. versucht, Formen in eine Steckbox zu stecken, erlebt eventuell Misserfolg. Bekommt es die richtigen Formen, eine nach der anderen, hat es Erfolg und lernt etwas. Dabei sollte der Helfende die richtige Form nur näher hinschieben (nicht dem Kind geben), damit das Kind zwar einen Hinweis bekommt, aber die Entscheidungsfreiheit hat, die Form zu nehmen. Eltern tun dies ganz automatisch: Kindern helfen, kleine erfolgreiche Schritte zu tun, einen nach dem anderen.

HELFEN LASSEN *Lassen Sie das Symbolspiel Wirklichkeit werden, indem Sie Ihr Kind z. B. beim Backen einbeziehen. Führen Sie es, aber lassen Sie es möglichst viel selber tun. Sorgen Sie sich nicht zu sehr darum, ob das Ergebnis genießbar ist!*

Spiele für Kinder

Vielleicht stellen Sie fest, dass Ihr Kind manche Spiele lieber mag als andere und eine Vorliebe für das Spiel drinnen oder draußen entwickelt. Das Freispiel und Zeit zum Ausprobieren sind sehr wichtig für die gesunde Entwicklung eines Kindes; Sie können das Spiel nun aber auch umsichtig zu Lernanlässen werden lassen. Bei Matschspielen und unstrukturiertem Spiel können Kinder ihre Fähigkeiten entwickeln und ihre Fantasie ausleben. Eltern müssen lernen, angesichts des Chaos gelassen zu bleiben. Machen Sie kein Aufhebens drum. Es besteht bei Kindern ein Zusammenhang zwischen der Angst, schmutzig zu werden, und Essproblemen.

Die meisten Spielsachen, die Ihr einjähriges Kind hatte, bleiben interessant, auch wenn es nun ein wenig anders mit ihnen spielt. Es kann nun kurze Ausflüge in den Zoo oder Park unternehmen und Musik hören. Weniger ist in diesem Alter immer noch mehr, weil die Aufmerksamkeitsspanne weiterhin kurz ist und es schnell überfordert ist. Fantasie und Einfachheit sind der Schlüssel zu Spiel und Spaß in diesem Alter.

Es ist interessiert daran:

■ wie Dinge funktionieren – Reißverschlüsse, Wählscheiben, Knöpfe, Schalter.
■ was Dinge machen – Autos, Puppen und Tiere.
■ wie Dinge klingen – Glöckchen, Pfeifen, Trommeln und Xylofon.
■ wie wir leben – uns anziehen, Sachen erledigen und kochen.

»Die Förderung der Kreativität in allen Bereichen hilft Ihrem Kind, Verstand und Fantasie breiter einzusetzen und sein Denk- und Vorstellungsvermögen zu entwickeln.«

Top-Tipps zur Vermeidung von Chaos beim Spielen

■ Teilen Sie Ihrem Kind draußen einen freien Spielbereich zu, wo es dreckeln darf, oder geben Sie ihm ein altes Laken oder Folie, die es z. B. auslegen muss, bevor es Farben benutzt. Dort darf es dann nach Herzenslust werkeln.
■ Machen Sie anhand von Bildern verständlich, wo Sachen aufbewahrt werden. Ihr Kind lernt, wo die Dinge hingehören, so wie auf dem Bild.
■ Zeigen Sie ihm, wie Dinge funktionieren. So lernt es, wie man damit umgeht, ohne dass sie kaputtgehen; schimpfen Sie aber nicht, wenn doch mal etwas zerbricht. Das ist in diesem Alter unvermeidlich.

Spielideen

RUHIGE SPIELE

▶ Puzzles – große Bodenpuzzles und robuste Greifpuzzles.

▶ Steck- und Sortierkästen – Dabei können Sie einfache Regeln einführen und Sich-Abwechseln üben. Bilderdominos oder einfaches Schnipp-Schnapp oder bunte Bauklötze sortieren.

▶ Ihr Kind hört gern Geschichten mit klarer Handlung, die leicht wiederzuerkennen sind, und hat bestimmte Lieblingshelden.

▶ Memory – legen Sie drei bis fünf Gegenstände auf ein Tablett. Nehmen Sie einen weg, und fragen Sie Ihr Kind, welcher verschwunden ist. Legen Sie einen neuen Gegenstand dazu. Weiß es, welcher das ist und wie er heißt?

▶ Naturtisch – fordern Sie es beim Spaziergehen auf, Blätter, Schneckenhäuser, Steine, Zweige und Insekten zu sammeln. Legen Sie sie auf einem Tisch aus. Erklären Sie ihm, was es ist und wie sie wachsen.

▶ Unterschiede deutlich machen – zeichnen Sie zwei identische Gesichter, und fügen Sie dann einige offensichtliche Unterschiede (wie grünes Haar oder eine rote Nase) hinzu. Ihr Kind soll bestimmen, was am jeweiligen Bild gleich und was anders ist.

▶ Wiegen und messen – ein großes Maßband hilft Kindern, Größenverständnis zu entwickeln. Waagschalen und getrocknete Bohnen können zum Wiegen und Schütten verwendet werden.

SPIELE IM FREIEN

▶ Sandspiele – mit Wasser, Eimern, Förmchen und anderen Sandelzeug.

▶ Ballspiele – spielen Sie mit Fußball, Kegeln, Wasserball.

▶ Wasserspiele – mit Planschbecken. Beaufsichtigen Sie Ihr Kind immer.

▶ Spielplätze – lassen Sie es an Klettergerüst, Schaukeln und Wippe spielen.

KREATIVSPIELE

▶ Knetmasse – sie lässt sich einfach selber herstellen.

▶ Malen und Zeichnen – geben Sie ihm Staffelei, Farben und Schürze.

▶ Essbare Gesichter – Kreieren Sie Pizzas mit Gesichtern oder lustige Sandwichs.

▶ Collage – es ist erstaunlich, was mit Klebestift, Perlen, Hülsenfrüchten, Glitter, Schnur und Stiften geschaffen werden kann.

▶ Dinge ausschneiden und aufkleben.

SYMBOLSPIEL

▶ Handpuppen – aus Strümpfen mit angenähten Knöpfen als Augen.

▶ Verkleiden – auf Flohmärkten oder Basaren finden Sie prächtige Dinge, die Sie kleiner machen können – schauen Sie auch in Ihre eigene Garderobe.

▶ Picknick im Haus – Kinder essen begeistert auch mal auf dem Boden und mit den Fingern, vor allem wenn der Teddy mitmachen darf.

▶ Schatzsuche – Wegweiser finden und verfolgen (mit Ihrer Hilfe) und Überraschungen finden macht in jedem Alter Spaß.

▶ Kaufladen spielen – es lernt etwas über Münzen und das Eintauschen gegen Waren.

ACTION- UND PARTYSPIELE

▶ Bewegungslieder wie Wer will fleißige Handwerker sehn ...

▶ Partyspiele – wie Stille Post, Topfschlagen ...

▶ Verstecken und Suchen – wenn Sie sich verstecken, sollten Sie leicht zu finden sein.

▶ Züge und Autos – Züge auf Gleisen schieben und mit Autos spielen.

▶ Ein Tier spielen – wie ein Hase hoppeln, wie ein Frosch hüpfen und wie ein Gepard laufen.

Was kleine Kinder wollen und brauchen

Jeder Tag bringt Ihrem Kind neue Lernerfahrungen. Manchmal ist es voller Zutrauen, an anderen Tagen ängstlich und unsicher. Seien Sie sensibel für seine Stimmungsschwankungen, und stimmen Sie Ihr Handeln entsprechend ab, bis es selbst mehr Selbstbeherrschung erworben hat.

POSITIVE ERFAHRUNGEN
Ihr lachendes, kicherndes Kind findet viele Dinge lustig. Je mehr Spaß ihm eine Erfahrung macht, umso besser wird es sich daran erinnern.

Nach wie vor wünscht Ihr Kind nichts mehr als Ihre Zuwendung. Es will sein wie Sie und ist am liebsten bei Ihnen. Passen Sie auf, dass Ihre Freude, ihm etwas beizubringen, nicht ungewollt in Druck umschlägt. Lassen Sie es in Ruhe, wenn es zu müde oder hungrig ist und sich nicht konzentrieren kann; Ihr Eifer führt sonst zu Tränen und nicht zu Lernfortschritten.

In diesem Alter sind Kinder unglaublich drollig, haben einen starken Sinn für Humor und lassen sich leicht von den Eltern leiten, wenn diese ein bisschen »dumm« tun. Lachen erleichtert Lernerlebnisse ungemein, weil Ihr Kind damit positive Gefühle verbindet. Macht etwas Spaß, sind alle Sinne auf Empfang geschaltet und lassen sich besonders intensiv auf die Erfahrung ein. Mit Humor gemachte Erfahrungen prägen sich besser im Gedächtnis ein und werden leichter wieder erinnert. Wenn Ihr Kind nun unterscheiden kann, zwischen dem, wie etwas gemeint ist, und »sinnlosen« Alternativen, äußert sich darin seine zunehmende Reflexionsfähigkeit. Es versteht, dass es verschiedene Arten gibt, die Welt zu sehen. In diesem Alter sind Kinder jedoch leicht überreizt, sie brauchen Hilfe, um zu erkennen, wann sie zu weit gehen. Das kann aus dem Tonfall Ihrer Stimme oder Ihrem Gesichtsausdruck erkennbar werden. Oder Sie schalten eine Pause ein.

Ihre Führung

Sie sind ein sehr wichtiges Rollenvorbild für das Verhalten Ihres Kindes; in diesem Alter kopiert es nicht nur das erwünschte Verhalten, sondern auch Dinge, die es lieber nicht nachmachen sollte! Am leichtesten lässt es sich auf den richtigen Weg bringen, wenn Sie ihm zeigen, was es tun soll.

Wie Ihr Kind von Ihnen lernen kann:

■ Es fällt ihm schwer, Strümpfe oder Schuhe anzuziehen? Zeigen Sie ihm, wie Sie Ihre anziehen.

■ Es kleckert beim Essen viel? Zeigen Sie ihm, wie Sie Ihren Löffel zum Mund führen.

■ Abwechseln fällt ihm schwer? Zeigen Sie ihm, wie es geht.

Lernprozesse in dieser Phase erfolgen über Vormachen, nicht Beschreiben. Lassen Sie Ihr Kind zuschauen, beobachten und selber probieren. Mit Ermutigung statt mit Kritik schafft es nach und nach alles. Beziehen Sie möglichst ältere Kinder ein, da Kleinkinder sich sehr an älteren Geschwistern orientieren können und diese gern imitieren.

Grenzen setzen

Es dauert Monate und Jahre, bis Sie Ihrem Kind beigebracht haben, sich so zu benehmen, wie Sie und die Gesellschaft es wünschen. Im Extrem wird die Vermittlung erwünschten Verhaltens als Disziplinierung bezeichnet. Doch eine »Standpauke« sollte weniger das Kind kritisieren als vielmehr die

»Sie haben vielleicht solche Angst vor den Wutanfällen Ihres Kindes, dass Sie der Ruhe wegen nachgeben. Doch ein kurzfristiger Gewinn führt zu längerfristigen Problemen, da es lernt, Wutanfälle zu seinem Vorteil einzusetzen.«

Inhalte, die Sie ihm über richtiges Verhalten und Emotionssteuerung beibringen, verstärken. Während der Kleinkindjahre geschieht das in sehr einfacher Form. Grenzen zu setzen, damit Ihr Kind weiß, was es tun darf und was nicht, ist der erste Schritt in dem Prozess, Beziehungsfähigkeit und Sozialkompetenz zu erwerben.

Wenn Sie eine Grenze setzen, erfährt Ihr Kind, dass es einen Punkt gibt, den es nicht überschreiten darf. Je klarer und konsequenter Ihre Grenzen sind, umso schneller lernt es, dass »Nein auch Nein bedeutet«.

Indem es Grenzen kennt, lernt es auch Eigenwahrnehmung. Es entwickelt ein Verständnis, dass es frei über sein Benehmen entscheiden kann und dass verschiedene Entscheidungen zu unterschiedlichem Ergebnis führen.

Die Prinzipien für Verhaltenstechniken bei Kleinkindern sind:

- Setzen Sie klare Grenzen.
- Belohnen Sie gutes Verhalten.
- Ignorieren Sie schlechtes Verhalten, oder ziehen Sie eine klare Konsequenz.
- Seien Sie konsequent in Ihrer Vorgehensweise.

In vieler Hinsicht ist es wirklich so einfach – auch wenn es im Eifer des Gefechts nicht immer so leicht zu realisieren ist. Wenn Sie dem Verhalten Ihres Kindes keine Grenzen setzen, wird es versuchen, seine eigenen zu setzen – indem es Sie immer weiter provoziert, bis es an eine Grenze stößt. Ein Kind muss seine Position kennen, um sich sicher zu fühlen. Grenzen und Routine sind eine ideale Kombination. Sobald ein Kind eine vertraute Routine kennt, hat es eine Ahnung, was auf es zukommt (Baden, Schlafanzug, Gute-Nacht-Geschichte, Schlafen), und erinnert sich leichter, wie es sich benehmen soll (kein Geschrei, kein Treten). Es weiß, dass es dafür eine Belohnung gibt (eine Geschichte). Grenzensetzen funktioniert nur, wenn Sie bereit sind, standhaft zu sein.

Richtlinien zum Setzen von Grenzen:

- Entscheiden Sie, welches das erwünschte Verhalten ist (»Ich möchte, dass Samuel aufhört, seinen Bruder zu schlagen«).
- Entscheiden Sie sich für die Konsequenz (»Wenn Samuel seinen Bruder schlägt, bekommt er sein Spielzeug erst wieder, wenn beide schön spielen«).

VORMACHEN *Ihr Kind braucht zur Entwicklung seiner neuen Fähigkeiten viel Hilfe. Zeigen Sie ihm, was es im Spiel und bei Alltagsverrichtungen tun muss. Es wird Sie einfach imitieren und sich erinnern lernen.*

So sieht Ihr Kind die Welt

Hier finden Sie einen Einblick, was Ihr Kind denken mag ...

▶ »Ich rede so gern, finde aber nicht immer die richtigen Wörter.«

▶ »Ich würde mich gern selber anziehen, aber ich kann nichts zuknöpfen.«

▶ »Ich mag nicht, wenn meine Freunde mit meinen Spielsachen spielen. Mama nennt es Teilen – aber das macht kein Spaß, weil alles mir gehört.«

▶ »Am schlimmsten ist es, wenn ich wütend werde. Sie nennen es Trotzanfall. Manchmal mache ich das absichtlich, aber meist kann ich nichts dafür. Ich werde ganz unruhig und heiß, und alles geht schief.«

▶ »Ich mag Quatsch. Worte sind oft komisch. Mama und Papa singen Lieder, sie sagen Verse und machen Sachen, die mich zum Lachen bringen.«

▶ »Bilderbücher mag ich am liebsten. Es gibt da so viel anzuschauen. Ich mag es, mich vor dem Schlafengehen bei einer Geschichte anzukuscheln.«

■ Sagen Sie Ihrem Kind in einfachen Worten, was es nicht machen darf und was es stattdessen tun soll (»Nicht hauen. Hauen ist böse. Du darfst deinen Bruder nicht schlagen. Spielt schön miteinander«).

■ Sagen Sie Ihrem Kind in einfachen Worten, welches die Konsequenzen sind (»Wenn du deinen Bruder schlägst, stelle ich die Dampfmaschine weg«).

■ Bleiben Sie konsequent, dieses Mal und jedes Mal. Konsequenz ist der Schlüssel zum Lerneffekt und zur Verhaltensänderung.

Lob und Belohnung

»Gutes« Benehmen zu belohnen wirkt Wunder. Je mehr Sie Ihr Kind für die erwünschte Form des Verhaltens loben, umso mehr »gutes« Verhalten zeigt es. Positive Aufmerksamkeit oder Lob verstärkt die Informationen, die seinem Gehirn übermittelt werden, und konditioniert es entsprechend, sich in Zukunft angemessen zu verhalten. Das hat noch nichts mit dem Verständnis dafür zu tun, welches Verhalten moralisch richtig oder falsch ist; es basiert einfach auf den Informationen, die Sie und andere ihm darüber geben, welches Verhalten den größten »Lohn« bringt.

Persönlicher Erfolg ist ein wichtiger Eckpunkt für die Entwicklung von Selbstwertgefühl. Lob und viel positive Aufmerksamkeit helfen dem Kind verstehen, dass es etwas gut gemacht hat. Dies ermutigt es, das Gleiche wieder zu tun. Damit perfektioniert es dieses Verhalten und gewinnt Selbstvertrauen. Ihr Lob und Ihre Bestätigung erhöhen seinen Wunsch, sich weiter zu bemühen und Fehler als Teil des Lernprozesses zu sehen; sie gehören zum

Lernen dazu. In Elternbüchern, Elternzeitschriften und entsprechenden Fernsehprogrammen bezieht sich der Rat der Fachleute hauptsächlich auf das Lösen von Problemverhalten: seine Ursache, seine Auswirkung und wie man es beendet. Selten fragt jemand: »Ich weiß nicht, wie ich mein Kind loben soll.« Es gibt jedoch zwei Seiten der Verhaltensformung: unerwünschtes Verhalten durch erwünschtes Verhalten ersetzen bedeutet auch, Tadel und Negativität durch Belohnung und Lob zu ersetzen. Doch auch Lob kann irreführen, wenn es nicht als Verstärkung eingesetzt wird.

Wie Sie positives Verhalten fördern:

■ Loben Sie das Verhalten, nicht das Kind; so trennen Sie die Leistung von seinem Urteil über seine eigene Person. (»Das ist ein schönes Blumenbild, Max«, statt einfach: »Du bist so begabt, Schatz«).

■ Erklären Sie klar und einfach, und verankern Sie Ihre Kommentare in Zeitangaben (s. S. 196). »Wenn du ruhig bist, solange Mama telefoniert, spielen wir hinterher im Garten, und du kannst zur Rutsche gehen«, statt: »Wenn du still bist, bekommst du eine Belohnung.«

■ Nutzen Sie Körperkontakt, lächeln Sie es an. Ist es gerade wenig anhänglich, bleiben Sie warmherzig und zugewandt, drängen es aber nicht.

■ Lob und Belohnung sollten sofort erfolgen. »Morgen« ist zu weit weg. Lieber jetzt eine kleine Belohnung als warten müssen.

Familiäre Merkmale

Wenn sich die Persönlichkeit des Kindes herausbildet, erkennt man schnell Charakterzüge, die vertraut scheinen, und stellt Vergleiche mit anderen Familienmitgliedern, insbesondere sich selber, an. Das ist normal; schließlich spielen die Gene eine wichtige Rolle bei der Persönlichkeitsentwicklung. Doch Ihre persönliche Biografie kann Ihre Interpretation beeinflussen. Schreiben Sie Ihrem Kind nicht zu früh Eigenschaften zu, vor allem, wenn Sie Elemente erkennen, die Sie an eine schwierige Beziehung erinnern.

Vielleicht kamen Sie nicht mit Ihrer Mutter klar; wenn Ihr Kind aussieht oder handelt wie sie, kann das unabsichtlich Ihre Beziehung erschweren. Eine Alleinerziehende, die ein schwieriges Verhältnis zum Vater ihres Kindes hat, hört sich vielleicht mitten im Trotzanfall ihres Kindes plötzlich sagen: »Du bist wie dein Vater.« Das kann die Gefühle der Mutter zu ihrem Kind und entsprechend die Wahrnehmung des Kindes sowohl auf seinen Vater wie auf sein eigenes Wesen stark beeinflussen. In diesem Alter beeinflussen entwicklungs- oder umfeldabhängige Faktoren ebenso die Persönlichkeit wie jede langfristige Verhaltenstendenz.

DIE RICHTIGE BELOHNUNG *Bei manchen Kindern funktionieren Lob und Lächeln; bei anderen kann das Versprechen,*
etwas »Erwachsenes« tun zu dürfen, z.B. die Leine des Hundes halten, eine starke Motivation für gutes Benehmen sein.

Lob und Belohnungen sollen Ihr Kind motivieren, sich in Zukunft für gutes Benehmen zu entscheiden. Es soll nicht lernen, sich gut zu benehmen, um eine Belohnung zu bekommen. Wird die Belohnung Hauptantrieb für das Verhalten, besteht die Gefahr, dass es ohne Belohnung nicht motiviert ist. Die Belohnungen sollten daher alltägliche Aktivitäten sein, die in irgendeiner Weise mit dem Verhalten in Verbindung stehen und es verstärken. Alltägliche Aktivitäten als Belohnung neben viel Lob fördern nicht nur die Entscheidung des Kindes für gutes Benehmen, sondern entwickeln auch sein Selbstwertgefühl, weil es sich geliebt und geschätzt fühlt.

Geeignete Belohnungen könnten sein:

- Sie sagen Ihrem Kind, dass Sie mit ihm auf dem Heimweg in den Park gehen, wenn es ruhig im Einkaufswagen sitzen bleibt und sich gut benimmt.
- Ihr Kind hat sich auf der Autofahrt zu Oma gut benommen. Als Belohnung darf es Ihnen helfen, ihren Geburtstagskuchen zu backen.
- Es ist ohne Theater ins Bett gegangen und hat selber seine Schlafanzughose angezogen (verkehrt herum!). Sie geben ihm einen dicken Kuss und lassen es seine Lieblingsgeschichte aussuchen.

Ungeeignete Belohnungen sind:

- Ihm Süßigkeiten geben, damit es im Auto ruhig ist. Süßigkeiten sind ungesund und daher nie geeignet. Ihr Kind könnte auch meinen, im Auto immer Süßigkeiten zu bekommen.
- Ihm eine DVD kaufen, weil es im Supermarkt nicht getobt hat. Der Kauf von Geschenken leistet künftiger Erpressung Vorschub: »Ich bin still, wenn ich … bekomme.«
- Ihm versprechen, dass es beim Fernsehen essen darf, wenn es nur ein bisschen von dem neuen Gericht probiert. Sobald Sie anfangen, über Grenzen und Regeln zu verhandeln, will es das immer häufiger tun.

Materielle Belohnungen und ungeeignete Belohnungen sind für Ihr Kind widersprüchlich. Sie unterstützen nicht den eigentlichen Lerneffekt und können die Regeln und Routinen, die Sie eingeführt haben, untergraben. Ein älteres Kind können Sie als Belohnung abends länger aufbleiben lassen, weil es verstehen kann, dass das eine einmalige Angelegenheit ist.

Meilensteine wie Laufenlernen oder Sprechen müssen nicht belohnt werden, weil sie eine natürliche Entwicklung darstellen, die jedes Kind sowieso durchläuft. So etwas zu belohnen schafft die Erwartung, dass es immer etwas bekommen müsste. Dann will es ohne Belohnung gar nichts mehr tun.

»Kleinkinder müssen wie Erwachsene Vertrauen entwickeln in ihre Fähigkeit, selbstständig zu denken, zu handeln und Ziele zu erreichen.«

Wie Sie reagieren

Viele Erziehungsprobleme rühren aus dem Glauben, dass ein Kleinkind absichtlich unartig sei, ein verborgenes Motiv habe oder sich durchsetzen wolle. In Wirklichkeit besitzt es noch keinerlei moralisches Reflexionsvermögen. Es braucht Ihre Hilfe, um die Grenzen zwischen »Richtig und Falsch« zu verstehen. Zwar kann es sehr bestimmt und auf ein kurzfristiges Ziel fixiert sein (»Ich will es, und ich will es jetzt«), aber es hat keinen übergreifenden Plan und will Sie nicht ärgern.

Wenn ein Kind aufdreht, packt man das Problem oft so an, dass man das Kind damit konfrontiert: »Lass das«/»Hör sofort auf«/»Es reicht« und dabei die Stimme erhebt. Dieses Vorgehen bringt zwei Probleme. Erstens haben Sie Ihrem Kind genau das gegeben, was es will. »Mama zeigt Aufmerksamkeit! Ich mache das wieder!« Zweitens erhöht sich der Spiegel an Stresshormonen in seinem sich entwickelnden Gehirn, wenn Sie es öfter anschreien (s. S. 168). Dies beeinträchtigt später seine Fähigkeit, Stresssituationen zu bewältigen.

Warum Schimpfen nicht funktioniert

Auch wenn Ihr Kind nun alt genug ist, um zu verstehen, dass sein Verhalten eine Folge hatte (»Papa freut sich über mich«/»Papa ist sauer auf mich«), ist es noch zu klein, um die Gründe für diese Folge zu verstehen. Es dauert noch ein bis zwei Jahre, bis sich das moralische Reflexionsvermö-

Negatives Verhalten ignorieren

Die Zwillinge Peter und Thomas spielen miteinander. Peter schlägt Thomas und Thomas folgt bald dem Beispiel. Ihre Mutter springt auf und nimmt sich erst Peter vor: »Das sollst du nicht, du böser Junge.« Dann nimmt sie Thomas hoch, schaut, ob er okay ist, setzt ihn aufs Sofa und geht zu Peter zurück. Sie nimmt ihn hoch, wischt seine Tränen ab und sagt ihm streng, dass er ein ungezogener Junge ist, weil er seinen Bruder angreift.

▸ Ergebnis Zeit, die Mama mit Thomas verbringt: keine; Zeit, die Mama mit Peter zubringt: fünf Minuten.

▸ Botschaft an Peter: Thomas hauen bedeutet, dass ich Aufmerksamkeit bekomme und mehr Zeit mit Mama habe.

Hätte die Mutter Peter aufs Sofa gesetzt, ihn ignoriert und Thomas mehr Aufmerksamkeit geschenkt, wäre die Botschaft die gegenteilige gewesen. Ergebnis: Zeit, die Mama mit Peter verbringt: keine; Zeit, die Mama mit Thomas verbringt: fünf Minuten.

▸ Botschaft an Peter: Hauen bedeutet, dass ich ignoriert werde und Robin viel Zuwendung bekommt.

»Daniel hat bereits herausgefunden, dass, wenn ich ›Nein‹ sage, eine gute Chance besteht, dass Papa ›Ja‹ sagt. Das macht mich verrückt.«

Steffi, 34

gen Ihres Kindes entwickelt hat (s. S. 261) und Sie ihm erklären können, was an seinem Benehmen »richtig« und »falsch« ist.

Ihr Kind schenkt Ihnen seine Liebe bedingungslos und sehnt sich nach Ihrer Zuwendung. Es hätte gern jede Menge Liebe, Zärtlichkeit und Lob. Bekommt es diese nicht, ist ihm auch jede andere Aufmerksamkeit recht. Es ist in diesem Alter sehr verletzlich und liebt Sie weiterhin, egal wie Sie es behandeln – vorläufig. Wenn Eltern einem Kind also mehr Aufmerksamkeit schenken, wenn es unartig ist, als wenn es sich gut benimmt, zeigt es seinen Eltern mehr von dem Verhalten, auf das diese reagieren: mehr unartiges Verhalten. Wenn Sie sich ihm zuwenden, wenn es Blödsinn macht, wird es weiterhin den Kasper spielen. Wenn Sie Ihr Kind andererseits öfter loben als schimpfen, wird es erkennen, dass Sie dieses Benehmen mögen, und das »gute« Benehmen wiederholen.

Wie man konsequent ist

Die Verhaltenslenkung Ihres Kindes ist eine Teamaufgabe. Sie betrifft alle, die für seine Versorgung und Erziehung Verantwortung tragen. Es hat wenig Sinn, dass ein Elternteil klar, bestimmt und konsequent ist, wenn der andere nachgiebig ist oder die Tagesmutter unabsichtlich Ihre ganze Erziehungsarbeit unterläuft. Da hilft es nur, miteinander zu sprechen und alle, die an der Erziehung Ihres Kindes beteiligt sind, einzubeziehen.

Diese Richtlinien gelten für jeden, der sich um die Kinder kümmert:
- Seien Sie Ihrem Kind zugewandt und konsequent in Ihrem Handeln.
- Bilden Sie eine einheitliche Linie. Stellen Sie sicher, dass alle an der Versorgung Ihres Kindes beteiligte Erwachsene die gleichen Grundsätze befolgen.

Aus dem wirklichen Leben

Ich lief mit meinen Jungs – Timmy, 4, und Adam, 2 ½ , zum Bus. Timmy kletterte problemlos hinein, aber Adam hatte Angst. Er blieb zurück, zögerte und lief weg. Ein Junge im Bus, der andere auf dem Bürgersteig, der Busfahrer wurde ungeduldig, und mir wurde es immer peinlicher. Fast wäre ich mit Adam wütend geworden. Doch stattdessen ging ich in die Hocke, sprach leise mit ihm und ermutigte ihn – »Mach einen großen Schritt, Spatz, du kannst das.« Er schaffte es, und ich lobte ihn ausgiebig – »Super. Du machst das toll.« Die Situation war ruhig gelöst worden, ohne dass jemand außer sich geraten war.

- Stellen Sie sich Ihrer Vergangenheit, um zu erkennen, wie Ihre Erfahrungen Ihre Reaktionen auf das Verhalten Ihres Kindes beeinflussen.
- Seien Sie ein Vorbild. Glauben Sie an sich.
- Halten Sie sich an die in diesem Kapitel ausgeführten Verhaltensregeln.

Schwierige Zeiten

Sie mögen sehr liebevolle Eltern sein, aber zuerst und vor allem sind Sie Menschen – was bedeutet, dass Sie manchmal müde, wütend oder verletzt sind und nicht in der Lage, pädagogisch sinnvoll mit dem Weinen oder Wüten Ihres Kindes umzugehen. In solchen Zeiten stellt man leicht

seine erzieherischen Fähigkeiten infrage. Man fragt sich, ob man etwas falsch macht. Versuchen Sie in diesem Fall, die Situation im richtigen Kontext zu sehen. Denken Sie daran, dass sich alle Kleinkinder so benehmen und sein Benehmen im Wesentlichen für sein Alter ganz normal ist.

Ihr Kind erfährt neue und heftige Gefühle und weiß nicht, wie es mit ihnen umgehen soll. Mit Ihrer bewussten Hilfestellung kann es dies das nächste Mal besser machen, und das heutige Problem wird morgen kleiner sein. Wenn Sie befürchten, dass Ihnen die Hand ausrutschen könnte oder Sie Ihrem Kind anders schaden könnten oder sich einfach völlig überfordert fühlen, müssen Sie bewusst zur Ruhe kommen bzw. Hilfe in Anspruch nehmen (s. S. 310f.).

Wenn Sie nicht zurechtkommen:

- Schaffen Sie Distanz zu dem Problem – entweder, indem Sie sich diese Distanz vorstellen oder, wenn Ihrem Kind nichts geschehen kann, indem Sie aus dem Zimmer gehen.
- Entspannen Sie sich, indem Sie tief und langsam atmen.
- Denken Sie daran, dass Schimpfen das entsprechende Verhalten Ihres Kindes verstärkt, weil Sie es durch Aufmerksamkeit belohnen.
- Suchen Sie sich Unterstützung: von Ihrem Partner, bei Familie oder Freunden, von einem Berater oder Therapeuten oder einer Organisation.
- Denken Sie daran, dass Gefühle der Überforderung manchmal normal sind. Jeder ist manchmal überfordert und erschöpft.

MIT EMOTIONEN UMGEHEN *Manchmal mag man sich emotional überfordert fühlen, doch wenn Sie ruhig bleiben und die Situation sensibel angehen, beruhigt sich Ihr Kind bald wieder.*

Das Verhalten lenken

Zwar sind die Tränen und Trotzanfälle eines Kleinkindes ziemlich lästig, doch gehören sie zum Großwerden dazu. Wenn Ihr Kind nicht schon früh lernt, mit seiner Wut umzugehen, hat es später Schwierigkeiten, seine wirklichen Gefühle auszudrücken und angemessen zu handeln.

Zweifellos können Kinder zwischen zwei und drei Jahren sehr stressig sein. Ihre kurze Aufmerksamkeitsspanne, kombiniert mit der Notwendigkeit, vielerlei Fähigkeiten und Emotionen zu erlernen, führt dazu, dass sie sehr schnell überfordert sind. Das Verhalten kann sich in wenigen Augenblicken von Ruhig-Sein über Albernheit bis zu Hyperaktivität und Wut wandeln – und Ihnen mag es ebenso gehen. Doch mit etwa zwei Jahren ist es bereit, Verhaltensregeln und Grenzen zu verstehen und zu respektieren. Mit Ihrer Hilfe kann es anfangen, seine eigenen Impulse zu kontrollieren.

Ein Kind lernt in diesem Alter vor allem durch Nachahmung. Das gilt auch für das Verhalten, das es von den Menschen in seiner Umgebung, vor allem von den Eltern übernimmt. Leben Sie ihm die Verhaltensweisen vor, die Sie bei ihm gerne sehen würden.

Ihre Methode, mit dem Verhalten Ihres Kindes umzugehen, wird von Ihren eigenen Erfahrungen mit Disziplin und Strafe beeinflusst – oder dem Mangel daran (s. S. 26). Manche Eltern finden die Vorstellung einer Routine vielleicht anstrengend, weil sie ungern nach Plan leben; andere mögen versucht sein, eine Routine einzuführen, die so starr ist, dass kein Raum für Ausnahmen bleibt. Grenzen bedeuten aber viel mehr als das Einführen einer elterlichen Kontrolle. Sie helfen Ihrem Kind beim Verständnis von »Richtig und Falsch«. Sie erleichtern ihm, selbst zu wissen, wie man sich in sozialen und anderen Situationen angemessen verhält.

VON ANDEREN LERNEN
Ihr Kind lernt Neues durch Nachahmung. Ältere Geschwister werden unweigerlich zu Rollenmodellen – in ihren guten wie weniger guten Verhaltenweisen.

Verhalten zu prägen hat weniger mit Einschränkungen zu tun als vielmehr damit, das Kind beim Erwerb von Fähigkeiten zu unterstützen, die ihm helfen werden, Freunde zu finden und sozial akzeptiert sowie nach und nach in die Welt integriert zu werden.

Verhalten zu regeln bedeutet nicht, das Kind dazu zu bringen, fraglos zu gehorchen oder sich perfekt zu benehmen; es bedeutet, sich ausdrücken zu können, Beherrschung zu erwerben und zu verstehen, welches Verhalten unter welchen Umständen angemessen ist – und die Konsequenzen dieses Verhaltens zu sehen. Auf diese Weise verstehen Kinder allmählich auch die Bedeutung von »Tut mir leid« und »Entschuldigung« (s. S. 200).

Ursache und Folge des Verhaltens

Warum verhalten wir uns auf eine bestimmte Weise? Dazu gibt es viele Theorien. Weithin akzeptiert ist, dass alles, was wir denken und tun, erlerntes Verhalten darstellt, bedingt durch die Erfahrungen, Menschen und Ereignisse in unserem Leben. Die Art, wie wir handeln und was wir sagen, ja sogar unsere psychologischen und biologischen Abläufe wurden im Laufe der Zeit erlernt. Ein Großteil des erlernten Verhaltens hat seine Wurzeln im Kleinkindalter, in dem das Gehirn sein Netzwerk an erlernten Reaktionen aufbaut und Überzeugungen entwickelt, die das zukünftige Verhalten leiten.

Verhalten passiert nicht einfach. Es hat immer eine Ursache und löst immer eine Reaktion aus. Daran sollten Eltern denken, weil es oft viel leichter ist, gleich die Ursache des unerwünschten Verhaltens des Kindes zu vermeiden, statt das Ergebnis (z. B. einen Trotzanfall) zu beeinflussen.

Wenn Ihr Kind wieder einen Trotzanfall hat, fragen Sie sich:

1. Was hat den Wutanfall ausgelöst? Ein Anlass oder ein früheres Erlebnis?
2. Wie hat Ihr Kind reagiert? Wie war sein Verhalten?
3. Was passierte als Ergebnis? Welche Konsequenz oder Reaktion erfolgte?

Punkt 3 betrifft ebenso Ihre eigene Reaktion auf das Verhalten wie das, was Ihrem Kind als Ergebnis seines Verhaltens passiert ist.

Hier ein Beispiel der Ursache-Folge-Methode beim Zweieinhalbjährigen:

1. Ursache: Mama Luzia fragt Greta, welches Kleid sie anziehen möchte.
2. Verhalten: Greta sagt zu jedem Vorschlag »Nein«.
3. Folge (Konsequenz): Luzia verliert die Geduld und entscheidet selber. Greta lässt sich nicht anziehen und bekommt einen heftigen Wutanfall.

Naheliegend wäre es für Luzia, sich auf das Ergebnis (Gretas Verweigerung

»Lukas ist ziemlich eifersüchtig auf seine kleine Schwester. Er dreht oft auf, wenn wir sie tragen; also versuchen wir, ihn auch einzubeziehen.« Susanne, 30

und ihren Wutanfall) zu konzentrieren und zu denken, sie müsse hier Einfluss nehmen. Dank der Ursache-Folge-Methode kann sie jedoch überlegen, was direkt vor dem Wutanfall passiert ist. Die wirkliche Ursache war, dass Greta zu viele Wahlmöglichkeiten hatte. Das löste Frustration aus, und Greta konnte mit ihren Gefühlen nicht umgehen. Durch Luzias Ungeduld wurde dies noch verschlimmert. Das nächste Mal wird Luzia Greta zwei Kleider zur Auswahl stellen – »Willst du das rosa Kleid anziehen oder das blaue?« –, was für den Gretas Entwicklungsstand angemessener ist. Sie wird ihr auch viel Zeit lassen, ihre Entscheidung zu treffen. Wahrscheinlich kommt es so zu einer schnellen, einfachen Entscheidung in bester Stimmung.

Ärger zu vermeiden bedeutet nicht, dass Sie Ihr Kind verwöhnen. In diesem Alter brauchen Kinder noch die Hilfe der Erwachsenen, um ihr Verhalten zu steuern. Je seltener sich Ihr Kind unnötig aufregen muss, umso schneller erlernt es positive Verhaltensmuster, und umso weniger wahrscheinlich ist, dass aus dem unerwünschten Verhalten eine automatische Reaktion wird. Wird ein Verhaltensmuster oft genug wiederholt, wandelt sich das Verhalten zu einer konditionierten Reaktion (s. rechts), die schwerer zu verändern ist.

Verhalten verstehen

Viele unserer Reaktionen auf Menschen und Ereignisse werden davon beeinflusst, auf welche Reaktionen wir konditioniert worden sind – durch wiederholte Erfahrung, durch das, was uns gesagt wurde, oder durch tief in unserem Gedächtnis vergrabene Ereignisse. Was unsere Gefühle oder Reaktionen aus-

Verhaltensmuster erkennen

Kleinkinder werden konditioniert, auf bestimmte Situationen auf eine bestimmte Weise zu reagieren, wie dieses Beispiel zeigt:

Lara erkennt Papas Stimmung, wenn er von der Arbeit nach Hause kommt, an seinem Verhalten. Wenn er seine Schlüssel auf den Tisch wirft und seufzend in einen Sessel sinkt, weiß sie, dass er schlechte Laune hat. Er wird dann keine Geduld mit ihr haben. Mit der Zeit wird ihre Reaktion darauf konditioniert, dass ein hingeworfener Schlüsselbund (Papa ist verärgert) sie veranlasst, sich fernzuhalten (ich fühle mich abgewiesen). Aber wenn er pfeift und seinen Schlüsselbund an den Haken hängt, weiß sie, dass er gute Laune hat und ihr einen Kuss gibt. Mit der Zeit erfolgt folgende Konditionierung: Wenn Papa summt (Papa ist fröhlich), löst dies bei ihr den Impuls aus, zu ihm zu gehen und ihn zu umarmen (ich fühle mich geliebt).

löst (die Ursache) und sie mit dem Ergebnis (der Folge) verbindet, mag nicht immer offensichtlich sein – aber unser Gehirn hat dennoch gelernt, diese bestimmte Verbindung herzustellen. Es gibt zwei Arten konditionierten Verhaltens. Psychologen klassifizieren diese als klassische Konditionierung (Lernen durch Assoziation) und operative Konditionierung (Lernen durch Folgen).

Klassische Konditionierung Das bekannteste Beispiel geht auf den Wissenschaftler Iwan Pawlow und einige Hunde zurück. Pawlow wusste, dass der Geruch von Nahrungsmitteln bei Hunden Speichelfluss auslöst. Er wollte wissen, ob er ein neues Stimulans zur Auslösung des Speichelflusses einführen könnte, ohne dass Nahrungsmittel präsent waren. Er klingelte jedes Mal, wenn er den Hunden Futter brachte, ein Glöckchen. Nach und nach lernten die Hunde durch Assoziation, Futter mit dem Glöckchenklang zu verbinden: Der Speichelfluss setzte ein, sobald sie das Glöckchen hörten.

Lernen durch Assoziation:

■ Ursprüngliche Assoziation – Jans Mutter kauft ihm immer einen Lutscher, wenn sie schwimmen gehen.

■ Veränderte Assoziation – immer wenn er einen Lutscher bekommt, will Jan schwimmen gehen. Die Ursache, der Auslösereiz für das Schwimmengehen, hat sich verändert: Sie ist nicht mehr die Aufforderung von Jans Mutter, sondern der Lutscher, den er bekommt. Der Lutscher hat sich in seinen bisherigen Erfahrungen so eng mit dem Schwimmengehen verbunden, dass dies für ihn zusammengehört. Der Lutscher wird zum Auslösereiz (Ursache), der ihn veranlasst, nach dem Schwimmen zu fragen. Es wurde zu einer automatischen Reaktion (Verhalten).

Operative Konditionierung Der Psychologe B. F. Skinner entwickelte ein Experiment, das zeigen sollte, dass wir ein Verhalten eher wiederholen, wenn es positive Folgen hat. Er ließ Tauben zwischen roten und grünen Hebeln zum Futterpicken wählen. Mit der Zeit lernten die Tauben, bei welcher Farbe Futter kam und bei welcher nicht. Sie hatten durch die Folge gelernt.

URSACHEN UND AUSLÖSER

Es wird einen Grund für das Verhalten geben. Versuchen Sie, den Auslöser zu finden; vielleicht können Sie einem erneuten Auftreten dieses Verhaltens vorbeugen.

Lernen durch die Folgen:

■ Ursprüngliche Folge – Jan beißt ein anderes Kind und ist stark erregt. Seine Mutter küsst ihn. Jan erhält dadurch eine positive Botschaft und tut es wieder.

■ Veränderte Folge – seine Mutter entfernt ihn aus dem Zimmer. Jan bekommt eine negative Botschaft und tut es nicht wieder. Die veränderte Reaktion der Mutter (Folge/Konsequenz) hat Jans Erfahrung, was geschieht, wenn er jemanden beißt, verändert und daher die Wahrscheinlichkeit, dass er es wieder tut (Verhalten) verändert.

Ein Kleinkind kann zu einer automatischen Reaktion konditioniert sein, wenn ein bekannter Auslösereiz eine automatische Reaktion auslöst (s. Kasten S. 194). Oft ist nicht gleich offensichtlich, was Ihr Kind zum Lachen oder Weinen bringt. Mit Geduld, Aufmerksamkeit für seine persönlichen Auslöser und sein erlerntes Verhalten können Sie lernen, dies zu erkennen.

Konsequenzen

Es ist anstrengend und zeitaufwendig, einem Kind beizubringen, Wut zu bewältigen oder unerwünschtes Verhalten zu beenden, und Zeit ist oft knapp. Verhaltensbildung funktioniert nur, wenn Ihr Kind versteht, dass es negative Folgen haben wird, wenn es nicht das tut, wozu es aufgefordert wird – oder eine positive Folge, wenn es dies tut.

Vielen Problemen kann man vorbeugen, wenn Ihr Kind eine deutliche Vorstellung von Ihren Erwartungen hat. Ein junges Gehirn braucht klare und einfache Anweisungen. Formulieren Sie mit »wenn und dann«, damit es Ursache und Folge seines Verhaltens versteht.

Beispiele von wenn – dann:

■ »*Wenn* du weiterhin brüllst, *dann* darfst du nicht in den Park gehen.«

■ »*Wenn* du zu deiner Schwester nett bist, *dann* darfst du mit ihr Fangen spielen.«

Für Ihr Kleinkind müssen die Folgen sehr einfach sein und sofort erfolgen, da es von »später« keine Vorstellung hat. Zu einer negativen Folge gehört normalerweise, dass etwas entzogen wird, z. B. mit Papa spielen oder nicht mit Mama mitdürfen. Eine positive Folge ist gewöhnlich wirksamer, und dazu gehört, dass es etwas bekommt, wenn es das Erbetene tut, z. B. mit Papa spielen darf oder eine Lieblingsgeschichte zur Schlafenszeit hören wird. Die Belohnungen sollten einfach sein, normale Lieblingsbeschäftigungen, keine Süßigkeiten oder Geschenke.

UNTERSTÜTZEN SIE LERN-PROZESSE *Es beginnt, die Konsequenzen seines Verhaltens zu verstehen. Erklärungen müssen in diesem Alter aber ganz einfach sein.*

»Ein erlerntes und im Laufe der Zeit wiederholtes Verhaltensmuster wird konditioniert genannt – bei gleicher Abfolge wird immer das gleiche Ergebnis erreicht: ›Wenn du weiter machst, was du tust, erhältst du dasselbe Ergebnis.‹«

Die angekündigten Folgen müssen konsequent wie angekündigt durchgeführt werden – sonst sind sie bedeutungslos. Ihre Reaktion muss Ihrem Kind zeigen, dass Sie die gesetzten Grenzen ernst nehmen. Folgt darauf ein Wutanfall oder Aggression, ignorieren Sie dies – und denken Sie daran, dass es bald aus dieser Phase herauswachsen wird. Wie auch immer es handelt und reagiert, behandeln Sie es mit Respekt.

Die Kunst des Ignorierens

Nicht beachtet und übersehen zu werden ist die schlimmste negative Erfahrung für Ihr kleines Kind. Es ist gewohnt, sich selbst als Mittelpunkt der Familie zu betrachten. Plötzlich zu entdecken, dass niemand an ihm interessiert ist, ist eine wirksame Abschreckung für Fehlverhalten in der Zukunft. Ignorieren bedeutet dabei nicht, Zuneigung zu entziehen, und ist nicht als »böse« sein oder als Racheakt gedacht. Es ist vielmehr ein sofortiges und effektives Mittel, Fehlverhalten zu beenden. Es funktioniert, weil Ihr Kind isoliert wird und dadurch Gelegenheit hat, sich zu beruhigen.

Ignorieren bzw. Nichtbeachtung verfehlt aber seinen Zweck, wenn Sie auf das Kind fokussiert bleiben und es anschauen. Damit es funktioniert, müssen Sie den Blick abwenden und dürfen nicht mehr mit ihm sprechen. So zeigen Sie Ihre Missachtung (während Sie immer sicherstellen, dass es nicht gefährdet ist). Wenn es auf Ihrem Schoß sitzt, wenden Sie einfach einige Zeit die Aufmerksamkeit ab (s. S. 200). Diese Methode wirkt manchmal nach ein paar Sekunden, und manchmal kann es zwei bis drei Minuten dauern (machen Sie es in diesem Alter aber nicht länger). Sobald es ruhig geworden ist, können Sie sich wieder auf das Kind einlassen.

Wenn Sie z. B. im Supermarkt sind und Ihr Kind Produkte aus dem Regal nimmt und dies trotz Ihrer Ermahnung nicht lässt, haben Sie die Wahl: es zu ignorieren und weiter einzukaufen oder es zu ignorieren und sofort das Geschäft zu verlassen. Das Geschäft zu verlassen ist keine gute Entscheidung,

AGGRESSIVES BENEHMEN *Ein bestimmtes »Nein« und das zeitweilige Entziehen positiver Verstärker, z. B. beliebter Spielsachen, übermittelt die Botschaft, dass aggressives Verhalten nicht akzeptabel ist.*

weil sie Ihrem Kind zu viel Macht verleiht – es wird denken, dass es, sobald ihm langweilig wird, einfach unfolgsam sein muss. Dann bringt Mama es heim. Schauen Sie es nicht an, und sprechen Sie nicht mit ihm. Sobald es sich beruhigt hat, geben Sie ihm einen Kuss. Dann schlagen Sie das »Finde-die-Farbe-Spiel« vor, bei dem es bestimmte Packungen finden muss, oder andere Supermarktspiele (s. S. 175). Ihr Kind lernt daraus, dass ruhiges Benehmen mit Zärtlichkeit und Spiel belohnt wird und dass Trotz und Ungehorsam nicht belohnt werden.

Ein weiteres Beispiel: Vielleicht ist Ihre Freundin gekommen, die Sie lange nicht gesehen haben. Ihr Kind hat viele Beschäftigungsangebote, schreit jedoch, weil es Ihre ungeteilte Aufmerksamkeit will. Sie wenden sich beide körperlich von ihm ab und ignorieren sein Verhalten völlig. Sobald es sich beruhigt hat, wenden Sie sich ihm zu und sagen: »Komm in meinen Arm.« Stellen Sie Ihre Freundin vor und zeigen Sie ihm, dass sein »gutes« Verhalten Aufmerksamkeit und Lob erntet.

Ignorieren funktioniert auch gut in Verbindung mit Ablenkungsmethoden (s. S. 85). Ablenkung ist eine Methode, kurzfristig die Stimmung Ihres

»Trotz der Trennung wollen wir in unserer Erziehung konsequent sein. Eine gemeinsame Linie ist entscheidend, wenn wir Bea konstruktives Verhalten beibringen und keine widersprüchlichen Botschaften geben wollen.« Ben, 35

Kindes zu verändern. Es funktioniert jedoch weniger, wenn ein Wutausbruch voll in Gange ist. »Auszeit« (s. S. 270) und Varianten davon, wie die »Stille Treppe«, sind andere Formen des Ignorierens, die kurzzeitig eingesetzt werden können, um ein aggressives, völlig unbeherrschtes Kind zu beruhigen.

Selektives Verhalten

Vielleicht stellen Sie fest, dass Ihr Kind ein bestimmtes Verhalten nur bei Ihnen zeigt und bei anderen Menschen nicht. Dafür könnte es verschiedene Gründe geben. Oft liegt der Grund aber darin, dass Sie die Einzige sind, die auf sein Verhalten reagiert. Es funktioniert, weil das Kind die gewünschte Aufmerksamkeit erhält. Trösten Sie sich damit, dass es aus dieser Phase herauswächst. Ihr Kind wird allmählich lernen, wie es seine Gefühle angemessen ausdrückt, und bessere Wege finden, das Gewünschte zu bekommen. Unterdessen denken Sie daran, sein Verhalten nicht zu verstärken, indem Sie mit ihm diskutieren. Aufmerksamkeit entziehen ist in diesem Alter immer noch wirksamer als Reden und Verhandeln.

Versöhnung und Neuanfang

Es ist ein gutes Gefühl, sich nach einer Missstimmung wieder zu versöhnen – ganz besonders dann, wenn Ihr Kind ruhig und bereit ist, sich zu vertragen. Der Zeitpunkt für eine Versöhnung ist gekommen, wenn die Folgen des Fehlverhaltens überwunden sind. Die Tränen sind versiegt, das Kind ist ruhig, es hat Zeit nachzudenken, und alle möchten wieder miteinander gut sein. Ein Kind muss verstehen lernen, dass Sich-Entschuldigen zur Verantwortung für das eigene Verhalten gehört.

Mit zwei bis drei Jahren ist es unwahrscheinlich, dass es einem Kind tatsächlich leidtut – es besitzt noch nicht die Empathie und das Verständnis für andere, um die Auswirkungen seines Verhaltens auf andere zu empfinden.

Umgang mit auffälligem Verhalten

Manche Kleinkinder verhalten sich richtig auffällig. Manchmal wollen sie Aufmerksamkeit erlangen und die Schwachpunkte ihrer Eltern finden, öfter jedoch liegen dem Verhalten intensive Gefühle zugrunde, die sie nicht kontrollieren können.

Verhaltensweisen wie das Anschlagen des Kopfes auf dem Höhepunkt eines Wutanfalls, Atem-Anhalten und schrilles hysterisches Schreien sind alarmierend, stressig und schwer zu regulieren. Niemand kann ein Kind ignorieren, dass so leidet oder sich selbst verletzt, also: Wie geht man am besten damit um?

Festhalten ist eine gute Methode:

▸ Schenken Sie Ihrem Kind und seinem Tun möglichst wenig Aufmerksamkeit. Man kann ein Kind festhalten und ihm Sicherheit bieten, ohne ihm positive Zuwendung zu geben.

▸ Halten Sie es mit dem Gesicht nach vorn gegen Ihren Körper. Sein Kopf sollte an Ihrer Brust liegen, damit es Ihnen nicht ins Gesicht schlagen kann. (Sagen Sie ab und zu nur leise: »Nein, beruhige dich.«)

▸ Wenn es den Atem anhält, wird es doch wieder nach Luft schnappen und nicht zu Schaden kommen; Sie können es auch mit etwas Wasser bespritzen oder vorsichtig in sein Gesicht blasen.

▸ Geraten Sie nicht in Panik. Geben Sie nicht der Versuchung nach, mit ihm zu verhandeln oder seinem Fordern Aufmerksamkeit zu schenken. Wenn Sie einmal nachgeben, wird es beim nächsten Mal doppelt so schwierig.

▸ Wenn es ruhig ist, geben Sie ihm positive Aufmerksamkeit.

Weitere Informationen s. S. 302.

Doch schon jetzt muss es lernen, sich zu entschuldigen. Wenn Ihr Kind etwas getan hat, das anderen körperlich oder seelisch wehtut, und sich entschuldigen soll, erwirbt es eine wichtige soziale Kompetenz. In den kommenden 18 Monaten empfindet es allmählich mehr Empathie und meint sein Bedauern zunehmend ernst. Versöhnungen sind unverzichtbarer Teil des Verhaltensrepertoires. Sie helfen dem Kind verstehen, dass wir Verantwortung für die Folgen unseres Verhaltens auf andere übernehmen müssen. Wenn Sie sich versöhnen, zeigen Sie ihm, dass sein Verhalten verkehrt war, es als Mensch aber immer noch geliebt wird. Eine Entschuldigung sollte Sie aber nicht davon abhalten, die Konsequenz für schlechtes Verhalten durchzuführen.

Distanz schaffen zwischen Gedanken und Handlung

Als Eltern überschätzt man häufig die Fähigkeit des Kindes, die Gründe, warum sein Verhalten missfällt, zu verstehen. Selbst jetzt, wo sich sein Gehirn weiterentwickelt hat, lernt es mehr durch Vorleben als durch Erklären. Distanz zu schaffen zwischen seinen Gedanken und dem Handeln ist die wirksamste Methode, unerwünschtes Verhalten zu unterbinden.

Ablenken, Ignorieren, Festhalten und »Auszeit« sind hilfreiche Wege, zur Ruhe zu kommen und eine Verhaltensänderung zu erlangen. Im nächsten Kapitel wird die Methode der »Auszeit« erklärt (s. S. 270), eine extremere Form der Nichtbeachtung. Sie ist für etwas ältere Kinder geeignet und hilft ihnen, zur Ruhe zu finden und ihr Handeln zu reflektieren. Sie sollte nur dann zum Einsatz kommen, wenn alle anderen Methoden versagt haben. Wenn Ihr Kind völlig außer Kontrolle ist, aggressiv war – insbesondere gegen ein anderes Kind – oder sich extrem anti-sozial verhält und lernen muss, sein Verhalten zu verändern, dann kann die Auszeit auch bei Kindern von 24 bis 36 Monaten eingesetzt werden, jedoch nie länger als zwei Minuten. Eher altersgerecht ist die Festhalte-Therapie (s. Kasten links).

Hilfe suchen

Fehlverhalten ihres Kindes löst bei vielen Eltern Schuldgefühle oder Mutlosigkeit aus. Wenn Sie anhaltende Probleme im Umgang mit Ihrem Kind haben, bitten Sie den Kinderarzt um Hilfe, besuchen einen Elternkurs, fragen andere Eltern um Rat oder wenden sich an eine Beratungsstelle. Vieles von dem, was Sie erleben, ist normales Verhalten; es hilft, mit anderen Eltern zu sprechen, damit Sie sehen, dass es anderen auch nicht anders ergeht.

ZEIT ZUM NACHDENKEN
Eine gute Methode ist es, das Kind nach Fehlverhalten zum Beruhigen an einen ruhigen Ort zu schicken. Wenn es älter ist, kann dies häufiger so gemacht werden.

Schlafprobleme überwinden

Ihr Kind ist von morgens bis abends auf Achse. Es braucht Ihre Hilfe, um zu erkennen, wann es müde ist und Ruhe braucht. Das Leben ist für das Kind viel zu interessant, um freiwillig schlafen zu gehen; aber es braucht seinen Schlaf, und es profitiert von einer Routine.

Unter Ihrer Anleitung muss Ihr Kind lernen, wie man allein einschläft und sich bei kurzen nächtlichen Wachphasen wieder beruhigt. Häufige Schlafprobleme in diesem Alter sind: Einschlafprobleme, wiederholtes Aufwachen und nur mit elterlichem Beistand Wieder-einschlafen-Können.

Nun ist der ideale Zeitpunkt, um einen regelmäßigen Schlafrhythmus einzuführen, wenn dies noch nicht geschehen ist (s. S. 136). Viele Eltern empfinden die Schlafenszeit als schwierig. Statt ins Bett zu gehen und dort zu bleiben, gerät ihr Kind in ein Hin und Her wie ein Jo-Jo, kommt einfach nicht zur Ruhe und wacht nachts häufig auf. Ist dieses Verhaltensmuster gepaart mit Beißen, Schlagen oder Wutanfällen, ist zum Schluss die ganze Familie unglücklich und erschöpft. Im Folgenden finden Sie bewährte, erfolgreiche Methoden, die, konsequent angewandt, das Schlafverhalten Ihres Kindes verändern können.

Langsamer Rückzug

Ist Ihr kleines Kind gewohnt, dass Sie zur Schlafenszeit bei ihm sind, oder hat es Probleme, allein einzuschlafen, ist es anfangs sicher verängstigt, wenn Sie aus dem Zimmer gehen wollen; es braucht Ihre Hilfe, um unabhängiger zu werden. Diese Methode, konsequent befolgt, gibt Ihrem Kind Sicherheit und gewöhnt es gleichzeitig an einen neuen Ablauf.

Wie die Methode des allmählichen Rückzugs eingesetzt wird:

■ Machen Sie nach dem Gute-Nacht-Sagen das Licht aus, bleiben Sie aber in der Nähe.

■ Sie müssen nichts sagen, nur da sein.

ZUR RUHE FINDEN *Lassen Sie Ihr Kind vor der Schlafenszeit beim Vorlesen in einer ruhigen Umgebung zur Ruhe kommen.*

- Machen Sie das Licht nicht an, und reagieren Sie nicht auf sein Geplapper.
- Geben Sie Bitten nach Schmusen nicht nach. Wenden Sie sich ab; geben Sie sich gelangweilt und stumm.
- Im Laufe der Tage gehen Sie nach und nach weiter weg – zum Bettende, zu einem Stuhl, näher zur Tür, auf die Türschwelle und ganz hinaus.
- Wenn Ihr Kind ruhig, aber weiterhin ängstlich ist, können Sie alle paar Minuten zur Sicherheit zurückkommen, aber ohne etwas zu sagen. Sie zeigen ihm nur, dass Sie immer noch da sind und ihm nichts geschieht.
- Verlängern Sie nach und nach die Zeit zwischen Ihren Kontrollgängen, und stellen Sie sie allmählich ganz ein.

Sind Kinder nicht gewohnt, allein zu sein, brauchen sie einige Zeit, um ihr altes Verhalten aufzugeben und das neue zu erlernen. In den ersten Tagen kann es erschreckt oder beunruhigt wirken. Haben Sie Geduld. Mit der Zeit werden Sie beide sich daran gewöhnen. Ohne Hilfe einzuschlafen ist für die Selbstständigkeit unerlässlich. Das Ziel besteht darin, den Raum verlassen zu können, solange das Kind noch wach ist.

Methode des raschen Zurückkommens

Funktioniert der allmähliche Rückzug bei Ihrem Kind gar nicht, können Sie einen anderen Ansatz probieren. Schnelles Zurückkommen ist eine einfache Schlafmanagement-Technik, die die Botschaft »Keine Dummheiten!« vermittelt. Sie ist besonders wirksam bei Kindern, die nachts aufwachen und ins Elternbett kommen, statt im eigenen wieder einzuschlafen. Die Schlafverweigerung des Kindes wird dabei nicht belohnt, und das Kind ist daher mit der Zeit gelangweilt und müde und widersetzt sich deshalb den neuen Grenzen nicht länger. Diese Methode kann anfangs allerdings ziemlich hart sein. Sie müssen fest entschlossen und konsequent sein, damit sie funktioniert – und brauchen vielleicht auch etwas Unterstützung. Wenn diese Methode funktionieren soll, dürfen Sie nicht reden, keinen Blickkontakt herstellen und dem Kind keine Aufmerksamkeit schenken, sein Verhalten also in keiner Weise anerkennen oder belohnen.

Wie die Methode des raschen Zurückkommens umgesetzt wird:

- Beruhigen Sie Ihr Kind, machen Sie das Licht aus, sagen Sie »Gute Nacht« und verlassen Sie das Zimmer.
- Steht es auf, legen Sie es sofort, ohne ärgerlich zu werden oder zu sprechen, wieder hinein.

»Ich bin der Kämpfe so müde, dass es mir schwerfällt, bei der Einschlafroutine meiner Tochter konsequent zu sein.«

Alicia, 28

■ Selbst wenn Ihr Kind tritt und schreit, bleiben Sie ruhig, aber bestimmt, und legen es ins Bett. Dann verlassen Sie das Zimmer.

■ Steht es wieder auf, nehmen Sie es und legen es wieder ins Bett, ohne Umschweife. Machen Sie das so oft, bis Ihr Kind einschläft. Stellen Sie keinen Blickkontakt her, und schenken Sie ihm keine Aufmerksamkeit.

■ Wenn es im Bett bleibt, aber schreit und nicht zur Ruhe findet, gehen Sie nicht sofort wieder zu ihm, sondern warten ein bis fünf Minuten ab. Es braucht Zeit, um allmählich zu lernen, selbst in den Schlaf zu finden, ebenso wie nach dem Aufwachen wieder einzuschlafen.

■ Dann gehen Sie kurz hinein, sagen »Pscht, pscht« und gehen hinaus. Das wiederholen Sie, bis Ihr Kind einschläft. Besteht das Schlafproblem schon lange Zeit, müssen Sie dies bis zu zwei Wochen durchhalten. Anfangs ist das ermüdend, also führen Sie die neue Routine am Wochenende ein, wenn Sie am Morgen nicht ausgeruht sein müssen und Ihr Partner Sie unterstützt.

»Schneller Rückzug funktioniert besonders gut bei lang bestehenden Schlafproblemen oder wenn Ihr Kind zur Schlafenszeit besonders trotzig ist.«

Lob und Anreiz

Am Anfang ist es oft hilfreich, diese Methode durch Belohnungen oder Anreize zu unterstützen, um das Kind anzuspornen, schneller zur Ruhe zu finden. Diese sollten einfach und angemessen sein. Verhandeln darf nicht zur Gewohnheit werden, sondern soll Ihr Kind von seinem alten Verhaltensmuster ablenken und ihm helfen, ein neues zu erlernen. Entscheidend ist nicht nur, ins Bett zu gehen, sondern bis zum nächsten Morgen drin zu bleiben. Lob wirkt bei kleinen Kindern Wunder. Für sie ist es wunderbar, wenn sie den Eltern Freude gemacht haben. Wenn Ihr Kind es schafft, nachts durchzuschlafen und in seinem eigenen Bett zu bleiben, sparen Sie nicht mit Zärtlichkeit und Lob. Setzen Sie weiterhin Ziele. Das hilft ihm, ein Gefühl für seinen eigenen Erfolg und Fortschritt zu gewinnen und zu verstehen, dass es sein Verhalten selbst kontrollieren kann. Wenn es älter wird, wird es auch verstehen, dass Ungehorsam Konsequenzen hat, wie den Entzug von Vergünstigungen. Erwarten Sie keinen sofortigen Erfolg; seien

Sie am Anfang mit kleinen Fortschritten zufrieden – aber haben Sie Geduld, und glauben Sie an die Fähigkeit, eine Veränderung zu bewirken. Halten Sie möglichst auch an Ihrer Routine fest, wenn Sie nicht zu Hause sind.

Wie Lob und Anreiz eingesetzt werden:

■ Sagen Sie Ihrem Kind, dass es eine Geschichte aussuchen darf, wenn es folgt. Je länger es dauert, bis es im Bett ist, umso weniger Zeit bleibt für die Geschichte.

■ Wenn Ihr Kind einen Lieblingshelden oder Teddy hat, beziehen Sie ihn in das Einschlafritual ein – »Bring jetzt deinen Teddy ins Bett. Pscht. Wenn du laut bist, weckst du ihn auf, und er hatte einen sehr langen Tag. Du gehst jetzt auch schlafen.«

■ Die meisten Kinder lieben Sticker und freuen sich zu sehen, wie gut sie sich benommen haben. Versprechen Sie ihm einen Lieblingssticker, wenn es bis zum Morgen im Bett bleibt. Das kann Wunder wirken.

■ Versprechen Sie ihm, für jede Nacht, in der es im Bett geblieben ist, einen Luftballon an sein Bettende zu binden.

FRIEDLICHER SCHLAF

Das Überwinden von Schlafproblemen erfordert Geduld und Beharrlichkeit. Das Kind muss in seinem eigenen Bett zur Ruhe kommen und sich geborgen fühlen.

Nachtschreck

Nächtliche Ängste sind in diesem Alter häufig. Es gibt Albträume (s. S. 264), bei denen das Kind nicht aufwacht und sich nicht an seinen Traum erinnert. Gewöhnlich treten sie in den ersten ein bis vier Stunden nach dem Einschlafen auf. Sie wirken beängstigend, sind aber nichts Schlimmes. Ihr Kind wacht selten auf und erinnert sich am nächsten Morgen nicht daran. Typische Symptome sind: beschleunigter Herzschlag, Schwitzen, Angst. Es erkennt Sie nicht, wenn Sie es aufwecken; es kann schreien, weinen oder stöhnen. Die Augen können offen sein, es schläft aber fest. Ein Nachtschreck kann bis zu 30 Minuten dauern. Das Kind muss nicht geweckt werden. Sie können nichts tun, außer auf seine Sicherheit achten, wenn es um sich schlägt. Tritt der Nachtschreck immer zu einer bestimmten Zeit auf, können Sie Ihr Kind kurz zuvor wecken. Ein Nachtschreck ist für die Eltern schlimmer als für das Kind. Mit zunehmendem Alter verschwindet er meist.

Gesunde Ernährung unterstützen

Was Kleinkinder essen sollen, wie viel sie essen sollen und wie man sie dazu bringt, neue Speisen zu probieren, ist für alle Eltern ein zentrales Thema. Doch keine Sorge: Die meisten heiklen Esser sind normale Kinder – und wachsen zu gesunden Erwachsenen heran, die sich vielseitig ernähren.

Manche Richtlinien für gesundes Essen wirken sehr widersprüchlich; Bedenken hinsichtlich Allergien und Zusatzstoffen sowie das Thema Biokost verunsichern Eltern, die sich fragen, ob ihre Kinder gut oder genug essen, zusätzlich. Hinzu kommt die Tendenz eines normalen Kleinkindes, bei den Mahlzeiten unruhig, eigensinnig und manchmal aufbrausend zu sein, und schon haben Sie einen schwierigen Cocktail aus Anspannung und Ärger.

Essen hat mit mehr als mit Gesundheit zu tun; es ist auch eine soziale Angelegenheit. Speisen teilen und zusammen essen ist eine wichtige Form der Kommunikation; Familienmahlzeiten bieten eine wunderbare Gelegenheit, zusammen zu sein und sich über den Tag auszutauschen. Mit 24 bis 30 Monaten kann sich Ihr Kind auf drei Mahlzeiten am Tag einstellen

Eine ausgewogene Ernährung

Sie müssen kein Vermögen ausgeben, um ein Kind gesund zu ernähren; verzichten Sie aber auf Junkfood und Lebensmittel, die viele gesättigte Fette und Industriezucker enthalten (sie besitzen keine wertvollen Inhaltsstoffe und können Unruhe verstärken), und seien Sie sparsam mit Salz.

Eine gesunde Ernährung enthält täglich Lebensmittel aus diesen Nahrungsmittelgruppen:
▶ Milch und Milchprodukte.
▶ Fleisch, Fisch, Eier, Bohnen, Erbsen und Linsen.
▶ Brot, Reis, Nudeln, Getreideprodukte und Kartoffeln.

▶ Viel Obst und Gemüse.
Kleinkinder haben einen sehr kleinen Magen und entsprechend wenig Appetit. Es ist daher wichtig, dass sie möglichst nährstoffreich essen. Geben Sie Ihrem Kind unter zwei Jahren keine fettarme Milch. Entrahmte Milch ist völlig ungeeignet.

und dabei selber essen. Es kann frei am Tisch mit den anderen sitzen, auch wenn es noch eine Sitzerhöhung braucht. Zwar können die Erwachsenen so nicht immer ungestörte Mahlzeiten genießen, aber das Dabeisein beschleunigt die Entwicklung Ihres Kindes weit mehr, als wenn es mit dem Löffel gefüttert oder beim Essen streng beaufsichtigt wird. Es wird sich viel eher »erwachsen« benehmen, wenn es behandelt wird wie die anderen. Im vorigen Kapitel (s. S. 132) fanden Sie allgemeine Tipps, wie Sie die Mahlzeiten mit Ihrem Kind gestalten können; treten Probleme auf, versuchen Sie die unten angeführten Strategien.

Ihr Kind ist ein schlechter Esser Sehr viele Kinder essen manchmal wenig. Dann könnten Sie den Eindruck gewinnen, Ihr Kind wolle Ihnen sagen: »Dieses Essen ist ungenießbar!« Bieten Sie abwechslungsreiche Kost (s. u.). Vielleicht hat Ihr Kind auch Ängste, die mit dem Essen zu tun haben (s. S. 210).

Ihr Kind benimmt sich bei den Mahlzeiten schlecht Es fällt vielen Kleinkindern schwer, längere Zeit still zu sitzen. Wenn es am Tisch familiäre Spannungen gibt, beeinflusst dies sein Benehmen mit Sicherheit. Minimieren Sie Ablenkungen, ignorieren Sie unerwünschtes Verhalten, und befolgen Sie selbst die Verhaltensregeln. Leiten Sie es an, Ihr Benehmen nachzumachen oder ggf. das eines älteren Geschwisters. Stellen Sie sicher, dass es bequem sitzt. Sitzt es noch im Hochstuhl, wäre nun ein guter Zeitpunkt, es an einen normalen Stuhl zu gewöhnen. Und wenn es noch ein Fläschchen hat, ist dies eher Trostobjekt als praktische Notwendigkeit.

Sie befürchten, dass es zu viel oder zu wenig isst Die meisten Kinder essen, wenn sie Hunger haben; daher ist unwahrscheinlich, dass sie weniger bekommen, als sie brauchen. Ihr Kind braucht jedoch Unterstützung, um sein Essverhalten zu regulieren und gesund und ausgewogen zu essen. Regelmäßige Mahlzeiten und klare Verhaltensregeln helfen, Essgewohnheiten auszubilden. Kleine, gesunde Zwischenmahlzeiten mehrmals täglich statt ständigem Naschen verhindern, dass es zwischen den Mahlzeiten zu viel isst. Stellen Sie sicher, dass es immer viel Obst und Gemüse bekommt, und geben Sie keine Süßigkeiten, die Heißhunger fördern.

Sie fürchten, es ist zu pummelig oder zu dünn Alle Kleinkinder sind ein wenig rundlich. Wenn sich das Kind jedoch nicht bewegt, lethargisch ist und viel herumsitzt, kann es zunehmen, was spätere Gesundheitsprobleme begünstigt. Fragen Sie Ihren Kinderarzt um Rat.

LEBENSMITTELKUNDE

Lassen Sie Ihr Kind in der Küche mitarbeiten. Frühes Interesse am Kochen fördert eine positive Einstellung und stärkt die Bereitschaft, Neues zu probieren.

ESSEN MACHT SPASS
Neue Speisen kreativ anzubieten, z. B. in einer interessanten Form, weckt das Interesse Ihres Kindes und erhöht die Chance, dass es sie kostet.

Wenn Ihr Kind dünn ist, Sie aber auch schlank sind, besteht kaum Grund zur Sorge, solange es ausgewogen isst (s. S. 206). Kommt es jedoch zu einem dramatischen Verlust oder Anstieg des Gewichts oder einer Veränderung des Appetits, stellen Sie es dem Kinderarzt vor. Wichtig: Setzen Sie es nicht auf eine fettarme Diät. Vollfette Nahrungsmittel sind für die gesunde Knochenbildung und Entwicklung unverzichtbar.

Ihr Kind isst zu langsam Es gibt hier keine schnelle Lösung. Haben Sie Geduld und denken daran, dass es besser ist, langsam zu essen als zu schnell. Die Mahlzeiten sollen Freude machen. Zwingen Sie Ihr Kind nicht, mehr zu essen, als es kann. Sein Magen ist sehr klein. Wenn es aufhört zu essen, ist es satt. Nehmen Sie den Rest weg.

Ihr Kind will nie etwas Neues probieren Kinder müssen sich erst langsam an neue Speisen gewöhnen. Lassen Sie es Ihnen bei der Zubereitung helfen; beschreiben Sie die Zutaten, und lassen Sie es damit spielen. Es darf ruhig auch manschen, denn übermäßige Sorge um Reinlichkeit hält es vom Kosten von Speisen mit ungewohnter Konsistenz ab. Seien Sie nicht überrascht, wenn es unbekannte Speisen ableckt und sie wieder auf den Teller legt. Das ist nicht ungezogen, sondern seine Methode, Geschmack und Konsistenz zu testen. Seien Sie geduldig, dann nimmt es das nächste Mal vielleicht einen Bissen.

Essen soll Spaß machen

Wenn Speisen lustig aussehen, ist Ihr Kind überzeugt, dass sie auch gut schmecken müssen. Seien Sie beim Anrichten der Speisen kreativ.

Versuchen Sie Folgendes:

■ Schneiden Sie belegte Brote in interessante Formen.
■ Machen Sie aus Gemüse und Kartoffelbrei ein Gesicht.
■ Richten Sie Obst- oder Gemüsestücke auf einem Teller zu einem Gesicht oder anderen Figuren an.

Es ist verlockend, vor dem Fernseher zu essen, aber sicher nicht gut. Die Mahlzeiten mit Ihrem Kind sollen eine kommunikative, persönliche Angelegenheit sein. Sie können es daran gewöhnen, selber zu essen und das Essen bewusst zu genießen, ohne Ablenkung. Sein Gehirn kann sich noch nicht auf mehr als eine Sache gleichzeitig konzentrieren (s. S. 166); daher ist Fernsehen beim Essen in diesem Alter ganz verkehrt. Das Kind kann sich weder aufs Essen noch aufs Fernsehen konzentrieren und braucht viel länger, um richtig essen zu lernen. Aus dem gleichen Grund sollen Essen und Spielen ebenfalls getrennt werden. Vielleicht muss Ihr Kind spielerisch abgelenkt werden, um zum Essen animiert zu werden oder Neues zu probieren (s. S. 134); Spielsachen auf dem Tisch sind nicht sinnvoll, weil sie eine größere Versuchung für Ihr Kind sind als die Mahlzeit auf seinem Teller.

Im Restaurant essen

Im Restaurant zu essen macht Kleinkindern weniger Freude als Erwachsenen. Wenn Sie mit dem Auto unterwegs sind, nehmen Sie besser ein Picknick mit vertrauten Speisen mit. Wollen Sie einkehren, bestellen Sie schnelle Mahlzeiten. Essengehen ist für Ihr Kind anstrengend.

Neue Gerichte einführen

Belohnen Sie eine Kostprobe eines neuen Nahrungsmittels, das es ablehnt, durch eines, das es gern mag, z. B. Bananenscheiben oder Frischkäse – oder sogar Schokoladenkekse! Auf diese Weise schaffen Sie eine positive Assoziation (s. S. 195) zu den neuen und unbekannten Gerichten: »Ich mag diese Speise, dann mag ich vielleicht auch die neue.« Isst es extrem einseitig (z. B. nur Brot, Bananen und Schokoladenkekse), kreieren Sie bedenkenlos ungewöhnliche Speisenkombinationen. Warum nicht einen Schokoladenkeks geben, nachdem es ein Stück Karotte oder Hähnchen probiert hat? Für Ihr Kind ist das ein Anreiz – und belohnt die Überwindung der Angst mit etwas Vertrautem. Sobald es die neuen Speisen akzeptiert, lassen Sie die Belohnungen allmählich weg.

Ein Ernährungstagebuch führen

Sorgen Sie sich wegen der Ernährung Ihres Kindes, schreiben Sie auf, was und wann es isst. So können Sie feststellen, ob es sich ausgewogen ernährt (s. S. 206) und ob es zwischen den Mahlzeiten nascht oder viel trinkt. Die Liste muss nicht wissenschaftlich exakt sein, um Ihnen ein klares Bild von den Essgewohnheiten Ihres Kindes zu vermitteln. Dann können Sie ggf. schwere oder zuckerreiche Speisen durch gesundes Obst und rohes Gemüse ersetzen. Vergessen Sie nicht, dass Getränke auch satt machen.

Nehmen Sie für jeden Tag eine neue Seite, und schreiben Sie auf:
▸ die Tageszeit.
▸ die Art der Speise / des Getränks.
▸ die Menge der Speise / des Getränks.
▸ warum es gegessen wurde.
▸ ob es aufgegessen wurde.

Essen als spielerische Erfahrung

Hat Ihr Kind Angst, neue Speisen zu probieren, zeigen Sie ihm, dass Essen Spaß machen kann. Diese Spiele machen auch Kindern ohne Essprobleme Freude, sodass Sie alle Kinder einbeziehen können.

Machen Sie ein Klecker-Picknick Wackelpudding, Sahne, Ketchup, Reispudding – Sie benennen alles; was nicht heiß ist, kann auf Nase oder Gesicht Ihres Kindes geschmiert oder wie Fingerfarben mit den Fingern verteilt werden. Je ausgefallener die Kombinationen, umso besser. Ist Ihr Kind verunsichert oder außer Fassung, beruhigen Sie es; und zeigen Sie ihm, dass Ihnen die Schweinerei nichts ausmacht. Vielleicht macht es dann mit.

Speisen-Rallye Sie geben kleine Mengen von unbekannten Speisen in hintereinander stehende Schüsseln und decken sie ab. Auf »Los« kostet Ihr Kind und ein anderes Kind oder ein Erwachsener abwechselnd jede Speise. Belohnen Sie Ihr Kind mit einer ganz kleinen Menge einer Lieblingsspeise, sobald es eine neue Sache probiert hat. (Dadurch soll eine positive Assoziation zur neuen Speise aufgebaut werden.) Am Ende des Durchgangs bekommt es – vorausgesetzt, es hat an den Speisen geleckt, sie berührt oder probiert – einen angemessenen »Preis«.

Positiv eingestellt sein

Je mehr positive Ermutigung Sie beim Essen bieten können, umso entspannter wird Ihr Kind sein. Beteiligen Sie es von klein auf an der Vorbereitung der Mahlzeiten, sodass es sie als normalen Teil des Alltags sieht. Wenn Sie

Hat Ihr Kind eine Nahrungsmittelphobie?

Kleinkinder geraten oft schnell in Panik; das bedeutet, dass sie instinktiv von allem Unbekannten verschreckt werden. Für ein phobiekrankes Kind stellt jedes neue Nahrungsmittel, jeder Geschmack und jede Konsistenz eine neue und manchmal unangenehme Erfahrung dar.

▶ Hat Ihr Kind Probleme mit jeder Art von Verschmutzung?

▶ Mag es nichts Feuchtes oder Schleimiges anfassen?

▶ Isst es nur Nahrungsmittel, die trocken und knusprig sind?

▶ Sind Sie stolz darauf, eine sehr saubere, ordentliche Wohnung zu haben?

▶ Haben Sie selbst Probleme mit dem Essen gehabt?

Wenn Sie mehrere dieser Fragen mit Ja beantworten, dann hat Ihr Kind vielleicht eine Speisenphobie entwickelt. Es braucht Hilfe, um diese Ängste zu bewältigen und zu erkennen, dass Essen Spaß machen kann.

selbst Essprobleme hatten – z. B. eine Zeit extremer Diät oder eine Essstörung –, sprechen Sie mit dem Kinderarzt oder einem Ernährungsberater, um sicherzustellen, dass Sie sowie Ihr Kind gesund essen. Damit reduzieren Sie auch die Angst bezüglich des Essens.

Gute Tipps für problemlose Mahlzeiten:

- Unterstützen Sie das Selberessen.
- Sorgen Sie für eine ausgewogene Ernährung (s. S. 206).
- Schaffen Sie gesunde Essgewohnheiten.
- Führen Sie langsam Abwechslung ein.
- Seien Sie geduldig und locker beim Essen.
- Loben Sie Ihr Kind, wenn es gut isst.
- Sorgen Sie für gesellige, fröhliche Mahlzeiten.

Probleme bewältigen

Bestehen echte Befürchtungen wegen des Essverhaltens Ihres Kindes, schreiben Sie Ihre Sorgen über einen Zeitraum von einigen Wochen auf und führen ein Ernährungstagebuch (s. S. 209). Darin notieren Sie Mengen und Zeiten, zu denen Ihr Kind isst, sowie, welche Speisen und Getränke es mag oder ablehnt. Auf dieser Basis können Kinderarzt oder Ernährungsberater bestimmen, ob das Problem mit den Lebensmitteln, einer Allergie, dem Mahlzeitenrhythmus oder familiären Konflikten zusammenhängt. Bei extremer Nahrungsmittelphobie (s. Kasten links) bitten Sie den Kinderarzt um Hilfe.

Und nicht zuletzt – loben Sie die »guten« Mahlzeiten und ignorieren Sie die »schlechten«. Je besser Sie bei Ihrem Kind das Essen mit positiven Gefühlen verbinden können oder es sie einfach als normalen Teil des Tages akzeptiert, umso gesünder wird es sein.

PICKNICK *Viele Essprobleme rühren daher, dass alles in Eile und unter Stress erfolgt. Bei einem Picknick kann man das Essen mit dem Kind in einer entspannten Umgebung genießen.*

»Vergessen Sie die Zahnpflege nicht. Mit 36 Monaten hat Ihr Kind alle Milchzähne, und sie brauchen Pflege. Helfen Sie ihm, sie mindestens zweimal täglich gründlich zu putzen.«

Mit dem Kind kommunizieren

Ihr Kind muss kommunizieren lernen, um mit anderen Menschen in Verbindung zu treten und soziale Kompetenzen zu entwickeln. Diese braucht es, um Freundschaften aufzubauen und verstanden zu werden. Es nutzt nonverbale, verbale und visuelle Signale und operiert auch intuitiv.

»Tim ist ein richtiges Plappermaul. Gespräche mit ihm sind eine liebenswerte Mischung aus Fantasie und Realität.« Angela, 25

Ein Großteil dessen, was man heute als emotionale Intelligenz bezeichnet, hat seine Wurzeln in den Kindheitserfahrungen mit Spracherwerb und Kommunikationsfähigkeit. Nicht nur, was wir unseren Kindern sagen, ist wichtig, sondern ebenso unsere Sprachebene, unser Ton, die Art, Fragen zu stellen und auf Antworten zu hören, was wir hören, wie wir reagieren, ob wir Empathie zeigen und ob unsere Körpersprache zum Gesagten passt.

Kleinkinder im Gespräch

Das Gedächtnis des Kindes ist nun viel besser entwickelt; dank seiner Einbildungskraft kann es verstehen, dass eine Sache (z. B. eine Puppe) eine andere darstellen kann (z. B. ein Baby). Auf dieser Basis entwickelt sich seine Sprachkompetenz rasch, und es ist gerüstet für Unterhaltungen. Beim Sprechen verwenden wir Wörter, die die Dinge repräsentieren, über die wir sprechen wollen; das Wort »Apfel« steht für die Frucht selber, auch wenn kein Apfel zu sehen ist. Dieses Prinzip versteht Ihr Kind nun und lernt, das richtige Wort mit dem richtigen Gegenstand in Verbindung zu bringen. Es kann sich erinnern und über Dinge sprechen, die es nicht sieht. Und es kann in einer Unterhaltung abwarten, bis es dran ist, und Ihnen damit auch zuhören und dann antworten.

Mit zwei Jahren kann es aber noch nicht viele Informationen auf einmal in seinem Kopf behalten, daher sind seine Unterhaltungen nicht immer unbedingt logisch, wie der folgende Wortwechsel zwischen Matthias, zweieinhalb, und seinem Papa zeigt:

Papa: »Was möchtest du heute machen, Matthias? Möchtest du in den Park gehen? Oder willst du ein Spiel machen?«

Matthias: »Mit Papa spielen.«

Papa: »Gute Idee. Was sollen wir spielen?«

Matthias: »Mama Auto weg.« Matthias' Aufmerksamkeit ist abgeschweift.

Papa: »Ja, sie ist mit dem Auto einkaufen gegangen.« Ihr Kind erkennt allmählich auch, wenn es etwas nicht verstanden hat, und beginnt, nachzufragen.

Papa: »Matthias, willst du mitkommen und mir beim Fußballspielen zuschauen?«

Matthias nickt und sagt: »Matthias Fußball spielen.«

Papa: »Nein, Papa spielt Fußball. Matthias schaut dem Papa zu.«

Matthias schaut verwirrt und sagt: »Hä?« Sie können Ihrem Kind beibringen, Dinge zu klären, indem Sie es bitten, nochmals zu wiederholen, was es gesagt hat.

Papa: »So, Matthias, möchtest du mit mir kommen?«

Matthias: »Ja.«

Papa: »Und was werden wir machen?«

Matthias, lächelnd, sagt: »Matthias zuschauen Papa Fußball spielen.«

Papa: »Das stimmt, Matthias. Du kommst mit und schaust zu.«

Matthias, macht ein Pause, grinst und wiederholt: »Matthias zuschauen Papa Fußball spielen … und Matthias Eis essen.«

Papa, lacht, sagt: »Okay, mit dem Eis schauen wir später!«

Matthias: »Hä?« Er sucht Klärung.

Wenn Matthias drei Jahre alt ist, verläuft dieselbe Unterhaltung auffallend anders. Statt zu sagen »Matthias schauen« und »Mama weg« verwendet er vermutlich die grammatikalisch richtigen Formen. Sehr wahrscheinlich kann er sagen: »Mama ist einkaufen gegangen, Papa. Mit dem Auto.« und »Ich gehe mit und schaue dir beim Fußballspielen zu.«

Sie können Ihrem Kind nie zu viel Gesprächszeit widmen. Es ist wichtig, sich bewusst auf das Gespräch mit dem Kind einzulassen, statt geistes-

NEUGIERIG SEIN

Es beginnt, sich mit Ihnen zu unterhalten, indem es Kommentare abgibt und Fragen stellt. Nehmen Sie sich Zeit, und geben Sie ihm Gelegenheit zum Antworten.

abwesend beim Erledigen anderer Dinge mit ihm zu sprechen. Morgens beim Aufstehen, nach der Rückkehr von der Arbeit, bei den Mahlzeiten oder zur Schlafenszeit: All dies sind ideale Zeiten für Gespräche.

Etwas über Gefühle lernen

Kommunikation hat auch mit Körpersprache zu tun. Jede Umarmung, jeder Kuss, jeder Blick, jedes Lächeln, Stirnrunzeln oder Lachen sendet eine klare Botschaft und sagt Ihrem Kind, wie Sie ihm gegenüber empfinden, welche Stimmung Sie haben und welche Reaktion Sie erwarten. Es kennt Ihre Körpersprache wohl besser als Sie. Stellen Sie sicher, dass Ihre nonverbalen Signale mit Ihren Worten übereinstimmen. Wenn Sie mit in die Hüften gestemmten Armen sagen: »Gut gemacht«, oder mit gerunzelter Stirn »lieber Junge«, verwirren Sie es mit Ihrer widersprüchlichen Botschaft.

»Seien Sie sich der Macht Ihrer Körpersprache bewusst. Wenn Sie Ihr Kind verbal loben, müssen Sie auch interessiert schauen und zugewandt handeln.«

Stimmt Ihr Köper mit Ihren Worten überein? Betrachten Sie seinen Gesichtsausdruck und seine Körperhaltung, wenn es mit Ihnen spricht. Passt seine Stimme zu seiner Körpersprache? Wenn Augen und Blick etwas anderes ausdrücken als seine Wörter, leiten Sie es an, Ihnen zu sagen, wie es sich fühlt. Ein Kleinkind beherrscht die Macht des Blickkontakts. Es ist in der Lage, einen völlig Fremden auf zehn Meter Entfernung für sich einzunehmen, einfach indem es ihn anlächelt. Seine sprachlichen Fähigkeiten sind jedoch noch nicht so ausgereift. Mit Ihrer Hilfe lernt es, seine Stimmung und seine Gefühle in Worte zu übersetzen.

Wie sich Sprache entwickelt

Man weiß noch nicht genau, wie wir die Sprache erlernen, auch wenn die Arbeiten von Linguisten wie Noam Chomsky und Jerome Bruner (s. S. 216f.) für unser heutiges Verständnis eine wichtige Rolle spielen. Wenn Ihr Kind spricht, muss es sich letztlich mit vier verschiedenen Bereichen der Sprachentwicklung gleichzeitig herumschlagen.

Die vier Bereiche sind:

▪ Wie man Laute verwendet und wie man Wörter ausspricht (Phonetik).

▪ Wie man Wörter grammatikalisch abwandelt und sie sinnvoll einsetzt, wie die Verwendung von Plural oder Vergangenheit (Semantik).

▪ Wie man mehrere Wörter in logischer Anordnung oder auf bedeutungs-stiftende Weise kombiniert (Syntax).

▪ Wie Sprache situativ und kontextabhängig angewandt wird (Pragmatik).

Das ist eine Menge, was das sich entwickelnde Gehirn bewältigen muss. Da ist es kein Wunder, dass Ihr Kind manchmal frustriert ist. Später lernt es Buchstaben, Buchstabieren und Grammatik und den bewussten Einsatz der Stimmlage sowie eine sensible Sprachverwendung. Aber vorerst konzentriert es sich auf den Aufbau einer »Wörterbank« im Gedächtnis, damit es auf einer breiten Ebene kommunizieren kann.

Im zweiten bis dritten Lebensjahr entwickelt sich seine Sprachkom-petenz rasant. Zuallererst werden seine Sätze länger, von zwei Wörtern bis zu drei oder vier. Statt »Papa arbeiten«, kündigt es mit 24 Monaten vielleicht an: »Papa jetzt arbeiten«, und mit 36 Monaten kann es vielleicht schon sagen: »Papa geht jetzt zur Arbeit.« Mit drei Jahren verwendet es die Personalpronomen »ich«, »mir« und »du« korrekt. Es erfindet bestimmt eigene Abkürzungen für manche Wörter und Sätze, oft basierend auf den Wortanfängen oder -endungen, wie »lade« für Schokolade.

Zuhören lernen

Ihrem Kind zuzuhören bedeutet mehr, als die Worte zu hören, die es sagt. Es muss wissen, dass Sie auf seiner Wel-lenlänge liegen und dass Sie wirklich daran teilnehmen, wie es sich fühlt und was es Ihnen sagt.

Stellen Sie Blickkontakt her, berühren Sie beim Sprechen seinen Kopf oder seine Wange, lächeln Sie und zeigen Sie Anteilnahme. Drücken Sie Ihr Interesse und Verständnis in Mimik und Körpersprache aus. Beim Beobachten Ihrer Reaktionen lernt es, wie man Empathie mit dem Gesprächsteilnehmer zeigt. Es lernt, im Gesicht der Mitmenschen zu lesen und Verständnis zu entwickeln.

Tipps für effektives Zuhören:

▸ Bringen Sie viel Geduld auf, um Ihr Kind sich selbst ausdrücken zu lassen.

▸ Wiederholen Sie, was es gesagt hat, um zu zeigen, dass Sie zugehört und verstanden haben.

▸ Unterbrechen Sie es nicht, um seine Sprache zu korrigieren.

▸ Stellen Sie Fragen, damit es wieder-holt und verdeutlicht, was es sagt.

▸ Schauen Sie erfreut. Ihr Interesse stärkt sein Selbstwertgefühl.

▸ Loben Sie es für seine Klugheit.

(Offensichtlich haben manche Wörter einfach zu viele Silben!) Es lernt auch, Fragen zu stellen. Oft hängt es dazu einfach »Warum« an seinen Satz. Bisher hat es vielleicht beobachtet: »Baby schreit!« Jetzt, mit 24 Monaten, fragt es Sie: »Warum Baby schreit?«, und mit 36 Monaten sagt es vielleicht richtig »Warum schreit das Baby?«.

Am meisten beeindruckt ist Ihr Kind aber vermutlich von den mächtigen Wörtern »Ja« und »Nein«. Während der kommenden Wochen werden Sie vermutlich die Wörter »Nein« und »Warum« sehr, sehr oft hören.

Sprache – bewusst erlernt oder nebenbei erworben?

Bis in die späten fünfziger Jahre des vergangenen Jahrhunderts bestand die Auffassung, dass Kinder Sprache auf einer individuellen Basis erlernen, entweder indem sie Laute hören und nachahmen oder indem sie die Reaktionen anderer Menschen auf Laute interpretieren. Der Linguist Noam Chomsky betrachtete dies als zu grobe Vereinfachung, um den komplexen Prozess des Erwerbs von Bedeutung, Struktur und grammatikalischen Regeln der Sprache zu erklären. Er zeigte, dass schon dreijährige Kinder ein Bewusstsein von Grammatikregeln haben, z. B. die Bildung des Plurals.

Er zeigte auch, dass Kinder in verschiedenen Kulturen eine klare Abfolge im Spracherwerb einhalten, was unmöglich wäre, wenn Sprache individuell gelehrt würde.

So macht Sprechenlernen Spaß

Nutzen Sie weiterhin die Lieder, Verse und Wortspiele, die Ihrem Kleinkind bisher Spaß gemacht haben. Keine Sorge, wenn Sie falsch singen oder seit der Schulzeit nicht mehr gesungen haben. Das stört Ihr Kind nicht. Es liebt einfach den Klang der Wörter und die begleitenden Handlungen. Jede Wiederholung trägt zur Gedächtnisbildung bei. Überlassen Sie ihm später auch beim Lernen von Buchstaben und Zahlen die Führung. Vielleicht will es die Buchstaben lernen, aber erzwingen Sie dies nicht. Das hat noch lange Zeit, ebenso wie das Zählen.

Geschichten-Erfinden und Bücher-Vorlesen ist ein exzellenter Weg, den Spracherwerb zu beschleunigen und Spaß an Sprache zu fördern. Hat es eine Lieblingsgeschichte (und Kleinkinder können diese oft wortgetreu wiedergeben), machen Sie beim Vorlesen Pausen und warten ab, ob es das fehlende Wort ergänzen oder Ihnen sagen kann, was als Nächstes kommt. Seien Sie tolerant und voll des Lobes, nicht kritisch – auf diese Weise macht es schnelle Fortschritte und hat Spaß dabei.

Chomsky meinte, dass wir eine angeborene Fähigkeit besitzen, die Regeln und Bedeutungen jeder Sprache zu erlernen. Wir lernen dann die Sprache, mit der wir in Kontakt sind. Er zeigte, dass alle Kinder, egal aus welcher Kultur, in verschiedenen Phasen des Spracherwerbs ähnliche Fehler machen, als Folge der Aneignung grammatikalischer Strukturen.

Chomskys Ideen wurden von Jerome Bruner um 1980 weiterentwickelt. Er glaubte, dass Sprache das Resultat der Kombination einer angeborenen Fähigkeit und der Einbettung in die persönliche Umgebung sei. Die soziale Interaktion beginnt, wenn das kleine Baby den Blick dorthin richtet, wo die Eltern hinschauen. Mit 12 bis 18 Monaten lernt es, Gegenstände nicht nur aus seiner eigenen Perspektive zu betrachten, sondern auch seine Lage zu verändern, um das zu sehen, was die Eltern betrachten. Für Bruner und andere ist diese Phase mit dem Spracherwerb verbunden, weil das Kind sich mit anderen Menschen auf eine gemeinsame Bedeutung bezieht, wie in diesem Beispiel:

Papa: »Schau den schönen grünen Vogel, Tobias.« Tobias schaut, kann aber keinen Vogel sehen.

Papa, zeigend, sagt: »Da, schau, auf dem Baum.« Tobias folgt der Richtung von Papas Zeigefinger.

Tobias: »Da, Vogel! Grüner Vogel, Papa!« Tobias sagt, wenn ich dahin schaue, wohin du schaust, kann ich deine Perspektive einnehmen und verstehe, was du meinst.

Dieser gemeinsame Bezug auf Wörter und einen gemeinsamen Fokus nennt man »Joint attention«; er bezeichnet den Beginn der Fähigkeit zur Kommunikation und zum Austausch.

ICH SEHE ES AUCH!
Sobald Ihr Kind lernt, dahin zu blicken, wo Sie hinschauen, beginnt es, die Bedeutung von Wörtern zu lernen – verbal wie nonverbal und durch Zeigen.

Zweisprachige Familien

Kinder unter drei, die in einer zweisprachigen Umgebung aufwachsen, erlernen problemlos beide Sprachen gleichzeitig. Am besten wird dabei konsequent vorgegangen, z. B. indem jeder Elternteil seine Sprache spricht oder eine Sprache zu Hause gesprochen wird und die andere außerhalb. Werden die Sprachen ständig vermischt, hat das Kind Schwierigkeiten herauszufinden, welches Vokabular zu welcher Sprache gehört. Zweisprachige Kinder scheinen später in der Schule leichter zusätzliche Sprachen zu erlernen als einsprachige Kinder, vielleicht weil sie eine höhere sprachliche Bewusstheit besitzen, was weitere sprachliche Kompetenzen erleichtert.

Wie Sie mit Ihrem Kind sprechen

Mit einem Kind dieses Alters sprechen bedeutet vor allem, es zum Sprechen ermutigen. Es kennt etwa zwischen 200 und 500 Wörter, kann aber noch nicht alle sicher verwenden. Je mehr es mit Ihnen und anderen spricht, umso flüssiger und sicherer wird seine Sprache.

Bei Kindern dieses Alters ist es nicht einfach, den Mittelweg zu finden zwischen Ermutigung zum Sprechen und Korrektur seiner Äußerungen; wichtig ist, dass Sie ihm helfen, seine sprachlichen Fähigkeiten zu erweitern.

▸ **Behalten Sie das Kommentieren bei** – beschreiben und kommentieren Sie weiterhin das, was es tut. So lernt es zu verstehen und über seine Handlungen nachzudenken. Damit wird ihm der Sinn seiner Handlungen klarer. Sie könnten z. B. sagen: »Du fährst sehr schnell mit deinem Dreirad, da sind wir bald im Park.«

▸ **Formulieren Sie einfach** – beschreiben Sie Dinge so klar wie möglich. Das gilt auch für Anweisungen – damit es versteht, was erwartet wird und was es gerade erlebt. »Gut, wie du dich beim Schaukeln festhältst, Jan. Gut gemacht.«

▸ **Leiten Sie zum Beschreiben an** – vergrößern Sie seinen Wortschatz, indem Sie die Information, die es Ihnen gibt, ausführen. Beschreiben Sie alles noch detaillierter: »Du hast ganz viel Schwung genommen mit den Beinen, nicht wahr? Du bist ganz hoch geschaukelt. Das war ziemlich aufregend. Ich dachte schon, du würdest runterfallen!«

▸ **Stellen Sie Fragen** – über bekannte Dinge, um es zum Sprechen anzuregen. Überfordern Sie es aber nicht. »Geschlossene« Fragen geben eine Antwort vor: »Hast du neue Freunde gefunden?« »Offene« Fragen laden zum Plaudern ein: »Was hat am meisten Spaß gemacht?« Stellen Sie Fragen, die ihm ermöglichen, selber zu beschreiben.

»Je lustiger die Unterhaltungen sind, umso mehr Sprache bleibt im Gedächtnis und umso mehr ›Wohlfühlhormone‹ werden ausgestoßen.«

IMMER NEUGIERIG *Die Welt ist voller neuer Entdeckungen für Ihr Kind. Fordern Sie es auf, Ihnen zu erzählen, was es sieht und erlebt.*

▶ **Verwenden Sie Vergangenheit, Gegenwart und Zukunft** – Ihr Kind hat inzwischen ein viel besseres Zeitgefühl; die Unterscheidung von heute, gestern und morgen ist aber immer noch verwirrend. Wenn Sie seine eigenen Tätigkeiten in Ihre Berichte und Ihre Fragen einschließen, entwickelt es leichter einen Zeitbegriff. »Sollen wir morgen wieder in den Park gehen; wir können auch mit Peter schwimmen gehen so wie letzte Woche. Was ist dir lieber? In den Park gehen oder mit Peter schwimmen?«

▶ **Erwähnen Sie Beziehungen** – Ihr Kind weiß, dass es eine Mama, einen Papa und vielleicht Geschwister und Großeltern hat; sprechen Sie mit ihm auch über weitere Familienmitglieder, wie Tanten, Onkel und Vettern und Cousinen. Das verstärkt sein Verständnis von »Familie« und sein Zugehörigkeitsgefühl. »Wir können auch deine Vettern Georg und Michael mitnehmen, wenn du möchtest. Ich denke, Tante Maria kann uns in ihrem Auto mitnehmen.«

▶ **Helfen Sie ihm, seine Gefühle zu verstehen** – liefern Sie ihm die Wörter, die nötig sind, um seine Gefühle zu beschreiben: »Du klingst sehr glücklich, Kilian, und ganz aufgeregt. Sind das gute Gefühle? Ich glaube schon.«

▶ **Einfache Unterhaltungen** – beschränken Sie sich bei jedem Wortwechsel auf ein oder zwei Informationen. Mehr kann Ihr Kind nicht erinnern, es wird nur verwirrt. Erwarten Sie keine logische Antwort auf jede Frage.

WER FÜHRT DIE UNTERHALTUNG?

Eine kindgeführte Unterhaltung stärkt, wie das kindgeführte Spiel, das Selbstvertrauen des Kindes, weil es sich respektiert fühlt und man ihm wirklich zuhört. Eine elterngeführte Unterhaltung dagegen neigt zu Korrektur oder Belehrung. Das Kind möchte es dabei dem Erwachsenen recht machen, statt selbstbestimmt auszuprobieren und zu lernen. Beide Formen des Gesprächs haben situationsbedingt ihre Berechtigung. Die folgenden Beispiele zeigen zwei sehr unterschiedliche Ansätze und Resultate während des Spiels.

Mara spielt mit Tante Linda, die ihr zeigt, wie man ein Puzzle legt:
»Also, zuerst suchen wir alle Teile des äußeren Rands. Nein, das ist kein Randstück, das ist ein Mittelstück. Hier, Mara, versuch dieses Teil … Nein, nein, andersherum. Nein, die gerade Linie muss passen, siehst du? Hier – ich zeige es dir. Da. Also, jetzt, siehst du ein Stück mit Himmel drauf? Ja, das ist eine schöne Sonnenblume, Schatz, aber das Teil passt nicht. Wir brauchen zuerst Himmel … Langsam, langsam – du schlägst die Teile auf den Boden. Wohin gehst du, Schatz? Ja, Mama ist nebenan …«

Mara trollt sich, weil sie nichts recht machen kann und keinen Spaß mehr am Puzzeln hat. Tante Linda merkt es kaum, weil sie so vertieft ist, den äußeren Rand des Puzzles zu legen.

Später setzt sich Mara mit ihrem Onkel Franz zur gleichen Aufgabe hin, aber er überlässt ihr die Führung:
»Du erwartest hoffentlich nicht, dass ich irgendetwas mache, Herzchen! Ich kann keine Puzzles legen. Du musst es mir zeigen. Was ist das für eine lustige Form? Ein Puzzleteil, sagst du? So? Toll. Was ist dieses gelbe Stück? Oh, eine Sonnenblume. Wohin soll ich es legen? Hierher. Okay. Was kommt jetzt? Ja, das ist auch ein hübsches Stück. Welche Farben sind drauf? Oh ja, ich sehe, da ist auch ein bisschen Gelb drauf, aha, und ein grüner Stängel – du hast recht. Wozu sind diese lustigen Knubbel da drauf? Das verstehe ich nicht – zeigst du es mir? Ah! Du bist schlau, du hast die Teile zusammengelegt und hast jetzt eine ganze Sonnenblume. Gut, Mara.«

Mara ist sehr glücklich. Sie hat die Aufmerksamkeit ihres Onkels, und sie hat ihr Lieblingsstück des Puzzles zusammengefügt. Die Vorgehensweise ihres Onkels hat gut funktioniert. Er hat ihr geholfen, ihr eigenes Spiel zielgerichtet auszuführen und gleichzeitig Spaß zu haben.

Das weitere Umfeld Ihres Kindes

Ihr Zweijähriges beginnt gerade zu verstehen, dass die Welt größer ist als seine unmittelbare Familie. Großeltern, Tanten, Onkel, Vettern, Cousinen und Freunde spielen allmählich eine größere Rolle. Es wird sich auch der Unterschiede zwischen Jungen und Mädchen stärker bewusst.

Ihr Kind erkennt allmählich, dass es in seiner Welt auch andere Menschen mit Bedürfnissen gibt. So entwickelt es Sozialkompetenz und ein Bewusstsein seiner selbst und wird sich der Existenz und Bedeutung von Beziehung bewusst.

Mit anderen klarkommen

Ebenso wie Geschwister und erste Freunde hat Ihr Kind vielleicht auch Vettern und Cousinen als Spielgefährten. In manchen Familien gehören diese Beziehungen zu den stärksten lebenslangen Bindungen. Das Bindungsvermögen des Kindes hängt zu gewissem Grad von der Qualität der Elternbeziehung ab. Erwachsene Geschwister derselben Eltern können eine völlig unterschiedliche Sicht auf die »richtige« Art, ihre eigenen Kinder großzuziehen, haben, und Kleinkinder nehmen elterliche Spannungen und Meinungsverschiedenheiten sensibel auf.

Am leichtesten meistert man unterschiedliche Meinungen über den »besten« Erziehungsstil durch die Aufstellung bestimmter Hausregeln, die respektiert werden. Kinder sind am glücklichsten, wenn sie zufriedene Eltern haben. Wenn Erwachsene Kompromisse eingehen, können sie es auch.

Teilen und Rollenspiel

Jede Beziehung bietet Kleinkindern die Möglichkeit, teilen und abwechseln zu lernen. Helfen Sie Ihrem Kind, Selbstbewusstheit und Regelverhalten zu entwickeln, indem Sie das gewünschte Verhalten vorleben und ihm beschreiben, was es tun sollte. Zum Beispiel: »Bastian, das ist Marlene.

Marlene ist deine Cousine (die Verwandtschaft erklären), und sie würde gern mit dir spielen (die Erwartungen erklären). Möchtest du mit Marlene spielen (das Kind kann mitbestimmen)?« Wenn Bastian nickt, fährt seine Mutter fort: »Du bist lieb, Basti (lobt ihn)! Ich bleibe auch bei euch (gibt ihm ein Gefühl der Sicherheit)«. Hätte Bastian »Nein« gesagt, hätte die Mutter, statt zu insistieren, vorgeschlagen, dass sie mit Marlene spielt und Bastian zuschauen kann.

Kinder gewinnen in diesem Alter durch Symbolspiele und Rollenspiele mit anderen Kindern und die Beobachtung des Verhaltens der Erwachsenen ein größeres Gespür für ihr eigenes Geschlecht. Mädchen orientieren sich in diesem Alter oft an ihren Müttern. Jungen neigen dazu, Rollenvorbilder wie Feuerwehrmann, Polizist oder vielleicht den Beruf des Vaters zu suchen. Rollenspiele in Verbindung mit den vielfältigen Botschaften der Mitmenschen zum Rollenverhalten verstärken das Bewusstsein des eigenen Geschlechts. Dies wird nach der Einschulung noch viel deutlicher.

Ein Lob den Großeltern

Die Entscheidung, wieder zu arbeiten, solange das Kind noch klein ist, fällt oft eher aus Notwendigkeit als auf Wunsch. Wer meint, dass es für die Betreuung in Krippe oder Kindergarten noch zu früh ist, hat manchmal die Möglichkeit, das Kind von den Großeltern betreuen zu lassen. Daraus entsteht eine enge, förderliche Großeltern-Enkel-Beziehung, und der Erziehungsstil ist häufig ähnlich wie zumindest bei einem Elternteil.

»Jasmins Großeltern sind ein wichtiger Teil ihres Lebens. Sie hat eine besondere Beziehung zu ihnen. Das ist wunderbar.«
Diana, 41

Top-Tipps für Großeltern

Zwar macht es Ihnen bestimmt Freude, für Ihr Enkelkind zu sorgen, doch es gilt auch einiges zu beachten.
▶ Beherzigen Sie wichtige Grundregeln. Kleinkinder sind hoch intuitiv und entdecken schnell, dass sie die Personen ausspielen können. Lassen Sie sich von Ihrem Sohn oder Ihrer Tochter sagen, welche Regeln zu Hause absolut gelten und welche flexibler sind, und halten Sie sich daran.
▶ Ihr Enkelkind betreuen heißt nicht, dass Sie mit ihm mithalten müssen. Lassen Sie es herumrennen. Sie müssen nicht mitrennen. Ihre Ermutigung und Liebe sind genug.

▶ Sagen Sie es, wenn Sie das Gefühl haben, ausgenutzt zu werden. Die Liebe zu Ihrem Enkelkind bedeutet nicht, immer bereitstehen zu müssen.
▶ Kritisieren Sie die Eltern nicht. Sprechen Sie Bedenken hinsichtlich des Verhaltens des Kindes an, statt scheinbare Ursachen zu benennen.

Nur für Eltern

Wie Sie inzwischen bestimmt erkannt haben, besteht eine der größten Schwierigkeiten des Elternseins darin, alle Rollen und Verantwortungsbereiche zu vereinen. Nie hat der Tag genug Stunden, und manchmal müssen Sie mit Ihren Gefühlen ebenso kämpfen wie mit denen Ihres Kindes.

»Ich kann nur dann alles erledigen, wenn ich die Kinder einbeziehe. Zum Glück finden sie das toll!« Mia, 40

Die endlose Karussell des Haushalts mit der Kunst der Kindererziehung in Übereinstimmung zu bringen stellt selbst für ausgeglichene Menschen eine Herausforderung dar. Für Alleinerziehende oder kinderreiche Familien kann es echten Stress bedeuten. Die Lösung lautet, die Pflichten im Haushalt in Spiel, Spaß und Lernerlebnisse zu verwandeln.

Machen Sie aus der Arbeit ein Kinderspiel

Ein kleines Kind kennt keinen Unterschied zwischen Arbeit und Spiel, vorausgesetzt, es macht Spaß. Es hat Interesse und Spaß an einfachen Haushaltstätigkeiten. Natürlich spreche ich mich hier nicht für Kinderarbeit aus! Ihr Kleines kann noch keine Verantwortung für Pflichten übernehmen, und seine Sicherheit hat immer höchste Priorität.

Ist es eine kleine/-r »Mama/Papa«? Den Haushalt mit einem Kleinkind im Schlepptau zu erledigen ist eine Herausforderung. Nutzen Sie den Nachahmungstrieb, und leiten Sie es an, Ihre Tätigkeiten zu imitieren (in vernünftigen Maß). Wenn Sie das Auto putzen, kann es seinen Spielzeuglaster waschen; es kann beim Zusammenlegen der Wäsche helfen; wenn Sie kochen, kann es auch etwas zubereiten. Dabei erwirbt Ihr Kind neue Fähigkeiten und ist zufrieden.

Kein Stress wegen Unordnung Viel Stress können Sie sich ersparen, wenn Sie das Aufräumen in ein Spiel, vielleicht mit Belohnung, verwandeln. Dabei erhält Ihr Kind die Gelegenheit, Ihre Tätigkeiten zu imitieren, und hat Spaß. Nehmen Sie sich dabei etwas Zeit, Farben und Formen der Gegenstände in Ihrer Wohnung zu betrachten; gehen Sie auf die Suche nach Spinnweben und Spinnen (vorausgesetzt, Sie haben selbst keine Angst), oder erfinden Sie Aufräumlieder. Leiten Sie Ihr Kind spielerisch an, schmutzige Wäsche in den Wäschekorb zu werfen und saubere in den Schrank zu räumen; dabei kann es Farben und Namen verschiedener Kleidungsstücke lernen und gewinnt eine Vorstellung von kleinen und großen Größen. Stellen Sie das spielerische Element in den Mittelpunkt, statt pingelig darauf zu achten, dass alles sauber und ordentlich am richtigen Platz ist.

Mixen und kosten Kuchenbacken macht Spaß. Die meisten Kinder matschen gern und freuen sich ungemein, wenn sie etwas mischen und mit ganzem Körpereinsatz helfen dürfen. Die Freude, die Ihr Kind daraus gewinnt, das Ergebnis seiner Mühen essen zu können, weckt sein Interesse an der Zubereitung von Mahlzeiten. Aber denken Sie daran, es nicht in die Nähe des heißen Herdes und Backofens zu lassen, bis es alt genug ist, die Gefahr wirklich zu verstehen.

Was wächst im Garten? Etwas wachsen sehen ist für ein kleines Kind aufregend. Es freut sich, das Keimen einer Karotte in einem Topf Wasser zu beobachten oder dabei zu helfen, im Garten Unkraut zu jäten oder etwas auszusäen. Die Veränderungen und das Wachstum der Pflanze versetzen es in Erstaunen und Aufregung – und bieten eine ideale Gelegenheit zu erklären, wie Pflanzen wachsen. Hüten Sie sich aber vor wissenschaftlichen Erklärungen, solange Ihr Kind so klein ist. Eine einfache Erklärung, dass Samen Wasser und Sonne brauchen, reicht aus. Mehr Details kann es nicht verstehen.

Ein Wort über Wut

Kinder sind wie ein Barometer, das das Klima in einem Haushalt anzeigt. Mit ihrer hohen Sensibilität und Intuition erkennen sie die Stimmung der Eltern auf subtile Weise. Wenn Erwachsene gestresst sind oder Konflikte haben, beziehen Kinder dies schnell auf sich – und meinen oft, sie seien irgendwie daran schuld (manchmal mag das ja sein). Unfähig, seine Emotionen von seiner eigenen Erfahrung zu trennen, kann ein Kleinkind, das die Eltern streiten sieht, sich aus Überforderung ängstigen. Es kann nichts anderes aufnehmen oder verarbeiten, weil es sich unsicher fühlt. In extremen Situationen mit anhaltenden Konflikten kann eine Regression in frühere Entwicklungsstadien erfolgen. Streit gehört jedoch zum Leben, und Sie können Ihr Kind nicht völlig vor den unangenehmen Seiten des Lebens schützen; dies wäre auch nicht wünschenswert. Es kommt darauf an, wie Sie mit dem Konflikt umgehen. Ihr Kind muss darauf vertrauen können, dass Sie ihm Sicherheit geben und ihm bei der Gefühlsbewältigung helfen, indem Sie es trösten. Auf diese Weise entdeckt es, dass es auch bei Streit geliebt wird.

Überlastung meistern

Wenn Sie müde sind, handeln Sie vielleicht selbst wie ein Kleinkind. Sie geraten in Wut, wenn Sie das Gefühl haben, keine Kontrolle mehr zu haben oder missachtet zu werden; gelegentlich haben Sie negative Gefühle und wollen allein gelassen werden. Das ist menschlich, und es ist Ihr Recht, genug zu haben – manchmal! Sind Sie jedoch depressiv, und empfinden Sie zunehmend negative Gefühle Ihrem Kind gegenüber, müssen Sie nach den Ursachen forschen. Vielleicht brauchen Sie einfach eine Auszeit. Überlegen Sie sich, was Ihnen helfen könnte, wieder ruhiger und gelassener zu werden.

Haben Sie das Gefühl, immer »Nein« oder »Lass das« zu sagen? Es gibt nicht nur einen richtigen Weg der Erziehung, doch es ist wichtig, negative Bemerkungen durch mindestes die gleiche Anzahl positive auszugleichen. Wenn Sie ganz automatisch negativ reagieren, sind Sie vermutlich gestresst oder müde. Versuchen Sie bewusst, im Umgang mit Ihrem Kind das Negative in Positives zu wenden – und planen Sie freie Zeit für sich ein.

Sind Sie durch die ständige Fragerei genervt? Unerwünschtes Verhalten zu ignorieren ist eine wirksame Methode, »schlechtes« Verhalten bei Kindern zu beenden. Dies ist aber nicht die ideale Reaktion bei einem neugierigen Kind. Kinder brauchen Antworten auf ihre Fragen, damit sie lernen und selber nachdenken können. Wenn Ihr Kind Sie fix und fertig macht und Sie irgendwann »genug« haben, erklären Sie ihm, dass »es für heute genug

Sich mit Erwachsenen einigen

Eltern sind auch nur Menschen. So, wie Sie Ihrem Kind helfen, seine Frustrationen zu bewältigen, so müssen Sie auch bewusst lernen, Ihre eigenen zu kontrollieren.

▶ Legen Sie eine »Abkühlungsphase« ein, bevor Sie die Ursache Ihres Ärgers diskutieren.

▶ Sagen Sie einander ehrlich, wie die Handlungsweise des anderen wirkt.

▶ Sprechen Sie über die Handlungsweise, aber kritisieren Sie nicht die Person; Kinder müssen wie Erwachsene wissen, dass es ihr Verhalten ist, das Sie ablehnen, nicht ihre Person.

▶ Wenn Ihr Kind Ihren Streit mithört und erschrocken ist, erklären Sie, dass »Mama sich über Papa geärgert hat (oder andersherum), aber nicht auf dich wütend ist.«

▶ Schmusen Sie mit Ihrem Kind, um es zu trösten, aber erklären Sie keine Details. Ein Kind muss nicht mit Erwachsenenthemen belastet werden.

▶ Lassen Sie sich nie dazu hinreißen, ein Kind anzustacheln, Partei zu ergreifen oder zu vermitteln.

▶ Wenn Sie das Gefühl haben, ständig zu streiten, nehmen Sie eine Paarberatung in Anspruch.

KINDERSPIEL *Alltägliche Tätigkeiten, wie Kochen, können wieder Spaß machen, wenn man die Kinder einbezieht. Statt sich ständig zu beeilen und gestresst zu sein, müssen Sie sich dabei Zeit nehmen und sich auf die Sache einlassen.*

Fragen sind und Papa jetzt müde ist«, damit es den Grund für Ihr Nicht-Reagieren versteht.

Haben Sie genug davon, es zu ermahnen? Ihr Kind braucht Grenzen. Ständige Kritik jedoch hält es vom Experimentieren ab und macht es passiv, weil es Angst vor Ihrer Kritik hat, oder es übernimmt das Etikett, »unartig« zu sein in allen Bereichen. Es ist jetzt alt genug für eine kurze, einfache Erklärung eines »Nein« – oder zeigen Sie ihm, warum etwas gefährlich sein kann.

Stört es ständig? Ihr Kind kann nun allmählich verstehen, dass Sie nicht immer sofort reagieren und nicht immer auf es fokussiert sein können.

Macht es oft das Gegenteil von dem, was Sie ihm sagen? Wenn man einem Kind sagt, was es nicht machen darf, bringt man es oft gerade dazu, dies zu tun. Nutzen Sie das, z. B.: »Ich wette, du kannst diese Spielsachen nicht in die Kiste räumen, bevor ich bis zehn gezählt habe!« Diese Methode ist sehr wirksam und hilft auch, positives Verhalten zu fördern.

Zeigen Sie ihm immer, was es tun soll? Zeigen Sie Ihrem Kind an Ihrem Vorbild, was Sie erwarten. Es muss aber auch die Möglichkeit haben, Fehler zu machen. Versuch und Irrtum helfen ihm, seinen eigenen Weg zu finden, ohne dass Sie eingreifen und ihm den »richtigen« Weg zeigen – natürlich sofern es nicht gefährdet oder völlig unbeherrscht ist.

Zeit für sich selber finden

Planen Sie regelmäßig etwas, das überhaupt nichts mit Kindern und Familie zu tun hat. Reservieren Sie die Zeit in Ihrem Terminkalender – dann werden Sie Ihr Vorhaben eher durchführen. Sobald Sie das Gefühl haben, keine Zeit für etwas anders als Arbeit und Pflichten zu haben, ist der dringende Moment gekommen, innezuhalten – und bewusst etwas für sich zu tun, jetzt, in dieser Woche.

Das gilt auch für Ihren Partner. Wenn Sie aufeinander achten und sicherstellen, dass sie einander unterstützen, gibt es weniger Raum für Spannungen, Groll oder Erschöpfung. Je entspannter und erfüllter Sie sind, umso weniger Konflikte und Ärger werden Sie erleben.

Nutzen Sie Ihr Netzwerk aus Freunden und Verwandten. Wen können Sie anrufen, um sich auszusprechen, gemeinsam zu entspannen oder Dampf abzulassen? Nehmen Sie Gesundheitskurse oder eine Krabbelgruppe wahr? Jetzt ist auch für Ihr Kind eine ideale Zeit, neue Freunde zu finden.

»Sie sind nicht nur Eltern, sondern auch Individuen. Nehmen Sie sich Zeit für Ihre eigenen Interessen – Sie werden glücklicher sein, und das kommt auch Ihrem Kind zugute.«

Liebe Tanya ...

▸ **Ich habe Schuldgefühle, weil es mich so langweilt, mit meiner zweijährigen Tochter länger als zehn Minuten ein Spiel zu machen.**

Das geht nicht nur Ihnen so. Vielen Eltern fällt es extrem schwer, mit ihrem Sohn oder Tochter immer wieder das Gleiche zu spielen. Im Grunde ist es so, dass Ihr Kind kaum länger als zehn Minuten bei der Sache bleiben kann, die restliche Zeit genießt es einfach Ihre Anwesenheit.

Diese Entwicklungsphase geht schnell vorüber; also denken Sie einfach daran, dass Ihre Tochter in spätestens sechs Monaten viel lieber mit anderen Kindern spielen wird und Sie nicht mehr so sehr braucht.

Nutzen Sie die die gemeinsame Zeit, um ihr Teilen und Abwechseln beizubringen: Dann gewöhnt sie sich später leichter an das gemeinsame Spiel mit anderen Kindern. Konzentrieren Sie sich auf Ihre Tochter statt auf das Spiel. Beobachten Sie, wie sie schaut, zuhört und bei jeder Aktivität etwas lernt – und gratulieren Sie sich selbst für Ihren Anteil darin, ein glückliches und gesundes kleines Mädchen aufzuziehen. Auch wenn das kindergeführte Spiel ideal ist – wenn Sie ungeduldig werden, beteiligen Sie sie an etwas, was Sie lieber tun wollen – auf spielerische Weise?

▸ **Ich möchte meine zweijährige Tochter abstillen, aber ich befürchte, dass ihr das Stress bereitet.**

Das Stillen ist eine höchst persönliche Sache. Tatsache ist, dass ein Kind mit 24 bis 36 Monaten aus ernährungsphysiologischen Gründen keine Muttermilch mehr braucht. Ihre Tochter kann nun selber essen, und Ihre Muttermilch ist nicht mehr so nährstoffreich wie anfangs.

Daher sucht Ihre Tochter in diesem Alter beim Stillen vor allem Zuflucht und Trost – und Sie ebenso. Es kann für Sie beide anfangs schwer sein, sich umzustellen, weil Ihre Tochter Stillen mit Geliebt- und Umsorgt-Werden gleichsetzt. Aber es gibt andere Wege, ihr Zuneigung zu zeigen: Sie wird sich ziemlich schnell daran gewöhnen, wenn Sie ihr Alternativen bieten, z. B. ein Glas Milch beim gemeinsamen Kuscheln. Das schenkt ihr ebenfalls Geborgenheit. Vielleicht lässt sie sogar leichter los als Sie.

Oft kann man leichter abstillen, wenn man nicht zu Hause, sondern in einer anderen Umgebung ist. Wenn Sie wieder heimkommen, ist das Stillen hoffentlich eine weit zurückliegende Erinnerung für Ihre Tochter.

▸ **Unser dreijähriger Sohn lächelt beinahe jeden an, den er trifft – und umarmt Fremde auch. Wie kann ich ihn vor Fremden schützen, ohne ihm Angst zu machen?**

Viele Berichte lassen befürchten, dass jedes Kind in ständiger Gefahr vor Fremden schwebt. Die Statistik zeigt aber, dass Kinder durch Verkehrsunfälle gefährdeter sind als durch Entführung. Kommen sie zu Schaden, dann häufiger durch bekannte als durch fremde Menschen. Dennoch müssen Sie Ihrem Sohn beibringen, mit wem man sprechen und zärtlich sein darf. Sie müssen ihm sagen, dass er keine Geschenke von Fremden annehmen darf. Detaillierte Informationen sind nicht notwendig. Loben Sie einfach richtiges Verhalten und sagen Sie »Nein« bei unangebrachtem Benehmen.

FRAGEN & ANTWORTEN

LEBENSKOMPETENZEN *Ein gut erzogener, gutmütiger Familienhund kann ein wunderbarer Spielkamerad und Gefährte für ein kleines Kind sein. Dabei lernt es auch, wie man umsichtig ist und für andere sorgt.*

5 Punkte zur Erinnerung

1 Sie sind der Anker und sichere Hafen Ihres Kindes. Es braucht Sie, um seine Gefühle zu bewältigen, zu verstehen und zu lenken, und zwar so, dass es sich wohlfühlt und Selbstbeherrschung hat.

2 Sie können die Entwicklung Ihres Kindes nicht beschleunigen; Druck kann Angst verursachen und es entmutigen, weil es keinen Erfolg hat.

3 In schwierigen Zeiten stellen Sie vielleicht Ihre erzieherischen Fähigkeiten infrage und fragen sich, ob Sie etwas verkehrt machen. Versuchen Sie in diesem Fall, die Situation im Kontext zu sehen. Denken Sie daran, dass es normal ist, dass sich Kleinkinder manchmal schlecht benehmen.

4 Helfen Sie Ihrem Kind, einen kooperativen Spielstil zu erwerben. In der Sicherheit seiner Beziehung zu Ihnen können Sie Machtkämpfe vermeiden, die bei seinen Spielkameraden unweigerlich auftreten werden.

5 Viele Eltern glauben, ihr Kleinkind sei absichtlich unartig oder berechnend. Doch in diesem Alter besitzen Kinder noch nicht die dazu erforderliche moralische Reflexionsfähigkeit.

HELFEN LASSEN *Beziehen Sie es bei Tätigkeiten wie Gärtnern ein. So können Sie ihm Aufmerksamkeit schenken und trotzdem mit Ihrer Arbeit vorankommen. Und es lernt dabei ständig Neues.*

3—4 JAHRE

ETWAS LEISTEN WOLLEN IHR KIND IST FEST ENTSCHLOSSEN, NEUES AUSZUPROBIEREN UND DABEI ERFOLG ZU HABEN – LASSEN SIE IHM FREIRAUM FÜR LERNERFAHRUNGEN UND LOBEN SIE ALLE SEINE ANSTRENGUNGEN.

UNABHÄNGIG ES AGIERT SELBSTSTÄNDIGER UND PRÄZISER; ABER AKZEPTIEREN SIE, DASS MANCHES NOCH DANEBENGEHT!

ANDERE VERSTEHEN NICHT MEHR »ICH, ICH, ICH« STEHT IM VORDERGRUND; ES VERSTEHT ZUNEHMEND DIE GEFÜHLE UND BEDÜRFNISSE ANDERER, INSBESONDERE DIE DER ELTERN.

»Es wächst heran – aber auch wenn es selbstständig wirkt, braucht es Sie mehr denn je.«

Die Entwicklung Ihres Kindes

Die Phase zwischen dem 36. und 48. Monat verläuft meist
friedlicher als das Jahr davor, da Ihr Kind nun die Kleinkindzeit hinter sich lässt. Es will Ihnen Freude machen und nicht
mehr einfach seine eigenen Bedürfnisse befriedigen; doch es
gibt auch ganz besondere Herausforderungen.

Die Beziehung zu Ihrem Kind verändert sich im kommenden Jahr entscheidend – auf liebenswerte wie faszinierende Weise. Die Vorstellungskraft
entwickelt sich rasch. Ihr Kind kann in seiner Fantasie aufgehen; sie ermöglicht ihm, verschiedene Rollen und Verhaltensweisen auszuprobieren. In
dieser Zeit entwickeln sich aber auch Ängste (s. S. 260), und Albträume
(s. S. 264) können auftreten.

Mit der Fähigkeit zu reflektieren wächst die Erkenntnis, dass es ein
von Ihnen getrenntes Wesen ist. Es beginnt zu verstehen, dass seine Handlungen Folgen haben; damit erkennt es allmählich auch den Unterschied
zwischen »Richtig« und »Falsch«. Es stellt immer mehr Fragen, wenn es
nun versucht, die Welt sinnvoll zu erschließen.

»Nichts kann das eigene Benehmen nachhaltiger verbessern als eine Dreijährige. Jedes Mal wenn meine Tochter
ankündigt: ›Mein Papa sagt ...‹, werde ich unruhig!« Gerd, 38

Ihr Kind versteht nun viel genauer die Richtlinien, die Sie ihm vorgeben,
und es erinnert sich besser. Sie müssen es aber immer noch an alles Notwendige erinnern, da es nur wenige Informationen gleichzeitig behalten
kann. Es weiß nicht nur, dass es ein von Ihnen getrenntes Wesen ist, sondern kann auch Ihre Gefühle und Bedürfnisse viel stärker mitempfinden.
Ab drei Jahren haben Kinder ein starkes Bedürfnis, ihren Eltern Freude
zu machen, weil sie sie glücklich sehen wollen.

Ihr Kind orientiert sich nun zunehmend an Ihnen als Rollenvorbild und stellt immer wieder heraus, was »Mama sagt« oder »Papa sagt«.

Es achtet viel häufiger auf Sie, um Richtlinien für sein Handeln und Benehmen zu erhalten, und es wiederholt Ihre Wörter und Sätze häufiger denn je. Diese frühen Jahre spielen eine wichtige Rolle für die Haltungen und Sichtweisen, die ein Kind zur Welt, zu sich selbst und zum Handeln anderer Menschen entwickelt. Daher ist es so wichtig, einen möglichst ausgewogenen Blick auf die Welt zu haben und andere Menschen nicht auf der Basis von Äußerlichkeiten, Herkunft oder Geschlecht unfair zu kritisieren. Jedes Mal wenn Sie Ihrem Kind mit Ihrem Verhalten ein Beispiel geben, ist das eine Botschaft fürs Leben.

In den kommenden Monaten verändert sich auch die Selbstsicht Ihres Kindes. Es reagiert stärker und sucht Ihr Lob und Ihre Anerkennung; es beginnt auch, sich selbst zu loben. Dieses Alter ist ideal, um mit ihm das Treffen einfacher Entscheidungen zu üben. Bieten Sie ihm dabei zwei gleichermaßen vernünftige Alternativen an. Sein sich entwickelndes Gefühl für Leistung und Erfolg ist entscheidend wichtig für die Entwicklung seines Selbstwertgefühls (s. S. 259) und Selbstvertrauens.

Durch die zunehmende Bewusstheit seiner selbst begreift es allmählich die Folgen seines Verhaltens wie auch die Gründe, warum bestimmte Verhaltensweisen nicht akzeptabel sind. Lange Begründungen für Verbote versteht es zwar noch nicht, doch kurze Erklärungen sind angebracht. Dieses wachsende Verständnis und sein Reflexionsvermögen beschleunigen die Entwicklung moralischer Werte und Überzeugungen.

Erkennen, was falsch und richtig ist

Unser moralisches Bewusstsein entwickelt sich, sobald wir über das, was wir hören und lernen, nachdenken sowie das Verhalten anderer Menschen beobachten und das »Richtig und Falsch« einer wahrgenommenen Situation abwägen. Bis jetzt wusste Ihr Kind wenig mit »Richtig« und »Falsch« anzufangen. Die Verhaltensbildung erfolgte eher über Ablenkung als über Erklärungen. Ab dem 36. bis 42. Monat stellen Sie jedoch hier eine feine Veränderung bei Ihrem Kind fest.

Mit zunehmendem Reflexionsvermögen versteht Ihr Kind nicht nur, dass sein eigenes Verhalten Folgen hat, sondern lernt auch etwas über die Konsequenzen dieser Wirkung auf andere und entwickelt Empathie. Diese

Fähigkeit, Dinge aus der Perspektive eines anderen zu sehen und zu fühlen, ist entscheidend für das Verständnis von »Richtig« und »Falsch«. Die Ansichten darüber, in welchem Alter ein Kind Schuldgefühle und Gerechtigkeitssinn entwickelt (s. S. 261), gehen auseinander. Mit vier Jahren jedoch versteht es allmählich, was »fair« bedeutet.

Verhaltensbildung

Neben der Entwicklung moralischer Werte müssen Kinder lernen, sich auch diesen Überzeugungen entsprechend zu verhalten. Es gibt also einen Unterschied zwischen der Ansicht eines Kindes – dem Wissen, wie es sich benehmen sollte – und seinem Verhalten – dem wirklich »richtigen« Handeln. Nicht nur als Kind ist es manchmal schwer, »gut« zu sein!

Das Verhalten ist erlernt, nicht vererbt, und daher liegt es an Ihnen, ihm die korrekten Verhaltensweisen nahezubringen. Soziale Umgangsformen und gute Manieren, wie das Aussprechen von »Bitte« und »Danke«, werden von Ihnen vermittelt und vorgelebt. Kinder lernen mehr von dem, was sie sehen – konsequent und häufig und dazu angeleitet (und dafür gelobt) –, als von dem, was man ihnen predigt. Mit vier Jahren kann Ihr Kind bestimmte moralische Urteile selber fällen (z. B. »Es ist falsch, jemandem wehzutun«), sofern Sie entsprechendes Verhalten vorgelebt und mit ihm besprochen haben. Je klarer Sie Ihre Erwartungen an Ihr Kind in Ihrem eigenen Verhalten vorleben, umso schneller versteht es, dass dies wichtig ist.

Ein einfühlsamer, warmherziger und unterstützender Erziehungsstil hilft Kindern, tragfähige soziale Kompetenzen zu erwerben und die eigenen Emotionen zu steuern sowie früh ein ausgereiftes moralisches Reflexionsvermögen auszubilden. Auch Gleichaltrige sind sehr wirkungsvolle Vorbilder und haben Einfluss auf die Entwicklung moralischen Verhaltens, vor allem später in der Schule.

Werte entwickeln

Kinder saugen Informationen auf wie ein Schwamm: schnell und ungefiltert. In diesem Alter müssen Sie besonders vorsichtig sein mit Ansichten, Befürchtungen und Vorurteilen, die Sie äußern. Seine Ohren gleichen Antennen: Sie nehmen alles auf und speichern alles, was Sie sagen – auch das, was Sie lieber nicht gesagt hätten. Wir werden nicht mit bestimmten

SPIELGRUPPEN UND LERNEN *Spielgruppen bieten Erfahrungsmöglichkeiten und Rollenvorbilder für Ihr Kind; von Gleichaltrigen lernt es neue Fähigkeiten und Verhaltensweisen.*

>>Sie sind in diesen Jahren Augen und Ohren Ihres Kindes. Es sieht die Welt, wie Sie sie sehen, es glaubt, was Sie glauben, und handelt, wie Sie handeln.<<

Werten geboren, sondern mit der Fähigkeit, Überzeugungen zu entwickeln und die Regeln des Umgangs miteinander zu erlernen. Werte resultieren aus unseren persönlichen Überzeugungen und den Einflüssen, denen wir ausgesetzt sind. Sie werden von den Eltern und anderen Betreuern und Lehrern erworben und bilden sich im Laufe der Zeit aus. Ihr Kind kann vor dem siebten Lebensjahr keine eigenen Entscheidungen treffen und keine unabhängige Meinung bilden; seine Urteile und Überzeugungen basieren einzig auf dem, was Sie ihm sagen und was es von Ihnen lernt und bei Ihnen sieht.

Es denkt noch nicht selbstständig, und auch wenn es Sie provozieren kann, wenn es nicht bekommt, was es will, stellt es doch Ihre Autorität noch nicht infrage. Daher übernimmt es in diesem Alter alle Überzeugungen, die Sie äußern und auch nonverbal ausdrücken.

Die Wahrheit beugen

Ihr Dreijähriges muss eine Menge gleichzeitig auf die Reihe bekommen. Bisher bemühte es sich einfach darum, das zu bekommen, was es wollte; nun muss es auch berücksichtigen, was von ihm erwartet wird. Das kann zu Verunsicherung führen. Wie kann man gleichzeitig die Eltern zufriedenstellen und den eigenen Willen durchsetzen? Das Kind kann einfach eine Lüge erzählen. Doch es weiß dabei nicht, dass es lügt, und es täuscht Sie nicht absichtlich.

In diesem Alter ist das Lügen auch Ausdruck des wachsenden Reflexionsvermögens; das Kind probiert seine Vorstellungen in der Wirklichkeit und der Fantasie aus. Das ist kein Grund zur Sorge. Ihr Kind darf jedoch

Der Einfluss gewaltverherrlichender Bilder

Es besteht unter Wissenschaftlern wachsende Übereinstimmung, dass Kinder, die im Fernsehen oder in Computerspielen häufig Gewaltdarstellungen erleben, gewissermaßen desensibilisiert werden und leichter aggressiv reagieren als andere. Dies gilt insbesondere, wenn die Kinder dabei nicht beaufsichtigt werden und sie keine Möglichkeit haben, Richtig und Falsch der jeweiligen Situation zu interpretieren.

Gewaltsendungen und -spiele leiten nicht zum Nachdenken an; beim zuschauenden Kind entwickelt sich kein Verständnis für die wahren Konsequenzen der Gewalt – das es aber im Leben dringend braucht.

nicht erfahren, dass die Unwahrheit ihm Vorteile bringt, sonst lügt es bald bewusst. Wenn Ihr Kind gelogen hat, klären Sie die Situation, ohne wütend zu werden, sofort, und machen Sie es ihm leicht, die Wahrheit zu sagen. Es kann Ihnen ja helfen, die Antwort herauszufinden: »Wie hat es der Teddy nur geschafft, die Vase zu zerbrechen?« Oder Sie sprechen es direkter an: »Ich glaube, das warst du, nicht der Teddy – stimmt das?«

Erklären Sie ihm, dass man sagen muss, was wirklich passiert ist, und dass man das »ehrlich sein« nennt. Sagen Sie ihm, dass Sie ärgerlich sind, wenn es nicht die Wahrheit sagt. Sprechen Sie in ruhigen und einfachen Worten, damit es Sie versteht und keine Angst hat, dass Sie wütend werden.

Entwicklung der Geschicklichkeit

Am Ende dieses Jahres ist die Vorschulzeit Ihres Kindes bereits in Sicht. Es kann sich nun bestimmt selber an- und ausziehen, wobei Knöpfe immer noch Schwierigkeiten bereiten. Sie erkennen vermutlich, ob es Links- oder Rechtshänder ist, und es kann sich selber waschen, die Zähne putzen und die Haare kämmen (mehr oder weniger!). Sein Sprachvermögen verbessert sich täglich. Es spricht in Sätzen von fünf oder sechs Worten, und sein Vokabular umfasst mehrere Hundert Wörter. Vielleicht wollen Sie es schon spielerisch an Buchstaben und Zahlen heranführen? Gedächtnis und Denkvermögen haben sich so weit entwickelt, dass es gern etwas über Laute und Wörter erfährt, aber Sie brauchen diesen Prozess keineswegs zu beschleunigen.

ZEICHENFÄHIGKEIT

Aus dem Kritzeln und Zeichnen einfacher Formen entwickeln sich zunehmend erkennbare Motive. Beschreiben Sie seine Bilder, um es zu anzuspornen.

Lesen und Schreiben

Kinder lernen am besten, wenn mehrere Sinne gleichzeitig angesprochen werden. Wollen Sie Ihrem Kind das ABC beibringen, ist es daher sinnvoll, ihm nicht nur den Buchstaben zu zeigen, sondern diese Information durch ein Bild zu verstärken, das sich auf den Laut bezieht (bei A z. B. ein Apfel). So lernt man auch in der Schule das ABC. Sprechen Sie den Laut aus. Ihr Kind kann ihn wiederholen. So verbindet es den Laut mit dem entsprechenden Bild und dem Buchstaben. Diese erste Phase nennt man »Phonetik«.

In der Phonetik werden Buchstaben mit den Lauten, für die sie stehen, verbunden, nicht mit den Namen des Buchstabens. Wie die einzelnen

»Nun spricht Ihr Kind ziemlich deutlich und kann andere Menschen ansprechen und sich verständlich machen.«

Buchstaben bezeichnet werden, lernt man später; Forschungen haben gezeigt, dass Kinder auf diese Weise viel leichter lesen lernen. Jede Aktivität, die Ihr Kind mit Buchstaben vertraut macht, seien es Alphabetkarten, Reime oder Puzzlespiele, fördert das spätere Lesen und Schreiben. Der Wortschatz ist nun so groß, dass es mit Ihnen Bilderbücher betrachten und Wörter mit ähnlichen Lauten herausfinden kann. Suchen Sie z. B. nach Wörtern, die mit dem Laut »p« beginnen, wie »Postbote«, »Picknick«, »Papagei«. Drängen Sie Ihr Kind aber nicht. Mit manchen Lauten hat es vielleicht noch Schwierigkeiten, z. B. mit »s« und »sch«. Oder es ersetzt »schwierige« Laute durch andere oder lässt sie einfach weg. Dies ist z. B. bei Doppelkonsonanten häufig der Fall, wenn das Kind z. B. »dün« statt »grün« sagt oder »Bume« statt »Blume«. Man spricht dabei von Dyslalie. In aller Regel gibt sich das von selbst. Im Zweifelsfall wenden Sie sich zur Abklärung an den Kinderarzt. Wortspiele, Fingerspiele und Reime trainieren die Aussprache und machen viel Spaß.

Ihr Kind kann natürlich noch keine Wörter buchstabieren; da sich Fingerfertigkeit und Muskelkontrolle verbessert haben, kann es aber vielleicht einige wenige Buchstaben nachzeichnen und mit vier Jahren seinen Namen schreiben. Doch beschleunigen Sie diesen Prozess keinesfalls, dazu ist in der Schule noch genügend Zeit. Leiten Sie Ihr Kind nur zum Schreiben an, wenn es selbst anhaltendes Interesse daran zeigt.

Zahlenverständnis

Ihr Kind kann Zahlen auswendig lernen (z. B. bis fünf oder mit vier Jahren bis zehn zählen), doch es versteht kaum, was die Reihenfolge und die Zahlen selbst bedeuten. In diesem Alter ist es sinnvoll, sich auf den Mengenbegriff zu konzentrieren und Zahlen der entsprechenden Menge von Gegenständen zuzuordnen. Sobald es weiß, dass Zahlen Symbole sind, die für etwas anderes stehen, können Sie ihm zeigen, dass eine Menge gleich bleibt, egal um welche Dinge es sich handelt, z. B.: 1 Teddy = 1 Orange; 2 Eier = 2 Äpfel; 3 Äpfel = 3 Stifte usw. Das ist in diesem Alter schwer zu verstehen, also übertreiben Sie den »Unterricht« nicht. Es kann noch nicht verstehen, dass sich Mengen durch Addieren und Subtrahieren verändern; das begreift es erst mit etwa fünfeinhalb. Aktivitäten wie Abmessen, Wiegen und Gießen helfen dabei, die Grundlagen des Zählens zu verstehen.

Anzeichen dafür, dass die Entwicklung auf dem richtigen Weg ist

Jedes Kind entwickelt sich seinem eigenen Tempo gemäß (s. S. 48). Im Folgenden finden Sie Anhaltspunkte, wann sich neue Fähigkeiten entwickeln.

Am Ende des 36.–39. Monats wird Ihr Kind:

- eine Unterhaltung von zwei bis drei Sätzen führen.
- zunehmend Adjektive verwenden.
- auf jedem Fuß einige Sekunden balancieren.
- anfangen, sich ohne Hilfe anzuziehen.

Am Ende des 40.–42. Monats kann Ihr Kind:

- Dreirad fahren.
- um Gegenstände herumgehen, ohne dagegenzustoßen.
- einen Ball kicken.
- auf Zehenspitzen gehen, springen, rückwärts- und seitwärtsgehen.

Am Ende des 43.–46. Monats wird Ihr Kind:

- sich an die Texte und Melodien seiner Lieblingslieder und Verse erinnern.
- »ich«, »mir« und »du« verwenden.
- wissen, ob es ein Mädchen oder ein Junge ist.
- vielleicht sein Alter kennen.

GANZ GENAU *Ihr Kind wird nun immer geschickter; es schneidet gern mit einer Kinderschere Papier aus und kann besser mit kleinen Spielsachen und Gegenständen spielen.*

Das Gehirn Ihres Kindes

Das Gehirn entwickelt sich in diesem Jahr weiter, und mit ihm das Denkvermögen Ihres Kindes (s. S. 165). Es lernt, flexibel zu denken. Das Gedächtnis bildet sich aus; das ermöglicht ihm auch, einfühlsam zu sein und zu verstehen, dass nicht jeder die Dinge so sieht wie es selber.

»Wenn sich seine Vorstellungskraft entwickelt, gewinnt es ein Gefühl dafür, wie andere denken und fühlen.«

Erst ab dem Alter von zwei Jahren ist das Gehirn ausreichend entwickelt, um Informationen speichern und wieder aufrufen zu können; diese Fähigkeit entwickelt sich in den nächsten zwölf Monaten weiter. Selbst dann werden nicht alle Informationen problemlos gespeichert. Wir erinnern Dinge, indem wir sie wahrnehmen und Informationen über sie aufrufen.

Seit es zwei ist, erkennt Ihr Kind viele Menschen in seiner Welt. Diese Fähigkeit entwickelt sich weiter. Das Wiedererkennen ist weniger kompliziert als das Wiederaufrufen von Information und entwickelt sich viel früher. Paula z.B., drei Jahre alt, erkennt ihre Cousine Hannah, wenn sie sie sieht, aber es fällt ihr schwerer, sich an sie zu erinnern und Informationen über sie abzurufen, wenn sie nicht da ist. Das Erkennen erfolgt über einen schnellen Prozess des Abgleichs: »Das ist ein Mädchen. Welche Erinnerungen an Mädchen habe ich gespeichert? Aha! Das Mädchen passt auf die Erinnerung an Hannah.« Dieser Prozess hängt nicht nur vom Reflexionsvermögen Ihres Kindes ab (»Ich weiß, dass ich gerne mit Hannah spiele«), sondern auch davon, ob

Lernen und Flexibilität

Gleichzeitig an mehr als eine Sache denken oder Zweierlei tun ist für Kleinkinder schwierig, da sie in ihrer Denkweise ziemlich fixiert und stur sind. Annie z.B. kann nicht begreifen, dass sie statt ihrem roten Stift auch den blauen nehmen kann. Vielleicht wird sie sogar wütend, wenn ihr jemand das vorschlägt. Mit Zeit und Anleitung wird Annie flexibler werden und lernen, eine Alternative zu akzeptieren. »Ich möchte den blauen und ich will ihn jetzt!« wird allmählich zu »Ich wollte den blauen, aber er ist nicht hier, und der rote ist genauso gut«. Der Denk- und Reflexionsbereich im Gehirn ermöglicht ihr diese flexiblere Haltung.

es sich an den Kontext der Information erinnern kann (»weil das gemeinsame Schaukeln Spaß gemacht hat«). Die Frontallappen (s. S. 164) spielen eine entscheidende Rolle beim Abrufen von Erinnerungen. Solche Anhaltspunkte helfen dem Gedächtnis beim Wiederaufrufen. (Paula sieht Hannah zwar nicht direkt, aber sie kann sich ein Bild von ihr machen, weil der Anblick einer Schaukel eine visuelle Erinnerung ausgelöst hat.) Das Gehirn kennzeichnet und speichert Informationen und stellt so sicher, dass sie bei Bedarf schnell abgerufen werden können.

Soziale und emotionale Kompetenzen

Mit drei Jahren entdeckt Ihr Kind, dass andere Menschen anders denken und fühlen als es selber. (»Mama weiß nicht immer, was ich will. Manchmal muss ich es ihr sagen.«)

Diese Entwicklung zeigt sich im Impuls des Kindes, ein anderes trauriges Kind zu trösten. Im nächsten Jahr entwickeln sich die kognitiven Fähigkeiten so, dass Cara z. B. nicht nur versteht, dass ihr Freund Lars »traurig ist, nicht weinen«, sondern dass »Lars traurig ist, weil …«, und stimmt ihr Verhalten darauf ab. Diese Fähigkeit des Mitfühlens ist unverzichtbar, um die Reaktionen und das Verhalten anderer zu erkennen und vernünftig zu reagieren.

Die Fähigkeit zur Empathie kann sich jedoch erst voll entwickeln, wenn die Frontallappen zu reifen beginnen. Ihr Kind zeigt sich nach und nach dauerhafter vernünftig. Sie stellen fest, dass es allmählich kooperativer spielt und damit zeigt, dass es sein Spektrum und Verständnis von Emotionen erweitert hat. Dieser Meilenstein zeigt, dass es auf einem guten Weg ist, später echte Beziehungen einzugehen.

Alle Funktionen der Frontallappen entwickeln sich gemeinsam, und jede hängt von einer anderen ab. Ihr Kind wird erst in der Lage sein, die Gefühle seines Freundes zu verstehen oder das Leben aus dessen Perspektive zu sehen, wenn es lange genug aufmerksam sein kann, um dessen Reaktionen zu erkennen, sie wieder abzurufen und zu verstehen. Mit zunehmender Reifung des Gedächtnisses entwickeln sich auch die Sensibilität und das Verständnis für die weitere Welt und andere Menschen.

Entwicklung ist ein stetiger, vorwärtsgerichteter Prozess. Stress (ein Trotzanfall, ein Spielzeug teilen müssen, die Geburt eines Geschwisterchens) kann zur Rückwendung in eine egozentrischere Phase führen und das Einfühlungsvermögen stark hemmen. Dieses Schwanken ist normal.

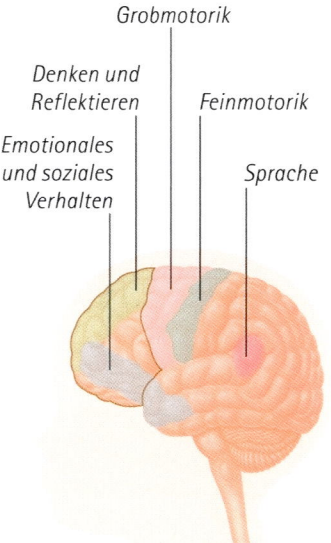

Grobmotorik

Denken und Reflektieren

Feinmotorik

Emotionales und soziales Verhalten

Sprache

SOZIALES UND EMOTIONALES VERSTÄNDNIS *Mit der Reifung der Frontallappen entwickeln sich die individuelle Persönlichkeit und das soziale Verhalten sowie das Denk- und Reflexionsvermögen.*

Geschlechtsspezifisches Verhalten erfahren

Bislang war es Ihrem Kind kaum bewusst, ob es ein Junge oder Mädchen ist. Man hat ihm vielleicht gesagt, dass es ein »Mädchen« ist, aber es hat wohl kaum verstanden, was das bedeutet. Es kannte noch keine Unterschiede zwischen Jungen und Mädchen.

Zwischen drei und vier wird sich Ihr Kind infolge seiner Erfahrungen zu Hause, im weiteren Umfeld und durch andere Kinder des Unterschieds zwischen männlich und weiblich bewusster. Da sich die traditionellen weiblichen und männlichen Rollen verwischt haben, interpretieren Kinder die Rolle der Mutter bzw. des Vaters flexibler; doch dies scheint ihr Verständnis, was ein Junge oder ein Mädchen ist, nicht zu beeinflussen.

gerne verkleidet oder mit Puppen spielt oder Ihre Tochter zu Hause meist mit Soldaten spielt.

Kinder werden von den Spielsachen und Spielen angezogen, die besonders viel Action bieten oder am meisten funkeln und glänzen. Manche Jungen bevorzugen ruhige Spiele und manche Mädchen wilde, aber das ist Teil ihrer Persönlichkeit. Außerdem werden sie auch davon beeinflusst, was Mama und Papa in ihrer Freizeit gerne tun.

Manchmal vermitteln wir unseren Kindern schon früh sehr subtile und unbewusste Botschaften (z. B. Rosa für Mädchen und Blau für Jungen). Andere sind direkter und werden im Spiel vermittelt: »Wir wollen mit den Puppen Kaffeetrinken, Jessica«, gegen »Lass uns im Park Fußball spielen, Robin«. Solche Botschaften verstärken die Unterschiede zwischen den Geschlechtern. Wir bieten Jungen mehr aktive und wildere Spiele an, während soziale

»Das Wissen ›Ich bin ein Junge‹ oder ›Ich bin ein Mädchen‹ hilft dem Kind, Identitätsgefühl zu entwickeln und sich in der Welt zu orientieren, also letztlich, sich angemessen zu verhalten.«

In den Kleinkindjahren unterscheiden sich Jungen und Mädchen nur wenig. Unterschiede im hormonellen Bereich und in der Gehirnentwicklung mögen die Tendenz erklären, warum Jungen eher aggressive, aktive Spiele mögen und Mädchen tendenziell besser sprechen und »mädchenhafter« sind.

Dennoch sind die Kindheitsrollen weitgehend austauschbar. Machen Sie sich keine Sorgen, wenn Ihr Sohn sich

WIE SICH UNTERSCHIEDE ENTWICKELN

Soziale Einflüsse haben auf das Erlernen männlicher und weiblicher Rollen den größten Einfluss. Eltern, Betreuer und andere Kinder verstärken männliche und weibliche Rollen und Verhaltensweisen. Der Prozess beginnt bei der Geburt mit der Farbe des Kinderzimmers und der Babykleidung.

Spiele und Gespräche die Domäne der Mädchen sind. Dies resultiert aus dem Feedback des Kindes – das zu tun, was es mag – und unserer Überzeugung, was kleine Jungen und Mädchen tun sollten. Daran ist nichts Verkehrtes. Jungen und Mädchen sind unterschiedlich (auch wenn alle Menschen sowohl männliche wie weibliche Züge haben). Unsere Vorstellungen über Geschlecht und Verhalten werden von unserer Kul-

WIR SIND VERSCHIEDEN *Kinder wissen nun, dass manche Spielgefährten Mädchen und andere Jungen sind, und fragen vielleicht ganz direkt nach den Unterschieden.*

tur geprägt. Gesellschaftliche Normen beeinflussen unser Verhalten, unsere Überzeugungen und die Gestaltung unseres Lebens.

DIE UNTERSCHIEDE ERKUNDEN

Kinder beginnen nun, eine Vorliebe für geschlechtsspezifisches Spielzeug zu zeigen, und haben mehr Interesse an Freunden des eigenen Geschlechts. Sie geben Beurteilungen ab – »Jungen, ihh«, oder »dumme Mädchen« – und erforschen manches persönlich. »Zeig mir deinen und ich zeige dir meinen« ist ein normaler und gesunder Teil der Entwicklung. Dabei erkundet das Kind die Unterschiede zwischen Jungen und Mädchen.

Lassen Sie Ihrem Kind Wahlmöglichkeiten und äußern Sie keine Vorurteile. Kommentare wie »Große Jungen weinen nicht«/»Tom, hilf Papa in der Garage«/»Marie, hilf Mama beim Kochen« verstärken traditionelle Rollen.

Man spricht oft mit Mädchen mehr über Gefühle und mit Jungen mehr über Sachfragen. Richtig wäre, beiden Geschlechtern dieselben Spielsachen und Möglichkeiten zu bieten und gleichzeitig anzuerkennen, dass es Unterschiede zwischen Jungen und Mädchen gibt.

AUS DEM WIRKLICHEN LEBEN

Hanif ist nur wenig jünger als seine Schwester Rana, die rosa, flauschige Sachen mag. Hanif lernt bei ihr »mädchenhafte« Spiele lieben und trägt genauso gern die Kleidung seiner Schwester, wie er mit seinen Spielzeugautos spielt oder klettert. »Wir machen uns keine Sorgen«, sagt sein Vater Raj. »Sie haben einfach Spaß! Er hat eine fabelhafte Fantasie, und sie sind beide gerne sehr aktiv. Es wird interessant sein zu sehen, wie sich ihre Vorlieben verändern, wenn sie älter werden und Hanif im Kindergarten neue Spielgefährten findet.«

Spielen und Lernen

Ihr Kind ist nun viel selbstständiger und liebt die Gesellschaft anderer Kinder. Aus dem Parallelspiel wird nach und nach das gemeinsame Spiel, auch wenn Ihr Kind bei Meinungsverschiedenheiten mit anderen Kindern noch Ihre Hilfe benötigt, um seine Gefühle in den Griff zu bekommen.

»Es ist nun die wunderbare Zeit des Symbol- und des Rollenspiels. Die Grenzen zwischen Fantasie und Wirklichkeit verschwimmen.«

Die größte Veränderung, die Sie im kommenden Jahr wahrnehmen, ist die Dominanz der Fantasie und des Rollenspiels in allen seinen Spielen. Das Gehirn ist jetzt so weit entwickelt, dass es mehr als eine Perspektive oder einen Gesichtspunkt im Kopf behalten kann; das bedeutet, dass das gemeinsame Spiel mit anderen Kindern (und mit Ihnen) viel leichter fällt.

Die Einbildungskraft entwickelt sich ebenso wie das Verständnis und das Erkunden des Unterschieds zwischen Fantasie und Realität. Auch das »Symbol-« oder »Als-ob«-Spiel wird häufiger: Es braucht kein echtes Auto mehr, um Autofahren zu spielen, und kein echtes Telefon, um Telefonieren zu spielen. Dreijährige können die banalsten Dinge in aufregende Spielmöglichkeiten verwandeln.

Keineswegs müssen Sie Ihr Kind in dieser Phase drängen, realistisch zu bleiben. Es ist eine magische Zeit, in der Geschichten wahr werden und Comicfiguren, der Weihnachtsmann, Feen und andere mythische Gestalten in seinem Kopf wirklich existieren. Lassen Sie ihm seine positiven Fantasien, aber stellen Sie fest, wann es die Wirklichkeit aus dem Blick verliert. Manchmal ist es so vertieft in sein Tun, dass die Grenze zwischen Fantasie und

Aus dem wirklichen Leben

Ich räumte damals gerade die Wohnung auf, weil sich meine Schwiegereltern angekündigt hatten. Mark, beinahe vier, hatte mit ein paar Schachteln gespielt, aber damit aufgehört, um mit seinem Bruder ein Spiel zu machen. Gerade hatte ich die Schachteln zusammengedrückt, als ich das Geheul hörte: »Wo sind meine Berge? Mami, Mami! Die Berge sind weg.« Es war wohl nicht einfach ein Haufen Schachteln.

ROLLENSPIEL *Kinder haben große Freude am Erfinden und Spielen ausgedachter Szenerien aus dem Alltag, auch beim Nachspielen von Szenen, die sie in Filmen, Comics und Bilderbüchern gesehen haben.*

Wirklichkeit verschwimmt. Es fällt ihm schwer, zwischen beidem zu unterscheiden, weil es ihm noch Schwierigkeiten bereitet, parallel zu denken. Wenn z. B. jemand als Löwe verkleidet ist, meint es vielleicht, derjenige *sei* ein Löwe. Ihr Kind weiß allmählich, dass nicht jeder die Welt so sieht wie es selber. Es kann nun die Welt aus der Perspektive eines anderen sehen, hat aber Probleme, beide Perspektiven gleichzeitig im Kopf zu haben, und kann zwischen beiden schwanken. Eine Sache ist so, wie sie aussieht.

Ebenso wie es sich positive Fantasiegestalten ausdenkt, kann es sich auch schreckliche Bilder vorstellen. Die Schwierigkeit, mit einer lebhaften Fantasie zu leben, besteht darin, dass sie zu Ängsten und Phobien führen kann. Aus diesem Grund ist es so wichtig, zusammen mit dem Kind fernzusehen (s. S. 238) und es vor beängstigenden und nicht altersgemäßen Bildern und Sendungen zu schützen.

Die meisten Kinder mögen durch sanfte Überraschungen leicht erschreckt werden, z. B. durch »Hu« oder Gespenstergeschichten; manche Trickfilme und Spezialeffekte sind aber beängstigend. Ein Film, der ab sieben Jahren empfohlen wird, kann für ein Vorschulkind völlig ungeeignet sein.

Imaginäre Freunde

Kinder finden verschiedene Wege, um ihre Ängste und Sorgen zu bewältigen oder auszudrücken; einer davon ist die Erfindung eines imaginären Freundes. Das ist nichts Besorgniserregendes. Zwischen drei und vier Jahren gehören imaginäre Freunde sehr häufig zum Kinderleben. Manchmal sind sie ein Indikator, dass ein Kind Ängste hat und Trost sucht, aber das ist keineswegs immer der Fall.

Ein imaginärer Freund hat viele Vorteile. Er, sie oder es ist immer zum Spielen da und ist immer freundlich. Ein imaginärer Freund schluckt den Ärger Ihres Kindes ebenso herunter wie irgendwelche destruktiven Gefühle, die es vielleicht hat. Bei ihm kann es Dampf ablassen und so das innere Gleichgewicht wiederfinden. In Zeiten der Furcht beschützt der imaginäre Freund es vor Gespenstern, Schattengestalten an der Wand, unerklärlichen

Geräuschen und Ängsten vor neuen Erfahrungen wie einem Arztbesuch. Das ist ein gesunder Teil der Entwicklung, also machen Sie sich keine Sorgen. Verbieten Sie ihn nicht. Er ist auch ein Spielkamerad und Gefährte bei Abenteuern. Er wird Ihr Kind verlassen, sobald es ihn nicht mehr braucht.

Aber Vorsicht: Imaginäre Freunde können bei Bedarf meisterhaft manipulieren! Egal wie entzückend es wirkt, widerstehen Sie der Versuchung mitzuspielen, wenn Ihr Kind seinen imaginären Freund nutzt, um den Tageslauf zu bestimmen oder die Konsequenzen nicht akzeptablen Verhaltens zu umgehen. Andererseits können Sie den imaginären Freund ruhig loben, wenn er lieb ist (z. B. beim Tischdecken hilft oder Ihnen einen Gute-Nacht-Kuss gibt). Dabei kann Ihr Kind lernen, neue Anforderungen zu bewältigen. Imaginäre Freunde sollten jedoch kein Ersatz für echte Freunde werden. Es ist wichtig, dass Ihr Kind viel Gelegenheit hat, mit nicht-imaginären Spielgefährten zusammen zu sein.

Top-Tipps zum Verständnis imaginärer Freunde:

■ Akzeptieren Sie, dass imaginäre Freunde ein normaler Teil der Kindheit sind, und akzeptieren Sie sie, wenn sie auftauchen.

■ Äußern Sie sich nicht abschätzig oder kritisch, und verleugnen Sie die Existenz des Freundes nicht. Diese Phase dauert nicht ewig – Ihr Kind braucht sie.

■ Erziehen oder »adoptieren« Sie den imaginären Freund nicht – überlassen Sie Ihrem Kind die Führung.

■ Wenn Ihr Kind den imaginären Freund zur Bewältigung negativer Gefühle einsetzt, ermutigen Sie es, stattdessen mit Ihnen zu sprechen.

»Zwei von drei Dreijährigen haben einen oder mehrere imaginäre Freunde, die von Zeit zu Zeit ›vorbeikommen‹. Gewöhnlich gehen sie, wenn das Kind fünf oder sechs ist.«

Spaß und Quatsch

Kinder gickern und lachen gern; mit drei Jahren erfassen sie den Kontext und haben genügend Erinnerungen, um allmählich Witze zu verstehen. Daraus entwickelt sich ein Sinn für Humor und später das Verständnis von Ironie. Mit drei bis vier Jahren lieben Kinder alle Formen von Quatsch und Slapstick-Humor. Sie wollen die gleichen witzigen Dinge immer wieder sehen oder hören und können endlos kichern. In diesem Alter lachen sie auch über unpassende Dinge – und lachen mit, ohne zu verstehen, was eigentlich lustig war. Ihr Kind erfindet auch eigene Witze, über Wörter, die lustig klingen, oder über Körperfunktionen. Gossenhumor provoziert garantiert eine Reaktion der Erwachsenen!

■ Hören Sie zu, wie Ihr Kind mit seinem Freund spricht, und beobachten Sie, wie es mit ihm spielt. Diese Beziehung kann Ihnen einen tiefen Einblick in die Gedanken und Gefühle Ihres Kindes geben.

Lügen und Mogeln

Kleine Lügen sind normaler Teil der mentalen Entwicklung (s. S. 238). Sie zeigen, dass das Denk- und Reflexionsvermögen reift. Natürlich sollten Sie eine Lüge nicht durchgehen lassen, aber meinen Sie deshalb nicht gleich, dass aus Ihrem Kind ein notorischer Lügner wird. Das Erkennen der in der Welt gültigen Regeln und moralischer Grenzen ist eine Fähigkeit, die wir lebenslang brauchen. Später wird sich Ihr Kind an die Grenzen erinnern, die Sie gesetzt haben, und Entscheidungen treffen, die Ihre Einstellung reflektieren.

»Jedes Kind braucht Erfolgserlebnisse und positive Erfahrungen; daher ist es in Ordnung, es manchmal gewinnen zu lassen. Doch wenn das zur Gewohnheit wird, merkt Ihr Kind es und fühlt sich hintergangen.«

Entscheidend ist in diesem Alter nicht die Lüge selbst, sondern der Grund für die Lüge. Ihr Kind ist darauf erpicht, »alles richtig zu machen«, Sie zu beeindrucken und zu erfreuen; vielleicht lügt es, um die Konsequenzen Ihrer Missbilligung zu umgehen. Übergehen Sie den Vorfall, und erklären Sie Ihrem Kind, warum es nicht lügen sollte. Kinder sind in diesem Alter noch sehr egozentrisch und denken nicht an Ihre Verärgerung; daher muss Ihre Erklärung klar und einfach sein. Durch wiederholte Erklärungen lernt es, bei der Wahrheit zu bleiben. Loben Sie es, wenn es die Wahrheit sagt, und seien Sie selber immer ehrlich – Ihr Kind folgt Ihrem Beispiel.

Beim Spielen schummeln

Mit drei bis vier Jahren verspüren Kinder das erste Mal den Drang zu mogeln. Es ist ähnlich wie beim Lügen, denn auch hier wissen sie, dass sie Lob und Aufmerksamkeit bekommen, wenn sie gewinnen. Doch es bedeutet auch einen Meilenstein der Entwicklung, denn Kinder können erst mogeln, wenn sie verstehen, was in einem Spiel passiert. Mogeln zeigt, dass sich Reflexionsvermögen und Intelligenz entwickeln. Es hat erfahren, dass Gewinnen ihm ein gutes Gefühl vermittelt: Es stärkt sein Selbstwertgefühl.

Merkt ein Kind, dass es verliert, hat es mehrere Möglichkeiten, seiner Frustration Luft zu machen: Es kann das Spiel umwerfen und damit beenden; es kann versuchen, die Regeln zu seinem Vorteil zu verändern; oder es kann mogeln. Ihr Kind ist alt genug, um eine einfache Erklärung zu verstehen, warum man nicht mogeln darf. Erklären Sie zunächst, warum Regeln wichtig sind; erklären Sie, warum Fairness wichtig ist und dass die Regeln für alle gelten (auch für Mama und Papa). Hält es sich weiterhin nicht an die Regeln, erinnern Sie es geduldig immer wieder daran.

Macht Ihr Kind das Spiel kaputt und verdirbt den anderen den Spaß, erklären Sie ihm, warum es sich so nicht benehmen darf. Wenn nötig, setzen Sie die »Auszeit«-Methode (s. S. 270) ein, damit Ihr Kind sich beruhigt und etwas Distanz gewinnt. Durch die Konsequenz, nämlich das lustige gemeinsame Spiel beendet zu haben, lernt es, dass diese Handlungsweise nichts bringt; daher wird dieses Benehmen künftig seltener.

Führen Sie das Spiel nach Möglichkeit fort, damit die anderen Kinder nicht ungerechterweise für ihre Kooperation und Ausdauer bestraft werden.

DIE REGELN EINHALTEN
Gern lässt man das Kind auch mal mogeln, doch das bringt es nicht weiter, denn es muss auch Verlieren lernen.

Kampf- und Tobespiele

Kämpfe und körperbetonte, aktive Spiele gewinnen zwischen drei und vier Jahren an Beliebtheit. Viele Jungen und manche Mädchen durchlaufen diese Entwicklungsphase, die völlig normal ist und nichts mit »Gewalt« zu tun hat. Bei Kampf- und Tobespielen erfahren Kinder ihre körperlichen Grenzen und gewinnen praktische Erfahrung im Umgang mit Aggression und Gefühlen; sie treten in Wettbewerb, fallen hin und machen weiter. Diese Spiele sind Vorläufer des Verhandelns. Grundregeln sind jedoch wichtig, damit sich Kinder nicht böswillig verletzen. Zwicken, Boxen, Beißen, Treten oder andere Arten, sich Schaden zuzufügen, sind verboten.

SOZIALKOMPETENZ ENTWICKELN *Kinder werden in diesem Alter viel sozialer und mögen Freunde und Spielgefährten.*
Sie profitieren davon, wenn sie schon vor der Einschulung Sozialkompetenz erwerben.

»Olivers Entwicklung nach dem Kindergarteneintritt ist wirklich unglaublich. Er ist weniger anhänglich, geselliger und immer selbstbewusster.« Helen, 27

Spielkameraden und Verabredungen

Jetzt, da Ihr Kind ein wenig älter ist, kann es seine sozialen Fähigkeiten erweitern – und Sie tauschen sich dabei mit anderen Erwachsenen aus, die vor den gleichen Herausforderungen stehen wie Sie. Diese beiden Bedürfnisse lassen sich bei ersten »Dates« Ihres Kindes wunderbar verbinden – wenn es bei einem anderen Kind spielt oder dieses bei Ihnen. Sie stellen vielleicht fest, dass Mädchen in diesem Alter mit Mädchen spielen wollen und Jungen mit Jungen. Respektieren Sie das, denn Kinder lernen dabei viel über ihr eigenes Geschlecht und die Unterschiede zwischen gleichgeschlechtlichen Kindern. Fördern Sie aber auch eine »Mischung« aus Freunden beiderlei Geschlechts, unterschiedlichen Alters und mit unterschiedlichem kulturellem Hintergrund, damit Ihr Kind sich von klein auf an die Vielfalt der Menschen gewöhnt und sich damit wohlfühlt.

Wenn Ihr Kind bereits in den Kindergarten oder eine Spielgruppe geht, ist es inzwischen natürlich an die Gesellschaft anderer Kinder gewöhnt. Doch nicht alle Kinder haben bereits diese Erfahrung, und für diese Kinder können Spielkameraden eine ideale Möglichkeit sein, Freundschaften zu schließen.

Die grundlegenden Richtlinien für erfolgreiche Spieltreffen sind Planung, Beaufsichtigung (auch im Hintergrund), Kooperation (mit den anderen Eltern), Gefasst-Sein auf Unerwartetes und Entspannt-Sein.

So schrecklich albern ...

Mit dem logischen Denken Ihres Kindes entwickelt sich auch sein Sinn für Humor. Ihr Kind möchte Sie glücklich machen und zum Lachen bringen. Dabei können Kleinkinder aber leicht außer Rand und Band geraten und müssen daher auch verstehen lernen, wann Vernunft angebracht ist. Das bedeutet eine weitere Form der Selbststeuerung. Manche Kinder spielen den Clown, um an Selbstbewusstsein zu gewinnen und sich zu integrieren. Doch das ist nicht immer erwünscht, und daher muss Ihr Kind auch begreifen, wenn Spaß angebracht ist und wann nicht. Das lernt es von Ihnen.

Spielideen und Spiele

AKTIVSPIELE MIT ANDEREN

Handlungsorientierte Spiele leiten
Kinder an, sorgfältig zuzuhören und
Anweisungen zu befolgen. Diese
Spiele fördern auch eine Form des
Wettbewerbs, bei dem Kinder vonein-
ander lernen. Versuchen Sie:
▸ Mein rechter Platz ist frei
▸ Stille Post
▸ Wer hat Angst vorm bösen Wolf
▸ Alle Pakete zu
▸ Fang- und Versteckspiele

FANTASIESPIELE

Ideen für Fantasiespiele gibt es in diesem Alter in beinahe jedem Bereich.
Beliebte Spielideen sind:
▸ **Rollenspiel** »Schule spielen« ist
eine gute Vorbereitung auf die
Schule. Beim »Einkaufen« lernt es das
Eintauschen von Geld gegen Waren,
statt sich einfach zu nehmen, was
es will.

Beim »Familie spielen« werden
Aufgaben von Mama oder Papa übernommen. Geschlechtsunterschiede
zeigen sich in diesem Spiel deutlich.
▸ **Berufe** Es will vielleicht Bäuerin,
Feuerwehrmann, Ärztin, Soldat, Tän-
zerin, Sänger oder Krankenschwester
sein – und auch Sie müssen einen
Beruf ausüben!

SPIELE MIT REGELN

Mit drei bis vier Jahren können Kinder
einfache Regeln verstehen, erinnern
und einhalten. Spiele mit ein oder
zwei einfachen Regeln sind ein guter
Anfang. In einer altersgemischten
Gruppe lassen Sie ein kleineres Kind
mit einem älteren Kind oder einem
Erwachsenen ein Team bilden; so
kann es zunächst beim Zuschauen
lernen und ist nicht durch das
schnelle Spiel überfordert.

EINFACHE KARTEN- UND BRETTSPIELE

Diese Spiele fördern die Beobach-
tungsgabe und lehren, dass jeder mal
drankommt. Erste Erfahrungen mit
Gewinnen und Verlieren – wie auch
Mogeln – können bei Karten- und
Brettspielen gemacht werden.

Vielleicht zeigt Ihr Kind schon früh
einen Sinn für Wettkampf. Doch ein
fairer Verlierer zu werden erfordert viel
Anstrengung; loben Sie Ihr Kind, wenn
es eine Niederlage gut wegsteckt.
▸ **Domino** Dabei werden Kinder mit
Zahlen und Ähnlichkeiten vertraut.
▸ **Erste Würfelspiele,** z. B. mit
Zahlenwürfeln
▸ **Schnippschnapp** Eine lebhaftes Spiel,
das Beobachtung und Reaktion schult.

▸ **Memory** Anfangs mit wenig Bild-
paaren, fördert es Beobachtungs-
und Merkfähigkeit.

BASTELN UND MALEN

Nun sind die Kinder schon ziemlich
geschickt, und viele haben Freude
am Malen, Kleben und anderen
Basteleien. Alle möglichen Haus-
haltsgegenstände von Schachteln
über Schnur, lustig geformte Nudeln,
Knöpfe und Hülsenfrüchte bieten sich
zum kreativen Schaffen an (passen
Sie aber auf, dass Ihr Kind nichts in
den Mund steckt). Aktivitäten, bei
denen es Ihre Hilfe benötigt, sind:
▸ **Fingerpuppen basteln** – und dann
eine Geschichte spielen.
▸ **Naturwissenschaftliches** – eine
Wurmfarm kultivieren oder Samen
keimen lassen.
▸ **Schneiden und kleben**
▸ **Gemeinsam kochen und abwiegen**
▸ **Eine Schatzkiste basteln**
▸ **Ein Sammelalbum anlegen**

SPIELE IM FREIEN

Alle Kinder profitieren vom Spiel im
Freien. Sie lassen gern z. B. Drachen
steigen, fahren Dreirad, gehen auf
den Spielplatz oder einfach mit Ihnen
durch den Park oder Wald.

MULTITALENT *Kinder zwischen drei und vier sind in allen Spielbereichen viel geschickter; sie lieben es, andere zu unterhalten und – vor allem den Eltern – zu demonstrieren, was sie gelernt haben.*

Was kleine Kinder wollen und brauchen

Glücklicherweise ist die Phase zwischen drei und vier für die Eltern eine Art Ruhe nach dem Sturm. Ihr Kind hat immer noch Wutanfälle und testet seine Grenzen, aber dank seines Verständnisses von Richtig und Falsch möchte es Ihnen zuliebe alles richtig machen.

»Rebecca entwickelt ein liebenswertes Wesen und zeigt großes Mitgefühl, wenn jemand traurig ist.«

Fiona, 31

Ihr Kind mag nun stärker strukturierte Spiele und Aktivitäten und ist leistungsorientierter, weil es nach Ihrer Wertschätzung strebt. Ihre positive Rückmeldung wiederum hilft ihm, Selbstbewusstsein zu entwickeln.

Sich auf andere einlassen

Ihr Kind kann sich jetzt in andere einfühlen und entwickelt damit auch das Verständnis, dass andere Menschen Dinge anders sehen können als es selbst. Dies ist ein wichtiger und notwendiger Schritt auf dem Weg zu Freundschaften und späteren sozialen Beziehungen. Psychologen nennen es die »Theorie des Geistes«. Dank dieser Fähigkeit können wir mitfühlen, verstehen und das Verhalten anderer vorhersehen.

Ihr Kind begreift immer besser, dass es eine unabhängige Person mit eigenen Gedanken ist; dies geht einher mit der Fähigkeit, Aufmerksamkeit mit einer anderen Person zu teilen: wenn es z. B. versteht, dass jemand sein Interesse teilt, wenn er in die gleiche Richtung schaut und zeigt (s. S. 217). Auf diese Weise gewinnt es ein subtileres Verständnis der mentalen Prozesse (Gedanken und Gefühle) anderer. Es ist damit von den Gefühlen anderer stärker betroffen und wird sich seines eigenen Verhaltens bewusster.

Wenn es nun versucht, die Welt zu ergründen, beginnen die »Warum«-Fragen. Während ihm bislang nur eine Perspektive auf einmal präsent war, kann es nun gleichzeitig zwei (oder mehr) Perspektiven im Kopf haben. Diese Fähigkeit fördern Sie jedes Mal, wenn Sie es anleiten, etwas mit anderen zu teilen, und ihm erklären, warum Menschen auf eine bestimmte Weise handeln oder empfinden. Ihr Kind wird sich in diesem Alter bewusst

BEWUSSTSEIN, DASS ANDERE DA SIND *Ihr Kind versteht nun, wie sich sein Verhalten auf andere Menschen auswirkt, und ist gern in Gesellschaft anderer.*

und achtet darauf, wie andere Menschen sich verhalten. Fördern Sie Lernprozesse, indem Sie klare und prägnante Antworten auf die Warum-Fragen über die Bedürfnisse und Gefühle anderer Menschen geben.

Ein Gefühl für Identität

Die Entwicklung des Identitätsgefühls begann im ersten Jahr, als Ihr Kind z. B. erkannte, dass seine Hand ein Teil seiner selbst ist. Durch seine täglichen Erfahrungen und die Interaktion mit anderen Menschen wächst allmählich das Bewusstsein seiner selbst.

Mit drei bis vier Jahren kennt es:

■ den Unterschied zwischen seinem körperlichen Selbst: »Ich habe braune Haare, ich habe dunkle Haut und ich habe braune Augen« und …
■ seinem psychischen Selbst: »Ich bin lustig/klug/frech.«
■ Es weiß, wie es Beziehungen zu anderen eingeht und was es kann (»Ich bin die Tochter meiner Mutter, und ich kann schnell rennen«).

Ihr Kind wird in diesem Alter kaum seine Persönlichkeit beschreiben, aber erkennt allmählich, dass es einen Unterschied gibt zwischen seinem privaten Selbst und dem öffentlichen Selbst (wie es andere sehen). Es besitzt noch keine Überzeugungen oder Ideale für sein Selbstbild oder seine Identität. Ansichten, wie es sich benehmen oder handeln sollte, entwickelt es später als Teenager. Jetzt wird die Identität auf folgende Weise entwickelt:

So sieht Ihr Kind die Welt

Was Ihr Kind denken mag:
▸ »Ich bin kein Junge! Ich bin ein Mädchen, und manchmal bin ich eine Märchenprinzessin.«
▸ »Ich versuche, lieb zu sein, weil Mama und Papa sich dann freuen und abends eine Geschichte vorlesen.«
▸ »Wenn Mama und Papa arbeiten, gehe ich zu Oma. Ich liebe meine Oma und ziehe ihre Partykleidung und ihre

Hüte an. Ich weiß, dass Mama mich wieder abholt. Sie sagt: um 18 Uhr, aber das verstehe ich nicht genau.«
▸ »Manchmal sehe ich Gespenster in meinem Zimmer, aber sie verschwinden, wenn Mama das Licht anmacht. Papa sagt, das sind ›Schatten‹.«
▸ »Ich habe eine Freundin, die Tina heißt und überall mit hingeht. Wir erleben Abenteuer, und dann ist sie

auch eine Prinzessin. Manchmal sprechen Mama und Papa mit ihr. Oder ich sage ihnen, Tina hat Sachen gemacht, die eigentlich ich gemacht habe, damit ich keinen Ärger bekomme.«
▸ »Manchmal putze ich meine Zähne, weil Mama das will, aber ich mag auch den Geschmack von Zahnpasta.«
▸ »Ich will mich jetzt selber anziehen. Und ich gehe auf die richtige Toilette.«

Reaktionen anderer Menschen Ihre Reaktionen auf Ihr Kind sagen ihm, welche Erwartungen Sie an sein Verhalten, seine Leistungen und seine Meinungen haben. Sie sind der Spiegel, durch den sich Ihr Kind selber sieht. Je kritischer Sie mit ihm sind, umso strenger wird es mit sich selber sein.

Blick auf die anderen Wir fangen sehr früh an, mit anderen zu vergleichen, wer wir sind und was wir haben. Kinder machen Vergleiche oft an körperlichen Attributen und Eigentum fest. Sie können sehr eifersüchtig sein (und hart mit sich selber). Ihr Kind braucht Ihre Hilfe, um Vergleiche realistisch zu sehen und sozial anerkannte Eigenschaften zu erwerben.

Nachahmung Kinder identifizieren sich mit wichtigen Menschen in ihrem Leben und sehen sie als Rollenvorbild. Das Rollenspiel ist in diesem Alter ein wichtiger Teil der Entwicklung; ermutigen Sie es aber auch, Vertrauen in seine eigenen Ansichten und Entscheidungen zu haben, damit es selber denkt und nicht immer »im Strom mitschwimmt«.

EIGENWAHRNEHMUNG

Es weiß, dass es ein Individuum ist, und versteht zunehmend, dass andere, vor allem Sie, sein Verhalten beurteilen.

Entwicklung des Selbstwertgefühls

Selbstwertgefühl entsteht aus Zugehörigkeitsgefühl und dem Verständnis der Regeln und Erwartungen der Gesellschaft, und es ist gebunden an ein Gefühl von geschlechtlicher Identität und persönlichen Erwartungen an das Leben. Menschen mit hohem Selbstwertgefühl beziehen nicht alles, was passiert, auf sich selber. Sie betrachten äußere Ereignisse nicht als ihre »Schuld« und glauben an ihre Fähigkeit, das Ergebnis von Ereignissen beeinflussen oder kontrollieren zu können.

Wenn Sie diese Fähigkeiten bei Ihrem Kind von klein auf hegen, wächst es eher mit einem starken Selbstwertgefühl heran. Kinder mit hohem Selbstwertgefühl haben hohe Erwartungen an sich selbst und erreichen daher eher mehr; dies stärkt wiederum das Selbstwertgefühl. Fördern Sie das Selbstwertgefühl, indem Sie Ihr Kind ermutigen, eigene Entscheidungen zu treffen, es loben, wenn das angebracht ist, und ihm nach einem Tadel auch wieder Erfolgserlebnisse ermöglichen.

Das Verhalten lenken

In vieler Hinsicht wird es in diesem Jahr einfacher, das Verhalten Ihres Kindes in positive Bahnen zu lenken. Es kann
nun viel besser verstehen und nachdenken, und so können Sie
ihm erklären, warum manche Verhaltensweisen nicht akzeptabel sind – statt einfach zu verbieten.

Ihr Kind möchte Ihnen Freude machen und liebt Belohnungen – viel Motivation also, Ihren Anforderungen zu entsprechen. Die logische Folge ist aber
auch, dass es nun »Warum« fragt – oft mehrmals –, wenn Sie es um etwas bitten. Es hat auch eine sehr ausgeprägte Meinung dazu, ob es tun will, was Sie
sagen oder nicht – und wenn Sie es rufen, ist es schneller weg, als es kommt.

Sie kennen und lieben die einzigartige Persönlichkeit Ihres Kindes, und
es kennt Ihre ebenfalls. Die in den vorigen Kapiteln ausgeführten Methoden
bleiben in diesem Jahr das Fundament der Verhaltensbildung, mit einer
Ergänzung. Ihr Kind kann nun besser reflektieren und erinnern und versteht
zunehmend, *warum* sein Verhalten Konsequenzen hat – sowohl positive wie
negative (s. Kasten gegenüber).

In diesem Kapitel erfahren Sie, wie Sie »gutes« Verhalten durch Belohnungen
und Anreize fördern – ebenso wie Sie Konsequenzen dauerhafter oder extremer Unartigkeit aufzeigen können. Dazu ist in diesem Alter entscheidend,
Distanz zu schaffen zwischen dem Kind und seinem unerwünschten Verhalten; das gibt ihm Zeit zum Nachdenken und zur Beruhigung. Das Kind soll
keinesfalls als »unartig« abgestempelt werden, sondern es soll erfahren, dass
es sich hätte anders verhalten können.

Ängste und Phobien

Gut möglich, dass Ihr Kind nun ängstlicher wird. Dies hängt mit der Ausbildung der Vorstellungskraft zusammen (s. S. 246) und ist eine normale Entwicklungsphase. Am stärksten ausgeprägt sind Ängste und Phobien zwischen
drei und sechs Jahren.

Seine Welt kann gestört werden durch Ängste vor:

■ Fantasiegestalten, wie Monster und Gespenster.

■ Wirklichen Bedrohungen, wie Hunde oder Einbrecher.

■ Naturkatastrophen, wie Überschwemmungen und Erdbeben.

■ Trennung (s. S. 91) – oft mit einem Höhepunkt in der frühen Kindheit. Kinder haben dann Angst, dass die Eltern sterben oder weggehen.

Mit drei oder vier Jahren wird Ihr Kind öfter mit Dingen konfrontiert, die Ängste auslösen können. Zwar entwickeln sich logisches Denken und Gedächtnis rasch, doch besitzt es noch nicht genügend Lebenserfahrung, um zwischen realen Ängsten und Fantasiegebilden zu unterscheiden. Das Gehirn teilt ihm mit, dass da etwas Bedrohliches ist, aber es kann noch nicht beurteilen, ob die Bedrohung real oder eingebildet ist. Wirklichkeit und Fantasie verschwimmen.

Mit Kinderängsten umgehen

Kindheitsängste sind oft sehr ausgeprägt, und oft können nur Eltern oder andere erwachsene Bezugspersonen die Ängste bannen. Schenken Sie Trost, ohne intensiv auf die Angst einzugehen.

Elterliche Ängste können beim Kind Angst auslösen, weil es sich plötzlich verletzlich fühlt und ihm niemand sagt, dass keine Gefahr besteht. In

Lawrence Kohlberg

Der amerikanische Psychologe Lawrence Kohlberg (1927–1987) zeigte, dass schon Kleinkinder Scham und Schuld empfinden können. Er unterschied fünf Stufen des moralischen Verhaltens beim Menschen.

▶ **1. Stufe** – Orientierung an Strafe und Gehorsam: Das Verhalten des Kindes wird von Erwachsenen geleitet, die ihm sagen, was »richtig« und »falsch« ist. Es kann die Bedürfnisse und Gefühle anderer nicht abwägen, sein Handeln wird durch eigene Bedürfnisse und Gefühle und die Vorgaben der Erwachsenen bestimmt.

▶ **2. Stufe** – instrumentell-relativistische Orientierung: Es wird sich der Gefühle und Bedürfnisse anderer Menschen stärker bewusst, berücksichtigt diese aber nur, wenn sie den eigenen Bedürfnissen und Wünschen entsprechen.

▶ **3. Stufe** – interpersonale Konkordanz-Orientierung: Es weiß, was es heißt, »gut« zu sein, und erwägt zunehmend, was andere über es denken. Es empfindet Schuld oder Scham, wenn es etwas tut, was andere missbilligen.

▶ **4. Stufe** – Orientierung an Gesetz und Ordnung: Das Verständnis, dass Regeln und Gesetze die Gesellschaft leiten, entwickelt sich. Das Handeln hängt davon ab, ob eigene Ansichten mit diesen allgemeinen Zielen übereinstimmen.

▶ **5. Stufe** – Der Mensch versteht Menschenrechte und handelt ethisch begründet.

diesem frühen Alter sind Sie der Fels, der es vor Unheil schützt. Betrachten Sie selbst die Welt als gefährlich oder meinen, dass Mitmenschen Ihnen Böses wollen, geben Sie diese Überzeugungen an Ihr Kind weiter, und es entwickelt leichter Ängste.

Top-Tipps zum Umgang mit Ängsten:

■ Beschwichtigen Sie seine Ängste, indem Sie z. B. kontrollieren, dass kein Gespenst unter dem Bett ist. Seien Sie erfinderisch – geben Sie ihm z. B. einen Zauberstab, der Monster vertreibt und ihm Sicherheit bietet.

■ Die Fantasie eines Kindes wird von Geräuschen und Bildern aller Art angeregt. Abendlicht auf einem großen Spinnennetz, das Muster des Vorhangs auf der Tapete, Wettererscheinungen: All das regt die Fantasie des Kindes an.

■ Drohen Sie Ihrem Kind niemals mit Fantasiegestalten, wenn es sich schlecht benimmt. Ihm zu sagen, dass das Abfluss-Monster es holen wird, wenn es nicht aus der Badewanne steigt, bringt zwar kurzfristigen Erfolg, doch später in seinen Träumen taucht das Monster wieder auf – und hält es das nächste Mal davon ab, in die Badewanne zu steigen!

»Jan hatte Angst vor dem ›Monster‹, das nebenan wohnte. Ich fand schnell heraus, dass es der Wasserspeier war, den mein Nachbar im Garten hat.« Philip, 31

■ Egal wie Sie über die Gefahren unserer Welt denken – von Krieg bis zu Naturkatastrophen, paranatürlichen Erscheinungen, Tod oder auch nur Spinnen – zeigen Sie Ihrem Kind möglichst keine Ängste.

■ Normalisieren Sie Ängste, wenn sie auftreten. Erklären Sie Ihrem Kind z. B., dass es normal ist, vor neuen Herausforderungen ein »Kribbeln im Bauch« zu spüren. Dieses Gefühl wird vorübergehen.

Sich auf neue Erfahrungen einstellen

Ängste können jederzeit auftreten, sind in Zeiten der Veränderung aber besonders wahrscheinlich: wenn Ihr Kind eine neue Fertigkeit erwirbt (z. B. schwimmen), in den Kindergarten kommt oder ein Umzug ansteht.

Wenn Sie zulassen, dass Ihr Kind seiner Angst nachgibt, verstärkt sie sich nur, und es wird noch ängstlicher. Leiten Sie es vielmehr dazu an, mit der angstauslösenden Aktivität fortzufahren, langsam und mit Ihrer »Rücken-

DAS KIND BERUHIGEN *Egal wie unsinnig die Angst des Kindes scheinen mag – lachen Sie es nicht aus und tadeln Sie es nicht für seine Gefühle. Schaffen Sie Normalität, statt die Situation überzubewerten.*

»Meine Angst vor dem Zahnarzt geht auf meine eigene Kindheit zurück, und jetzt gebe ich sie möglicherweise an meine Kinder weiter.« Sara, 38

deckung«. So erfährt es, dass es Entscheidungsfreiheit hat, die Angst überwinden kann und Sie nicht zulassen, dass es zu Schaden kommt.

Früher sollten sich Kinder ihren Ängsten stellen, und man konfrontierte sie direkt damit. Heute hält man das bei Kindern für kontraproduktiv. Wird ein Kind, das noch nicht die Erkenntnisfähigkeit besitzt, das Geschehen sinnvoll zu deuten, starker emotionaler Belastung ausgesetzt, kann das traumatisch sein. Es versteht auch nicht, warum die Eltern es nicht beschützen. Stattdessen soll das Kind langsam mit Unterstützung an die Situation herangeführt werden. Es ist wie beim Schwimmenlernen: das Kind einfach in den tiefen Pool werfen oder im flachen Wasser beginnen und allmählich mit wachsendem Selbstvertrauen vom Paddeln zum Schwimmen übergehen. Erst wenn das Kind niederschwellige Ängste sicher meistern kann, gehen Sie zur nächsten Phase über. Auf diese Weise erlernt es eine Strategie, auch mit anderen Ängsten konstruktiv umzugehen und sie zu überwinden.

Albträume verarbeiten

Albträume unterscheiden sich vom Nachtschreck (s. S. 205) insofern, als sich das Kind an die Träume erinnert. Meist treten sie in der zweiten Nachthälfte auf, in der intensivsten Traumphase. Sie sind meist sehr kurz, weil das Kind aufwacht. Jeden Tag sieht und erfährt Ihr Kind Neues; auch sein Vorstellungsvermögen ist viel aktiver. Nicht immer ist ihm dabei der Unterschied zwischen Fantasie und Realität klar, besonders nachts. Schlechte Träume und Albträume können durch ungeklärte Ereignisse am Tag ausgelöst werden; oder durch ein Ereignis, das es aus dem Gleichgewicht gebracht hat: ein Umzug, die Geburt eines Geschwisterchens oder der Kindergarteneintritt. Oft sind schlechte Träume wahrscheinlicher, wenn das Kind tagsüber einen

Aus dem wirklichen Leben

Wir sind kürzlich umgezogen. Meine Jüngste, Karen, hatte Angst vor ihrem neuen Zimmer. Eine fremde Umgebung und ein eigenes Zimmer, das war zu viel für sie. Erst wollten wir ihre größere Schwester bitten, bei ihr zu schlafen, aber das schien uns unfair, und wir hätten ihre Angst bestätigt. Also wollten wir Karen an ihr Zimmer gewöhnen. Wir machten dort ein Picknick und ließen sie bei der Gestaltung mitbestimmen. Innerhalb von zwei Wochen hat sie sich an die neue Situation gewöhnt und liebt ihr Zimmer jetzt.

heftigen Wutanfall hatte. Das folgende Beispiel zeigt, wie die Erfahrungen des Tages sich auf ein Kind auswirken können.

Till war begeistert vom Papagei seiner Tante und steckte trotz Warnung seinen Finger durch die Käfigstäbe, um ihn zu berühren. Natürlich hackte der Papagei auf seinen Finger ein. Als Till schrie, spreizte der Papagei seine Flügel und krächzte. In den nächsten beiden Nächten wachte Till schreiend auf, erschreckt durch Träume von einem riesigen, hackenden Vogel. Bei jedem Aufwachen ließen ihn seine Eltern schluchzen und reden. Dann drückten sie ihn und versicherten ihm, dass sie nebenan seien und ihm nichts passieren könne – und der Papagei friedlich in Tante Elsas Haus schlafe.

Wird ein Kind beim Aufwachen weiterhin von den Traumbildern verfolgt, will es vielleicht darüber sprechen, selbst wenn es noch nicht das Vokabular besitzt, um den Traum genau zu beschreiben. Lassen Sie es trotzdem reden. Erklären Sie ihm, was es fühlt, ohne das Gespräch zu lenken oder seine Ängste zu bagatellisieren. Akzeptieren Sie die Angst, aber versichern Sie ihm, dass das Erlebte nicht wirklich geschehen kann. So lernt es allmählich den Unterschied zwischen Fantasie und Wirklichkeit. Kinder glauben noch längere Zeit an Gespenster; daher ist ruhiges Sicherheit-Geben mit fantasievollen Hilfen die beste Lösung. (Zum Beispiel: »Papa hat Zauberkraft und baut einen Gespensterschild um unser Haus!«)

Hat sich das Kind beruhigt, bringen Sie es wieder in sein eigenes Bett. Woanders schlafen verstärkt die Ängste, die es mit seinem eigenen Bett verbindet, und setzt schnell ein Verhaltensmuster, bei dem Albträume damit belohnt werden, dass man bei Mama oder Papa schlafen darf. Wenn Kinder älter sind und den Unterschied zwischen Wirklichkeit und Fantasie verstehen, werden Albträume seltener, können aber in Zeiten von Stress wieder auftreten. Egal wie alt Ihr Kind ist: Trösten Sie es.

ÄNGSTE DER NACHT

Albträume sind wirklich schlimm, können aber mit Liebe und Trost vertrieben werden.

Verhalten und Konsequenzen

Sie kennen bereits das Prinzip »gutes Verhalten loben«, »schlechtes Benehmen ignorieren«. Dieses Kapitel führt die »Auszeit« als Fortführung der Nichtbeachtung ein. Sie sollte selten eingesetzt werden, ist dann aber sehr wirksam. Denken Sie auch daran, Ursache und Folge des Verhaltens (s. S. 193) im Auge zu behalten. Bedenken Sie: **1.** Was ist unmittelbar vor dem negativen Verhalten geschehen? Können Sie hier etwas verändern, statt sich jedes Mal auf **2.** das Verhalten und **3.** die Folge zu konzentrieren?

Sie reagieren auf das Verhalten Ihres Kindes, indem Sie entweder etwas tun oder ihm etwas geben, um das Verhalten zu verstärken; oder Sie beenden etwas oder nehmen etwas weg, um die Verhaltensweise zu unterbinden. Ideal ist es, gutes Verhalten zu belohnen und zu verstärken und schlechtes Verhalten nicht zu belohnen. In Stresssituationen handelt man unbewusst oft andersherum. Leider ruft schlechtes Verhalten oft Ihre Aufmerksamkeit hervor, mit der Folge, dieses Verhalten zu verstärken und zu fördern. Ein Wutanfall z. B. findet Ihre Aufmerksamkeit; oder das Kind, das das Geschwisterchen haut, weil dieses sein Spielzeug weggenommen hat. Dann wird das geschlagene Kind weggebracht, mit der Folge, dass das sich falsch verhaltende Kind belohnt wird, weil es nicht teilen muss.

In diesem Alter sollten Sie sich auf folgende Strategien konzentrieren: positive Verstärkung (Belohnen und Loben des erwünschten Verhaltens) und Bestrafung (Ignorieren, Aufmerksamkeit entziehen, Entzug von Spielsachen als Konsequenz für unerwünschtes Verhalten).

Positive Verstärkung Erfährt das Kind eine Vergünstigung, wird dieses Verhalten – positiv oder negativ – zunehmen. (Utes Mama telefoniert, Ute wirft ihr Getränk um. Mamas wendet sich ihr zu, also wird Ute es wieder tun. Wird sie dagegen ignoriert, tut sie es nicht mehr, weil es keine Aufmerksamkeit bringt.)

Negative Verstärkung Das Ausbleiben negativer Folgen führt zu einer Zunahme des Verhaltens. (Jan wartet, bis er vom Tisch darf. Er sagt: »Bitte runter.« Mama hebt ihn aus seinem Sitz und lobt seine höfliche Bitte. Da sie prompt reagiert und Frustration bei Jan vermeidet, verstärkt sie die Wirkung der höflichen Bitte, und er wird in Zukunft wohl wieder bitten.)

Aus dem wirklichen Leben

Ich weiß, wie wir als Kinder geschlagen worden sind. Jeder bekam damals Ohrfeigen, unsere Mutter war keineswegs besonders grausam. Ich erinnere mich aber auch an den Tag, als es aufhörte. Mein Bruder muss beinahe fünf gewesen sein, als er zurückschlug. Mutter sagte einmal, dass sie in diesem Moment erkannt hatte, dass Schlagen zwecklos war. Wir müssen meinem Bruder danken für diese Erkenntnis, dass Reden die bessere Alternative ist. Ich habe niemals meine Hand gegen meine Kinder erhoben (auch wenn mir danach war!). Mein Bruder empfindet noch stärker, dass das Schlagen eines Kindes absolut inakzeptabel ist.

»Die meisten Kinder scheinen äußerlich immun gegen Schläge zu werden. Doch Schläge erziehen nicht und ändern kein Verhalten: Sie erhöhen nur den Spiegel an Stresshormonen und vermitteln, dass Gewalt okay ist.«

Positive Strafe Unangenehme Folgen führen zu einer Abnahme des Verhaltens. Dazu zählen Erfahrungen, die Kinder selber machen, selbst wenn die Erfahrung an sich nicht positiv ist. (Mama sagt Tina, dass sie den Grill nicht anfassen darf, weil er »heiß« ist und »Aua macht«. Tina fasst ihn trotzdem an und verbrennt sich die Finger. Die schmerzhaften Blasen sind eine positive Strafe für Tina, die in der Zukunft wohl kaum mehr einen Grill anfassen wird.)

Negative Strafe Reduktion von positiven Folgen führt zu einer Abnahme des Verhaltens. (Luis spielt Schnippschnapp. Er verliert und zerreißt eine Karte. Er wird weggebracht, und die anderen machen ohne ihn weiter.)

Ohrfeigen und Klapse

Klapse, Schläge und andere Formen körperlicher Züchtigung haben in der Erziehung nichts verloren und sind gesetzlich verboten. Sie nutzen nichts und fügen Schmerzen zu. Es kommt dabei leicht zu einem eskalierenden Bestrafungsmuster, das zu einer sehr nachteiligen Erwachsenen-Kind-Interaktion führen kann. Schläge sind Ausdruck der Hilflosigkeit des Erwachsenen; die meisten Eltern haben danach Schuldgefühle. Das Kind erhält dabei auch die Botschaft, dass Schlagen in Ordnung ist, wenn man wütend ist. Es macht Sie nach und schlägt ebenfalls. Die Sache wird noch widersprüchlicher, wenn die Eltern dem Kind dabei sagen, dass sie es lieben.

Verhaltenstechniken für Drei- bis Vierjährige

Bis jetzt haben wir uns hauptsächlich auf Ablenkungsmethoden und das Herausnehmen des Kindes aus einer brisanten Situation konzentriert. Kinder ab drei können verstehen, dass ihr Verhalten Folgen hat (positive oder negative). Nutzen Sie daher dieses Wissen um Konsequenzen zur Verhaltenslenkung. Das Zeitgefühl ist immer noch unterentwickelt, und

AUFMERKSAMKEIT
SUCHEN Zuwendung verstärkt erwünschtes sowie unerwünschtes Verhalten. Versuchen Sie, erwünschtes Verhalten zu verstärken und unerwünschtes zu ignorieren.

Ankündigen und bis drei zählen

Ihr Kind braucht Zeit, um sich an die Konsequenzen für unerwünschtes Verhalten zu erinnern und eine Entscheidung für sein weiteres Handeln zu treffen. Eine Warnung oder Ankündigung erlaubt ihm, sein Verhalten ggf. zu korrigieren. Sagen Sie z. B.: »Ich zähle bis drei, und dann möchte ich, dass du ins Bett gehst … 1, 2, 3.« Wenn Sie konsequent sind, reicht später oft schon die Ankündigung solcher Erwartungen, um das Verhalten zu steuern, vor allem, wenn Ihr Kind nun moralische Werte entwickelt.

daher müssen Konsequenzen erkennbar, verlässlich und sofort erfolgen; sonst verlieren sie ihre Wirkung. In diesem Alter sind nicht viele Wörter und Erklärungen notwendig. Sie sind der Erwachsene. Wenn Sie »Nein« sagen, dann muss Ihr Kind respektieren, dass Sie es so meinen. Oft sind Eltern im Zwiespalt, weil sie nicht so direkt und streng mit ihrem Kind sein wollen. Doch Klarheit bedeutet nicht Hartherzigkeit.

Verzichten Sie in diesem Alter darauf, Ihr Kind zu *bitten,* etwas zu tun. Das löst nur weitere Probleme aus, wenn es sich weigert. Formulieren Sie eine positive und klare Aufforderung und setzen Sie ein Zeitlimit, z. B.: »Lucia, gib Opa einen Gute-Nacht-Kuss und geh dann ins Bett.«

Warum Disziplin und Kontrolle wichtig sind

Verhaltensmanagement dient nicht nur der Bequemlichkeit der Eltern; für die soziale Entwicklung und die persönliche Sicherheit Ihres Kindes ist es unverzichtbar, Selbstbeherrschung zu lernen. Dies ist der erste Schritt, Kindern Verantwortung beizubringen. Damit beginnt ihre moralische Entwicklung. Kinder müssen lernen, dass das Wort der Eltern gilt, um nicht in Gefahr zu geraten und Gefahren wahrzunehmen.

Selbstbeherrschung ist auch wichtig für ein gutes Familienleben und soziale Beziehungen, weil ein »schwieriges« Kind eher sozial isoliert oder abgestempelt wird. Zu wissen, wann man nachgeben und wann man zuhören muss, stärkt die Sozialkompetenz Ihres Kindes, seine Konzentrationsfähigkeit und seine Selbstkontrolle. Das steigert seine Chancen auf schulischen Erfolg.

Positive Konsequenzen

Belohnungen für gutes Verhalten können ganz einfach sein: Das Kind in den Arm nehmen, es loben, ein Spiel machen, es eine Geschichte aussuchen lassen oder Sticker sammeln (s. S. 271) – das reicht völlig. Am wirksamsten ist häufiges Lob, aber nicht unbedingt bei jedem Tun. Macht ein Verhalten immer wieder Probleme, z. B. wenn das Kind nicht in den Autositz will, belohnen Sie es anfangs häufiger und reduzieren Sie es, wenn es sich anpasst.

Negative Konsequenzen

Unerwünschtes Verhalten durch negative Konsequenzen zu sanktionieren dient zwei wichtigen Zielen: Zum einen stellen Sie eine negative Assoziation zwischen dem Verhalten und seiner Wirkung her (z. B. Entzug der Aufmerksamkeit oder eines Spielzeugs), zum anderen schaffen Sie Distanz zwischen dem Kind und seinem Verhalten (z. B. durch Nichtbeachtung oder Auszeit). Negative Konsequenz meint nicht, dass Sie schimpfen sollen, was kontraproduktiv wäre (s. S. 267). Bei kleinen Kindern sollte jede

EINFACHE BELOHNUNGEN *Die Aussicht, Mama oder Papa als Belohnung für gutes Benehmen bei bestimmten Tätigkeiten helfen zu dürfen, ist für Kinder in diesem Alter ein großer Anreiz.*

»Die Aus-
zeit ermög-
licht ein
Zur-Ruhe-
Kommen
ohne Körper-
kontakt durch
Herausnahme
aus der
schwierigen
Situation.«

negative Folge auf einen kurzen Zeitraum begrenzt sein – maximal drei bis vier Minuten.

Die Auszeit-Methode

Auszeit bedeutet ein sofortiges Herausnehmen des Kindes aus einer Situation, in der es stört oder andere gefährdet. Sie sollte nur als letzte Möglichkeit eingesetzt werden. Die Auszeit-Methode ist eine Weiterführung der Strategien der Nichtbeachtung, die bereits beschrieben worden sind (s. S. 197). Sie sollte nur eingesetzt werden, wenn alle anderen Methoden versagt haben, sonst verliert sie ihre Wirksamkeit.

Die Grundregeln für die Anwendung der Auszeit sind:

■ Sagen Sie Ihrem Kind, dass es nun eine Auszeit nehmen muss.

■ Bringen (oder notfalls tragen) Sie es in sein Zimmer oder einen anderen ungefährlichen Ort, und schließen Sie die Tür.

■ Sagen Sie ihm, dass Sie die Tür drei Minuten zuhalten werden (eine Minute für jedes Lebensjahr – nicht mehr und nicht weniger) und dass es in dieser Zeit zur Ruhe kommen und sich danach entschuldigen soll. So weiß es, dass Sie da sind und es nicht eingeschlossen haben.

■ Ignorieren Sie in den nächsten drei Minuten sein Verhalten – was es sagt, wie es tobt. Es muss erkennen, dass es allein ist und Sie sein Verhalten missbilligen.

■ Danach gehen Sie in die Hocke, schauen ihm in die Augen und erklären ihm klar und bestimmt, warum es eine Auszeit hatte.

Die stille Treppe

In den letzten Jahren hat sich eine Variante der Auszeit durchgesetzt, die sog. »stille Treppe«. Wird diese Methode wie die Auszeit angewandt, ist sie ebenfalls wirksam.

Wichtig ist natürlich, dass sich das Kind auf und an der Treppe nicht verletzen kann. Vielleicht legen Sie eine Matratze hin. Sie dürfen keine körperlichen Maßnahmen anwenden oder Ihr Kind festhalten, damit es auf der Treppe bleibt. Diese Methoden sollten idealerweise überall dort umgesetzt werden, wo sie notwendig werden: bei Ihnen zu Hause, bei Freunden, im Wartezimmer beim Arzt oder im Supermarkt. Sie können die Auszeit auch in dem Raum umsetzen, in dem Sie sind, dürfen aber keinen Blickkontakt herstellen und nicht mit dem Kind sprechen.

- Bitten Sie es, sich bei der betroffenen Person zu entschuldigen.
- Beruhigt es sich nicht oder entschuldigt sich nicht, wiederholen Sie die Auszeit, aber ohne Ärger zu zeigen. Ihr Kind soll einfach lernen, dass unerwünschtes Verhalten negative Folgen hat.
- Dann drücken Sie Ihr Kind, um zu zeigen, dass alles wieder gut ist.

Sticker helfen erziehen

Mit drei bis vier Jahren lieben viele Kinder Sticker- oder Sternchentabellen – eins der einfachsten Anreiz- und Belohnungssysteme. Es gibt verschiedene Formen, je nachdem, ob es Ihnen um ein bestimmtes Verhalten geht wie »Benimm dich bei Tisch anständig«, »Bleib in deinem Bett« oder um allgemeine Verhaltenskontrolle, z. B. die Reduktion von Wutanfällen in einem bestimmten Zeitraum.

Eine solche Tabelle hat vier einfache Funktionen – sie zeigt Ihrem Kind:
- Was Sie von ihm wollen.
- Wie es sich benehmen soll.
- Wie lange es dieses Benehmen zeigen soll.
- Wie es belohnt wird.

Kinder lieben Sticker und können durch einen Blick auf die Tabelle leicht erkennen, wie gut oder schlecht sie sich benommen haben. Sticker helfen Eltern wie Kind, Fortschritte und Erfolge sowie Schwachpunkte und Rückschläge zu sehen. Statt Sticker können auch bunte Kugeln oder große Perlen gesammelt werden.

Eine Sticker-Tabelle gestalten Sie gemeinsam mit Ihrem Kind. Wenn Sie es in die Gestaltung einbeziehen, bekommt es einen persönlichen Bezug dazu und ist stärker bemüht, Sticker zu erlangen. Überlegen Sie zuerst, wie Sie die Tabelle einsetzen wollen. Wollen Sie damit sein Schlafverhalten verbessern? Wollen Sie auf einer langen Zugfahrt gutes Benehmen sicherstellen? Verwenden Sie eine Tabelle nur für ein Ziel. Der Zeitrahmen für das erwünschte Verhalten muss kurz und klar definiert sein. Ist eine Stunde gutes Benehmen gewünscht, bekommt das Kind alle fünf bis zehn Minuten einen Sticker (nicht bei schlechtem Benehmen). Am Ende dieser Zeitspanne solle eine konkrete Belohnung stehen, falls mindestens 75 Prozent der Sticker verdient worden sind. (Es können auch einmal 50 Prozent sein, wenn dies schon einen beträchtlichen Fortschritt darstellt.) Nur wenn Sie Ihr Versprechen dann auch halten, funktioniert die Methode.

»Ankündigungen und Warnungen sind wichtig, wenn Kinder älter werden. So haben sie die Chance, Selbstkontrolle zu üben und negative Folgen zu vermeiden.«

Das weitere Umfeld Ihres Kindes

Das Kleinkindalter verfliegt im Nu, und ehe Sie sich's versehen, ist es schon ein Kindergartenkind. Spätestens mit vier Jahren sollte jedes Kind einen Kindergarten besuchen. Vermutlich stellen Sie fest, dass es immer mehr Neues ausprobieren will und Herausforderungen sucht.

DER ERSTE TAG *Zwischen drei und vier Jahren kommt Ihr Kind in den Kindergarten. Das ist ein wichtiger Meilenstein. Zeigen Sie Ihrem Kind nicht, wie mulmig Ihnen zumute ist.*

Zwischen drei und vier Jahren ist Ihr Kind mit Sicherheit reif für die nächste Station in seinem Leben – den Kindergarten. Vielleicht wollen Sie es später auch schon mit fünf Jahren einschulen. Das ist heute möglich, sollte aber immer in enger Absprache mit Erzieherinnen, Kinderarzt und Grundschullehrerin entschieden werden.

Besonders wichtig für den Kindergartenbesuch und später die Schulreife ist die Sozialkompetenz. Außerdem muss das Kind stillsitzen und sich über einen längeren Zeitraum konzentrieren können; es soll ja zuhören und Anweisungen befolgen und gemeinsam mit anderen Kindern aufmerksam sein. Diese Fähigkeiten haben Sie ihm zu Hause beigebracht – jedes Mal wenn es an einer Mahlzeit teilnimmt, wenn es Ihnen beim Vorlesen zuhört, wenn es mit einem anderen Kind spielt usw.

Ein problemloser Übergang in den Kindergarten:

■ Besuchen Sie die Einrichtung vorab, sodass es weiß, was es dort erwartet

■ und zu Ihrer eigenen Beruhigung. Überlegen Sie sich genau, ob Sie eine Einrichtung unter spezieller Trägerschaft, z. B. kirchlich, Montessori oder Waldorf, wünschen.

■ Bereiten Sie Ihr Kind durch Rollenspiele auf den Kindergartenbesuch vor, und betrachten Sie gemeinsam entsprechende Bilderbücher.

■ Fördern Sie das Selbstvertrauen Ihres Kindes, indem Sie ihm beibringen, Neues anzugehen und nicht so schnell aufzugeben.

■ Fördern Sie seine Selbstständigkeit durch Kleidung, mit der es allein zurechtkommt. Klettverschlüsse sind besser als Schnürsenkel.

■ Loben Sie seine Fähigkeit, Gefühle zu zügeln und Selbstkontrolle zu zeigen.

- Leiten Sie es an, sich mitzuteilen und Fragen zu stellen, die Empathie mit anderen Kindern zeigen. (»Was ist mit Leo los?«/»Warum ist er traurig?«)
- Schicken Sie es anfangs nach Möglichkeit nur halbtags in den Kindergarten.
- Basteln Sie gemeinsam eine »Kindergartentüte«.

Ihre Gefühle und Ihre Einstellung

Der Kindergarteneintritt ist auch für die Eltern ein wichtiges Ereignis. Ihr Kind geht aufgeregt und wahrscheinlich mit etwas Beklemmung hin – wie Sie auch! Der Abschied löst bei vielen Eltern an diesem Tag starke Gefühle aus. Wenn Sie Wehmut empfinden, zeigen Sie es Ihrem Kind möglichst nicht. Sonst nimmt es Ihre Stimmung auf und sorgt sich auch noch um Sie.

Selbst wenn Sie mit gemischten Gefühlen an Ihre Kindergarten- und Schulzeit zurückdenken, seien Sie optimistisch. Sonst wirken sich Ihre Erfahrungen darauf aus, wie Sie mit Ihrem Kind über den Kindergarten, die Schule oder die Erzieher bzw. Lehrer sprechen. Lösen Sie bei ihm keine unnötigen Befürchtungen aus. Vereinbaren Sie Termine mit den Erzieherinnen und später den Lehrerinnen, um Gespräche zu führen – und nehmen Sie sich vor allem Zeit, die Vorfreude Ihres Kindes zu teilen.

Dr. Benjamin Spock

Der Autor des weltberühmten Handbuchs zur Säuglings- und Kinderpflege, Dr. Benjamin Spock (1903–1998) war sicherlich einer der einflussreichsten Kinderärzte des 20. Jahrhunderts. Er war einer der ersten, die sich für eine kinderzentrierte Erziehung aussprachen.

B. Spock interessierte sich für Familiendynamik und die Bedürfnisse des Kindes und studierte sechs Jahre Psychoanalyse, die ihm einen einzigartigen Blick auf Kinderpflege und Erziehung gab. In dieser Zeit hieß es, man verwöhne Kinder, wenn man sie hochnahm, sobald sie schrien. Spock meinte, dass das Tragen der Babys und das Zeigen von Zuwendung sie zufriedener und sicherer machte.

Statt starre Regeln für alle möglichen Bereiche von Strafen bis Sauberkeitserziehung vorzugeben, empfahl er den Eltern, flexibel zu sein, die Kinder als Individuen zu betrachten und auf ihre eigene Erziehungskompetenz zu vertrauen. Er war der Meinung, dass Erziehung Spaß machen darf und Mütter und Väter Freude an ihren Kindern haben sollen.

Seine Ideen waren zu seiner Zeit revolutionär und standen in Widerspruch zu den allgemeinen Vorstellungen von Ärzten und Pädagogen der Zeit. Manche halten ihn für den Vater der permissiven Gesellschaft. Zu seinen Lebenszeiten verkauften sich Spocks Bücher mehr als 50 Millionen Mal und wurden in 39 Sprachen übersetzt.

Die Sicherheit Ihres Kindes

Ihr Kind ist jetzt mobil, kann sprechen und ist selbstständiger und damit auch gefährdeter. Fangen Sie an, ihm zu Hause und anderswo Gefahren bewusst zu machen und umsichtiges Verhalten beizubringen, ohne Ängste zu schüren.

Alle Eltern sorgen sich um die Sicherheit ihrer Kinder. Das ist ein natürlicher Instinkt, und ein gesunder dazu. Ihr Kind lebt jedoch sicherer, wenn Sie es Schritt für Schritt mit Gefahren vertraut machen und ihm beibringen, sie zu vermeiden, anstatt zu versuchen, es von allen Gefahren fernzuhalten. Kleinkinder verstehen nicht, was mit dem Begriff

»Gefahr« gemeint ist. Sie haben noch nicht viele Gefahren erlebt. Erklären Sie mögliche Gefahren so einfach und sachlich wie möglich. Sagen Sie ihm, dass »Gefahr« bedeutet, dass etwas besonders bedrohlich ist und ein »großes Aua« verursachen kann. Betrachten Sie Ihre Wohnung und die alltägliche Umgebung mit den Augen Ihres Kindes. Wenn

etwas locker, ausgefranst, spitz, giftig oder gefährlich aussieht, wird Ihr Kind es bestimmt irgendwann finden. Wasser, Elektrizität und Straßen sind besonders gefährlich. Schließen oder räumen Sie sorgsam alles weg, was eine Gefahr darstellen könnte, und denken Sie aus der Perspektive Ihres Kleinkindes.

UNTERWEGS

Heutzutage fahren Fahrzeuge schneller und geräuscharmer als je zuvor. Daher muss Ihr Kind wissen, dass Straßen und Fahrzeuge gefährlich sind. An einer Straße gilt: »Stehen, schauen und hören«. Es muss wissen, dass Ihr »Halt, warte« eine Anweisung ist, der es gehorchen muss. Egal wie eilig Sie es haben, schnallen Sie Ihr Kind immer in seinem Autositz oder Buggy an, bevor Sie losfahren. Erklären Sie ihm, dass dies zu seiner Sicherheit geschieht. Leiten Sie es an, nach links und rechts zu schauen, bevor es die Straße überquert. Zeigen Sie ihm, wie man den Knopf an der Fußgängerampel drückt. Es soll Ihnen sagen, wann

INTERNET-SICHERHEIT *Installieren Sie einen Programmschutz auf Ihrem Rechner, um Ihr Kind vor nicht altersgerechten Seiten zu schützen.*

»Seien Sie auf Unfälle gefasst. Bleiben Sie ruhig, sorgen Sie für einen gut ausgestatteten Erste-Hilfe-Kasten, und halten Sie die Telefonnummern von Arzt und Notruf griffbereit.«

es seiner Meinung nach ungefährdet die Straße überqueren kann. Loben Sie es, wenn es alles richtig macht.

Auf dem Fahrrad müssen Kinder einen Helm tragen. Von Autofahrern werden sie dabei leicht übersehen. Lassen Sie Ihr Kind im Park oder in einer autofreien Zone fahren und nie auf oder an einer Hauptverkehrsstraße.

GEFAHR DURCH FREMDE

Es ist leider so, dass es in unserer Gesellschaft Menschen gibt, die für Kinder eine Gefahr darstellen. Statistisch gesehen ist die Bedrohung extrem gering, aber emotional stellt sie eine große Sorge dar.

Um Ihrem Kind absolute Sicherheit zu geben, müssten Sie jede Minute des Tages bei ihm sein. Das ist mit zunehmendem Alter immer weniger möglich und auch nicht förderlich für die Selbstständigkeit.

Sie müssen ihm beibringen, sich vor fremden Menschen in Acht zu nehmen, und das, ohne ihm Angst vor Fremden zu machen. Dabei gelten immer noch die altbekannten Regeln: »Nimm nie Süßigkeiten oder Geschenke von einem unbekannten Menschen an«, »Steig nie in ein fremdes Auto« und »Wenn du vor jemandem Angst hast, sag es uns«.

KINDERSICHER – ZU HAUSE UND UNTERWEGS

Es erfordert einige Planung, die Wohnung kindersicher zu machen.

▶ Sagen Sie ihm, dass viele Dinge heiß oder gefährlich sein können, auch wenn sie ungefährlich aussehen.

▶ Bringen Sie Sicherheitsriegel an Schränken und Türen an.

▶ Bringen Sie Kindersicherungen an Steckdosen an, und befestigen Sie Kabel.

▶ Bringen Sie oben und unten an Treppen ein Treppenschutzgitter an.

▶ Bewahren Sie Reinigungsmittel, Arznei, Farben und andere giftige Substanzen außerhalb der Reichweite Ihres Kindes auf.

▶ Werfen Sie Reste aus dem Tiernapf sowie Essensreste weg.

▶ Halten Sie Böden sauber, und lassen Sie nichts herumliegen.

▶ Drehen Sie bei Töpfen auf dem Herd die Griffe nach hinten.

▶ Halten Sie Ihr Kind von Herd und Backofen fern.

▶ Lassen Sie Nahrungsmittel und kleine Dinge wie Nüsse, Knöpfe, Stifte, Streichhölzer, Schlüssel und Kerzen nicht in Reichweite liegen.

▶ Lassen Sie Ihr Kind nicht unbeaufsichtigt in einer gefährlichen Umgebung.

▶ Tragen oder stellen Sie keine heißen Speisen in die Nähe Ihres Kindes.

▶ Lassen Sie Ihr Kind nicht allein im Bad oder am Wasser.

Es ist wichtig, das Kind auf unbekannte Situationen mit möglichen Gefahren vorzubereiten.

▶ Üben Sie mit Ihrem Kind. Fragen Sie es: »Worauf müssen wir aufpassen?« Mögliche Antworten sind: Straßen, Autos, Wasser, Fremde und Sich-Verlaufen.

▶ Sagen Sie Ihrem Kind, dass es Menschen, die es nicht kennt, nicht grüßen und nicht zu ihnen gehen soll.

▶ Schärfen Sie ihm ein, auf »Mama oder Papa zu warten« oder an der Hand zu bleiben.

▶ Bringen Sie ihm bei, um Hilfe zu bitten, wenn es sich verlaufen hat.

▶ Lassen Sie es nicht bei eingeschaltetem Motor im Auto.

▶ Lassen Sie es in einer unbekannten Situation nicht unbeaufsichtigt.

Nur für Eltern

Wenn das Kind unternehmungslustiger wird, ist es normal, dass man Angst um seine Sicherheit hat. Doch es muss auch seine Welt erkunden und Fehler machen dürfen. Zu den schwierigsten Aspekten des Elternseins gehört es, zu lernen, wie, wo und wann man sein Kind »loslassen« soll und kann.

Ihr Kind kann nun ohne Sie im Beisein eines verantwortlichen Erwachsenen mit einem anderen Kind spielen. Wie lange – das hängt davon ab, wie gut Sie und Ihr Kind die gastgebenden Eltern und Kinder kennen. Nehmen Sie sich Zeit, die Freunde Ihres Kindes und seine Eltern so gut kennenzulernen, dass ein gegenseitiges Einvernehmen und Verständnis hinsichtlich Regeln und Einstellungen besteht. Es kann ein Kind sehr verunsichern, wenn es feststellt, dass zu Hause ganz anderes erlaubt ist als anderswo. Teilen Sie dem Gastgeber mögliche Vorlieben, Abneigungen,

»Mit 3-4 Jahren besitzt Ihr Kind ausgeprägte Persönlichkeitsmerkmale. Es gewöhnt sich leichter in einer neuen Umgebung ein, wenn Sie ihm zeigen, wie es sich in stressigen oder beängstigenden Situationen verhalten kann.«

Allergien und Eigenheiten Ihres Kindes mit. Wenn es z. B. keine Sahnetorte mag und dort plötzlich Torte vorgesetzt bekommt, will es vielleicht nie mehr dorthin gehen. Erklärungen im Voraus verhindern Missverständnisse. Dann machen Ihrem Kind seine Verabredungen Spaß, und es wird gern wieder dorthin gehen. Informationen erleichtern den gastgebenden Eltern den Umgang mit Ihrem Kind und dienen so auch Ihrer Beruhigung.

Erkundigen Sie sich, ob der andere Elternteil Pläne für besondere Unternehmungen hat, z. B. an einen See oder auf einen Rummel gehen will, damit Sie Ihr Kind darauf vorbereiten können. Sonst ist es verunsichert, wenn es ohne Sie mit einer neuen Situation konfrontiert wird.

Wenn Sie feste Bring- und Abholzeiten vereinbart haben, halten Sie sich daran. Es ist anstrengend, sich um die kleinen Kinder anderer Leute zu kümmern. Sie fördern ein gutes Verhältnis, wenn Sie zur vereinbarten Zeit kommen, und es gibt Ihrem Kind Sicherheit.

Überbehütung kommt Ihrem Kind nicht zugute. Es ist robuster, als Sie denken. Es braucht Ihre Ermutigung, um selbstständig zu werden. Ein Umgebungswechsel und neue Erfahrungen ohne Sie tun ihm gut. Sie müssen nur darauf achten, dass es sich in der anderen Umgebung sicher fühlt und ungefährdet ist. Vielleicht begleiten Sie es beim ersten Treffen mit einem neuen Spielkameraden, damit es sich in Ihrem Beisein mit der Umgebung vertraut machen kann und Sie es beruhigt dort lassen können.

Spielkameraden einladen

Spielkameraden Ihres Kindes sollen sich bei Ihnen willkommen, geborgen und wohl fühlen. Sprechen Sie über ihre Mama oder den Papa, damit sie sich nicht allein fühlen; sind die Kinder angespannt oder unsicher, drängen Sie sie nicht zu Aktivitäten, die sie nicht mögen.

So fühlen sich Besuchskinder bei Ihnen wohl

Sind Freunde zum Spielen da, beachten Sie Folgendes:

▶ Bevorzugen Sie das Besuchskind nicht gegenüber Ihrem eigenen, sonst dreht Ihr Kind auf oder lehnt den Freund ab. Stellen Sie keine Vergleiche zwischen den Kindern an.

▶ Lassen Sie die Kinder nach ihren Vorstellungen spielen, sofern sie nicht um Ideen bitten.

▶ Kleinere Unstimmigkeiten lösen sich vermutlich ohne Ihr Eingreifen. Lassen Sie die Kinder jedoch nie unbeaufsichtigt oder außer Hörweite.

▶ Behandeln Sie Ihren kleinen Besucher mit Respekt.

▶ Wenn das Besuchskind aggressiv ist, erklären Sie ihm, dass man sich in Ihrem Haus nicht so benehmen darf.

▶ Denken Sie daran, dass Besuchskinder in einer fremden Umgebung vielleicht aus Unsicherheit aufgedreht sind. Versichern Sie sich, dass sie keine Angst oder sonstigen Kummer haben. Fragen Sie, was sie bekümmert.

▶ Bei ernsten Verhaltensproblemen rufen Sie die Eltern an. Methoden wie Ignorieren oder Auszeit (s. S. 270) sollten Sie nicht anwenden. Strafen sollten Sie Besuchskinder nie – Sie könnten das Kind verängstigen und die Eltern erzürnen.

▶ Wenn Sie tadeln müssen, kritisieren Sie das Verhalten und niemals das Kind.

▶ Idealerweise stimmen Sie Erziehungsmaßnahmen im Voraus mit den Eltern des Besuchskindes ab.

Seien Sie nicht überrascht, wenn sich das Verhalten Ihres Kindes im Beisein seiner Freunde verändert. Der Freund hat Priorität. Ihr Kind will von ihm gemocht und akzeptiert werden und Unabhängigkeit zeigen. Kleine Anzeichen der Rebellion sind ein positives Zeichen dafür, dass es sich normal entwickelt. Wenn die normalen Verhaltensrichtlinien gelten, gibt sich das bald.

Jetzt, da Ihr Kind beginnt, den Unterschied zwischen Richtig und Falsch zu verstehen, entwickelt es auch einen Sinn für soziale Gerechtigkeit. Der Ausruf »Max hat mich gehauen!« fordert »Du musst was tun, Papa!«. Dies ist nicht einfach, wenn fremde Kinder beteiligt sind (s. S. 277).

Die Art und Weise, wie Ihr Kind denkt und Situationen einschätzt, beeinflusst seine Charakterbildung: Hat ein Kind z. B. Probleme, die eigenen Emotionen zu steuern, neigt es dazu, andere für sein Verhalten verantwortlich zu machen, und meint, dass die aggressive Tat gerechtfertigt sei. Kinder betrachten Dinge aus ihrer Sicht. Im obigen Szenario mag Ihr Kind eine wichtige Tatsache außer Acht gelassen haben: »Max hat mich gehauen, weil ich ihm sein Spielzeug weggenommen habe!«

Ihr Kind will nun mit anderen Kindern kooperieren, braucht aber immer noch Ihre Hilfe beim Teilen. Es tendiert immer noch eher dazu, Probleme körperlich statt mit Worten auszutragen. Leiten Sie es an, bei Unstimmigkeiten in Worten zu sagen, wie es sich fühlt und was geschehen soll. Versuchen Sie, die Wogen zu glätten oder die Kinder anzuleiten, die Krise selber zu lösen, statt zu schimpfen (vor allem, wenn Sie nicht gesehen haben, was passiert ist). Sagen Sie z. B.: »Erinnert ihr euch, was Teilen heißt? Ja? Und wisst ihr, wie man sich abwechselt? Das ist gut. Lass erst Max machen, Sabine, weil er der Gast ist. Gut gemacht.« Oder: »Nicht hauen oder ich muss Max' Vater bitten, ihn abzuholen.«

Geschwisterrivalität

Geschwister mit geringem Altersabstand verhalten sich oft auch in der hier beschriebenen Art. Eltern müssen bei Streitereien objektiv bleiben und sicherstellen, dass nicht ein Kind unbewusst mehr getadelt wird als das andere. Auch auf Eifersucht sollten Sie gefasst sein. Rivalität unter Kindern um die Zuneigung der Eltern, um Spielsachen oder Aufmerksamkeit ist völlig normal. Denken Sie daran, dass Kampf- und Tobespiele ziemlich aggressiv werden können, wenn sich ein älteres Kind über ein jüngeres ärgert. Bringen Sie Ihr älteres Kind nicht in die Rolle des »Aufpassers«, wenn Sie

GEMEINSAM SPIELEN *Wenn Ihr Kind älter wird, müssen Sie immer öfter auch auf seine Freunde aufpassen. Laden Sie in diesem Alter immer nur ein Kind ein, das ist für alle einfacher.*

keine Zeit haben. Sagen Sie ihm aber, wie sehr Sie seine Fähigkeit, sich unter Kontrolle zu haben und das Verhalten des kleineren Geschwisters zu tolerieren, schätzen. Ermutigen Sie jedes Kind, das andere zu respektieren und sich zu entschuldigen, wenn es sich schlecht benommen hat.

Rollenvorbilder und Bevorzugung eines Elternteils

Wenn sich der Identitätssinn und das Selbstbild Ihres Kindes entwickeln, orientiert es sich am gleichgeschlechtlichen Elternteil als Rollenvorbild (Jungen am Papa und Mädchen an der Mama). Dies kann wiederum dazu führen, dass ein Kind eine Vorliebe für den gegengeschlechtlichen Elternteil entwickelt (Jungen für die Mama, Mädchen für den Papa), weil sie Vaters oder Mutters Beispiel folgen. Die meisten Kinder zeigen dieses Verhalten in gewissem Maße, aber wie lange es anhält und wie ausgeprägt es ist, ist sehr unterschiedlich.

Ursache dieser Bevorzugung ist das Gespür des Kindes für die besondere Beziehung zwischen Mama und Papa. Diese wünscht es sich auch. Kleine Jungen können ihrem Vater z. B. sagen, er solle weggehen, wenn er gerade mit Mama spricht. Mädchen wie Jungen wollen Mama bzw. Papa vielleicht auch heiraten. Das ist alles völlig normal, Kinder wachsen aus dieser Phase heraus. Es zeigt vielmehr, wie sehr sie zu den Eltern aufschauen und ihnen gleichen wollen. Diese Fixierung bedeutet keine Zurückweisung des anderen Elternteils, sondern gehört zur sozialen und emotionalen Entwicklung.

Was tun, wenn sich die Kinder streiten?

Das friedliche Spiel schlägt leicht in Streit um. Kinder sind schnell gelangweilt oder prügeln aus Frustration. Was können Sie tun?

▶ Stellen Sie Fragen, wie: »Hat dich Mara aus einem bestimmten Grund geschlagen, Lea?«/»Mara, gab es einen Grund, warum du Lea geschlagen hast?«/»Nein. Das ist gut. Wollt ihr dieses Spiel weitermachen, oder habt ihr beiden genug gespielt?«

▶ Machen Sie Ihre Erwartung deutlich: »Du weißt, dass Schlagen nicht erlaubt ist. Ich erwarte, dass ihr friedlich miteinander spielt. Könnt ihr das?«

▶ Machen Sie die Konsequenz deutlich: »Wenn das weitergeht, dürft ihr nicht weiterspielen, und ich muss euch trennen.« Vorausgesetzt, es besteht keine Angst bzw. es ist keine echte Gewalt im Spiel, vergessen und vergeben Kinder schnell. In diesem Alter ist gelegentlicher Streit normal.

Liebe Tanja ...

▶ **Darf meine dreijährige Tochter fernsehen, und können Computerspiele und Internetsurfen schaden?**

Fernsehen ist Teil des heutigen Lebens; viele Eltern verwenden das Fernsehen als elektronischen »Babysitter«, um ein wenig Ruhe für andere Dinge zu haben. Gelegentlich und für kurze Zeit mag das praktisch sein, doch es ist für ein kleines Kind nie gut, wenn es allein vor dem Bildschirm sitzt.

Kinder haben eine kurze Aufmerksamkeitsspanne und können allein nicht verstehen, was sie sehen. Das gelegentliche Anschauen einer qualitativ guten Kleinkindersendung im Beisein eines Erwachsenen, der auf die Reaktionen des Kindes achtet, schadet jedoch nicht.

Auch Computer können ihre Berechtigung haben; schon Dreijährige lernen schnell den Umgang mit der Maus und die Bedienung. Doch weder Fernsehen noch Computer fördern die sozialen und kognitiven Fähigkeiten Ihres Kindes. Und es kann dabei mit Bildern und Einflüssen in Berührung kommen, die ungeeignet, verstörend oder schädlich sein können.

▶ **Seit unsere Tochter geboren wurde, spricht mein dreieinhalbjähriger Sohn wieder die Babysprache, krabbelt und will eine Windel. Was ist da los?**

Dieses Verhalten nennt man Regression und es kommt häufig vor, wenn ein erstgeborenes Kind die elterliche Zeit und Zuwendung teilen muss. Ein Geschwisterchen zu bekommen verursacht Stress; Ihr Sohn schreit nach Ihrer Aufmerksamkeit und der Gewissheit, dass Sie ihn ebenso lieben wie bisher. Regression ist in diesem Alter ziemlich häufig. Man könnte meinen, die Kinder hätten das Gefühl, zu schnell groß zu werden, und wollten die Bremse anziehen. Das geht vorüber.

Sensible Zuwendung, verbunden mit Förderung, hilft Ihrem Sohn, loszulassen und weiter voranzugehen. Erinnern Sie sich mit ihm an seine Babyzeit. Fragen Sie ihn, ob er sich daran erinnert. Loben Sie ihn für alle seine Fähigkeiten und dafür, dass er ein so kluger, großer Junge ist. Nehmen Sie sich Zeit nur für ihn. Ermöglichen Sie ihm eine neue Aktivität, z. B. Fahrrad fahren, um anzuerkennen, wie groß er ist. Wirkt er verunsichert oder aggressiv, leiten Sie ihn an, seine Gefühle auszusprechen. Zeigen Sie Mitgefühl, für das, was er erlebt.

▶ **Wie kann ich meinen dreijährigen Sohn auf unseren Umzug vorbereiten?**

Nehmen Sie sich Zeit, Ihren Sohn in den Prozess einzubeziehen. So gewöhnt er sich an die Vorstellung umzuziehen und geht die Sache positiv an. Lassen Sie ihn beim Einpacken helfen. Sie können sein Zimmer als Letztes ausräumen, damit er möglichst lang seine gewohnte Umgebung hat. Ist die neue Wohnung in der Nähe, zeigen Sie ihm, wohin Sie ziehen werden. Ist sie weiter weg, zeigen Sie ihm ein Foto und das Fenster seines neuen Zimmers.

Nach dem Umzug braucht er Zeit, sich an die neuen Geräusche, Gerüche, Schatten usw. zu gewöhnen. Lassen Sie ihn beim Einrichten seines Zimmers helfen, damit er sich zu Hause fühlt. Wenn sich Ihr Sohn sicher und geborgen fühlt, gewöhnt er sich ziemlich schnell an seine neue Umgebung.

DAS ENDE EINER ÄRA *Herzlichen Glückwunsch! Sie haben Ihr Kind durch die Kleinkindzeit manövriert. Neu erworbene Fähigkeiten helfen ihm, sich im Kindergarten einzuleben und kommende Herausforderungen zu meistern.*

5 Punkte zur Erinnerung

1 Ihr Kind versteht immer besser, dass seine Handlungen Folgen haben; damit begreift es allmählich auch den Unterschied zwischen »Richtig« und »Falsch«.

2 Sie sind das Rollenvorbild Ihres Kindes, und es schaut zu Ihnen auf. Seien Sie sich bewusst, dass seine Werte und Meinungen in diesem Alter nur auf dem basieren, was Sie ihm sagen, was es erfährt und vor allem, was es bei Ihnen sieht.

3 Kinder mit starkem Selbstwertgefühl haben positive Erwartungen an sich selbst und erreichen daher mehr; dies wiederum stärkt das Selbstwertgefühl.

4 Mit seiner immer lebhaften Fantasie entwickelt Ihr Kind vermutlich manche Ängste. Egal wie absurd diese scheinen mögen: Lachen Sie Ihr Kind nicht aus und bagatellisieren Sie seine Gefühle nicht. Versuchen Sie, die Normalität der Situation aufzuzeigen.

5 Akzeptieren Sie, dass Ihr Kind größer wird. Überbehütung tut ihm nicht gut. Es ist robuster, als Sie denken, und ein Umgebungswechsel und gelegentliche neue Erfahrungen ohne Eltern sind gut für seine Entwicklung.

SPASS HABEN *Ermöglichen Sie ihm unterschiedliche Erfahrungen. Wer Neues vollbringt, bildet damit sein Selbstvertrauen und Selbstwertgefühl weiter aus.*

FAMILIENLEBEN

Familien im Wandel

Wenn Ihr Kind vier Jahre alt wird, ist ihm sein Platz in der Familie genau bewusst; seine Familie bildet den größten Teil seiner Welt. Dieses Kapitel beleuchtet einige weitere Bereiche, die sich auf die Erziehung Ihres Kindes und Ihren Erziehungsstil auswirken können.

Jede Familie ist einzigartig. Hier kommt ein Mix aus persönlicher Geschichte, kulturellen Einflüssen, Temperamenten, Begabungen und den Erfahrungen jedes Familienmitglieds zusammen. Das traditionelle Familienmodell mit Vater, Mutter und zwei Kindern ist nicht länger die Norm; eine Familie kann ihre Gestalt im Laufe der Zeit ändern. Patchworkfamilien, Alleinerziehende und Eltern verschiedener ethnischer Herkunft sind heute die Regel.

Mit Veränderungen umgehen

Jede Familie erlebt Veränderungen, da einzelne Familienmitglieder sowie die Familie als Ganzes verschiedene Lebensstadien durchlaufen, durch die Geburt eines Babys, die Ankunft eines Geschwisterchens, einen Umzug oder die Einschulung. Die Rollen, die jede Person in der Familie einnimmt, und der Umgang miteinander können sich komplett verändern, wenn die Gruppe als Ganzes eine Phase der Veränderung durchlebt.

In der akuten Phase einer Veränderung kann Ihr Kind vielleicht nicht darüber sprechen, was es bedrückt, doch sein Kummer kann sich auf andere Art zeigen. Wenn Sie Veränderungen in seinem Verhalten (z. B. Schlafprobleme, Bettnässen, Einkoten oder Anhänglichkeit) feststellen, schenken Sie ihm viel Zuwendung und ermutigen es, seine Gefühle und Sorgen auszudrücken. Hat Ihr Kind Kummer, sucht es bei Ihnen Trost. Versuchen Sie, sich auch in Zeiten, in denen Sie selbst vor Schwierigkeiten stehen, Zeit für Ihr Kind zu nehmen. Erfährt es von Ihnen keine Zuwendung und Sicherheit, verstärkt dies seine Verunsicherung. In Zeiten der Veränderung sind Routinen oft schwer beizubehalten und können sogar in Widerspruch zu der Entwicklung Ihrer Familie stehen. Ihr Kind merkt das, passt sich aber schneller an, wenn sich Ihre Gefühle und Reaktionen ihm gegenüber nicht verändern.

»Wegen meiner Berufstätigkeit habe ich sehr viel von den ersten Jahren meiner Kinder verpasst. Es ist so schön, dass ich nun Zeit für meinen Enkel habe.« Nina, 66

NORMALITÄT BEWAHREN

Welche Veränderungen auch anstehen – von einem Umzug bis zu Schul- oder Berufs- wechsel: Feste familiäre Gewohnheiten helfen, sich darauf einzustellen.

Trennung und Scheidung bewältigen

Kein Elternpaar wünscht sich, dass seine Beziehung zerbricht, doch leider sind Trennung und Scheidung eine häufige Realität in westlichen Kulturen. In Deutschland waren 2006 etwa 160 000 Kinder von Scheidung betroffen. Eine Scheidung ist eine Krise, meist sehr schmerzhaft und oft unschön; aber sie ist eine Veränderung, die viele Familien durchmachen müssen. Vielleicht trennen Sie sich von einem Partner, der kein leiblicher Elternteil Ihres Kindes ist, aber dennoch ist die Veränderung extrem belastend, vor allem, wenn Ihr Kind eine starke Beziehung zu ihm hat. Worüber Sie auch als Paar streiten mögen, denken Sie daran, die Situation aus der Sicht Ihres Kindes zu betrachten. Lassen Sie Ihrem Kind die Beziehung zu Ihrem (ehemaligen) Partner. Bedenken Sie immer die langfristigen Auswirkungen Ihrer Entscheidungen.

Man ist leicht versucht, das Kind in falscher Sicherheit zu wiegen, wie »Alles wird in Ordnung kommen«. Sagen Sie das nicht, wenn es nicht so sein wird. Auch wenn es kurzfristig schwer ist, zeigen Forschungen, dass die große Mehrheit der Kinder nicht unter dauerhaft negativen Auswirkungen leidet, vorausgesetzt, die Trennung wird vernünftig vollzogen. Das Verhalten der Eltern ist der wichtigste Einzelfaktor, der sich auf die Fähigkeit des Kindes, die Situation kurz- wie langfristig zu verarbeiten, auswirkt. Je länger und belastender die Trennungszeit, umso größer die Belastung für das Kind und umso langsamer die Anpassung.

Sagen Sie Ihrem Kind in einfachen Worten, dass Sie sich trennen. Erklä- ren Sie ihm, was nun geschehen wird: »Papa (oder Mama) wird nicht mehr bei uns wohnen, sondern nach X ziehen. Wir bleiben hier, und du kannst ihn/sie an den und den Tagen sehen. Papa bleibt dein Papa, und Mama bleibt deine Mama. Wir lieben dich beide.« Vielleicht müssen Sie auf schwierige Fragen antworten: »Liebt ihr euch noch?« Kinder müssen nicht alle Fakten wissen, auch wenn Sie das Bedürfnis haben, darüber zu sprechen. Trennen Sie die Erwachsenenthemen klar von den Bedürfnissen Ihres Kindes. Ihr Kind will nur wissen, dass es Ihnen gut geht und Sie es noch lieben. Seien Sie sich im Klaren darüber, was für Ihr Kind das Beste ist.

Mit Gefühlen umgehen

Es schadet Ihrem Kind nicht, wenn es erlebt, dass Sie aufgewühlt sind. Es sollte aber nicht erleben, dass Sie völlig die Beherrschung verlieren. Wenn Sie tief verletzt sind und Ihre Gefühle nicht kontrollieren können, bitten Sie

Freunde oder Verwandte, Ihrem Kind ein wenig Ablenkung oder Zuflucht zu bieten. Auch Sie brauchen in dieser schwierigen Zeit deren emotionale Unterstützung. Kleinere Kinder zwischen zwei und drei neigen zu Regression, während etwas ältere Kinder, zwischen drei und vier, vielleicht bei sich selbst die Schuld suchen, Verunsicherung, Gereiztheit und erhöhte Aggression zeigen. Auch in schwierigen Zeiten ist es wichtig, Verhaltensregeln und Konsequenzen beizubehalten.

Erlebt ein Kind regelmäßig anhaltende Streitereien oder gar Handgreiflichkeiten, schadet ihm das in jedem Alter. Vielleicht gibt es sich selbst die Schuld für die Probleme. Kinder unter vier können die Situation nicht aus Ihrer Perspektive betrachten und halten sich selber für die Ursache jeglichen Geschehens. Sie brauchen die wiederholte Rückversicherung von beiden Eltern, dass sie nicht schuld an dem Ärger und Streit sind. Auch wenn das Kleinkind seine Gefühle noch nicht verbal und differenziert ausdrücken kann, steht außer Zweifel, dass eine zerbrochene Beziehung seine Welt bis in die Grundfeste erschüttert.

Akzeptieren Sie, dass Ihr Kind Papa oder Mama vermissen wird und traurig ist. Das muss es auch sagen und seine Gefühle zeigen dürfen, ohne Angst vor der emotionalen Wirkung, die dies auf Sie hat. Beziehen Sie Ihr Kind keinesfalls in Ihre Entscheidung, sich zu trennen, ein, und fragen Sie nie, bei wem es leben will. Eine solche Verantwortung kann es nicht übernehmen, und das sprengt seine Loyalität. Das ist Ihre Entscheidung, nicht seine. Benutzen Sie Ihre Kinder nie als Verhandlungspfand. Das ist ihnen gegenüber unfair und kann Ihrer Beziehung letztlich schaden.

Sobald Sie Ihren Weg durch die Turbulenzen, die auf eine Trennung oder Scheidung folgen, gefunden haben, sind Sie vielleicht bereit, eine neue Bezie-

Ihr Kind braucht Sie beide

Egal was Sie durchmachen: Denken Sie daran, dass Ihr/-e »Ex« Vater oder Mutter Ihres Kindes ist. Ihr Kind geht davon aus, dass es Mittelpunkt Ihrer Welt bleibt. Für ein Spiel ist es jederzeit zu haben. Stellen Sie sicher, dass es weiterhin genug Zeit mit jedem Elternteil verbringt. Erlauben Sie ihm, über Mama oder Papa zu sprechen. Sprechen Sie vor Ihrem Kind nicht abfällig über Ihren früheren Partner – das verunsichert es und beeinflusst sein Verhalten. Denken Sie immer an die langfristigen Auswirkungen Ihres eigenen Verhaltens.

hung einzugehen – zu der vielleicht auch Kinder gehören. Für Ihr Kind ist das Wichtigste, dass es weiß: Es ist weiterhin der Mittelpunkt Ihrer Welt.

Stieffamilien

Es gibt viele Faktoren, die bei der Bildung einer Patchwork- oder Stieffamilie eine Rolle spielen. Grundsätzlich gilt: Wenn die Beziehung glücklich ist und auf die Bedürfnisse und Gefühle jedes Kindes eingegangen wird, werden sich die Kinder mit der Zeit daran gewöhnen. Ihr Kleinkind muss sich in erster Linie von Ihnen geliebt und bei den Mitgliedern der erweiterten Familie geborgen fühlen.

In der Praxis gibt es natürlich gemischte Gefühle – vor allem wenn mehrere Kinder beteiligt sind. Es ist für Kinder schwer, wenn die Eltern neue Partner haben. Vorteilhaft ist es, wenn es ein allmähliches Kennenlernen gibt, bevor man zusammenzieht. Das Kleinkind ist von seinen Gefühlen rasch überfordert, und es kann nicht mehrere Perspektiven gleichzeitig berücksichtigen (s. S. 256). Eifersucht, Neid, Angst (vor Verlust oder Trennung), Wut (weil ein Elternteil »ersetzt« wird), ebenso wie Aufregung und Glück können sich von Minute zu Minute und Stunde zu Stunde abwechseln; es reagiert auf genau die Gedanken oder Gefühle, die gerade in seinem Kopf vorherrschen. Gehen Sie die Dinge langsam an. Die Bereitschaft Ihrer Stiefkinder, Sie

»Unsere Trennung war bitter, da mein Mann eine Affäre hatte. Ich bin manchmal giftig, muss mich aber wegen meinem Sohn beherrschen.« Teresa, 29

zu akzeptieren, hängt davon ab, wie gut sie Sie schon kennen. Haben Sie Geduld, und meinen Sie nicht, ihnen Mutter bzw. Vater ersetzen zu wollen. Die Gefühle eines Kindes können nicht erzwungen oder erkauft werden. Die scheinbare Feindseligkeit eines Kindes kann Ausdruck von Unsicherheit oder Loyalitätskonflikten sein. Geben Sie ihm Zeit. Es muss erfahren, dass es Ihnen trauen kann und Sie die besten Absichten haben.

Als Stiefelternteil werden Sie getestet – aber nicht unbedingt mehr als von Ihren eigenen Kindern. Wenn Sie ebenso Wärme, Zuverlässigkeit und Zugewandtheit zeigen können wie »normale« Eltern, werden die Kinder Sie akzeptieren und sogar lieben. Auch wenn es schwerer sein mag, Stiefkindern die gleiche bedingungslose Liebe zu schenken wie dem eigenen Kind, sollten zumindest bei Mitgefühl, Freundlichkeit und den fundamentalen Prinzipien Lob, Belohnung, Fairness und Respekt keine Unterschiede bestehen.

Bei einem Todesfall

Manche Kinder werden schon früh mit Verlust, Tod oder außergewöhnlichen Veränderungen konfrontiert. Was Ihr Kind in einem abstrakten Sinn unter Sterben versteht, unterscheidet sich stark von den Gefühlen des Kummers, die es beim Verlust eines geliebten Verwandten oder auch eines Haustiers empfindet. Kinder verstehen ihre Gefühle nicht immer und können sie nicht adäquat ausdrücken; stattdessen sind sie vielleicht anhänglich, ängstlich oder mutlos. Das ist der Hilfeschrei eines Kleinkindes. Scheuen Sie sich nicht vor dem Thema Tod. Kinder haben meist weniger Probleme, über den Tod zu sprechen, als Erwachsene. Die Fantasiewelt ist für Kinder zwischen drei und vier sehr real, und sie können sich gut vorstellen, mit einem verstorbenen Menschen oder Haustier zu sprechen.

DA SEIN *Es ist schwer, einem sehr kleinen Kind einen Verlust zu erklären, z. B. den Tod eines Haustiers. Trost und Zärtlichkeit helfen darüber hinweg.*

Die Art Ihres Umgangs mit dem Tod und die Frage, ob es ein Leben danach gibt, hängen von Ihrem eigenen Glauben ab. Verwenden Sie aber ruhig die Wörter »Tod« oder »gestorben«, und erklären Sie, dass der Verstorbene nicht wiederkommt. Drumherum zu reden hilft einem kleinen Kind nicht weiter. Wenn Sie einem Kind z. B. sagen »Oma ist weggegangen«, erwartet es ihre Rückkehr. Es muss die Wahrheit und Wirklichkeit kennen, um einen Sinn darin zu finden und sich darauf einzustellen.

Wenn Ihr Kind einen wichtigen Menschen verloren hat, können Sie ein Erinnerungsalbum anlegen, das man anschauen und dabei erzählen kann. Halten Sie den normalen Ablauf des Familienlebens aufrecht. Sie dürfen auch nicht meinen, den Verlust irgendwie »kompensieren« zu müssen, oder überbehütend sein. Behandeln Sie Ihr Kind möglichst normal. Am wichtigsten für die Bewältigung seines Kummers ist, wie seine Angehörigen ihren eigenen Kummer bewältigen und wie verfügbar sie in dieser schwierigen Zeit sind.

Kinder mit besonderen Bedürfnissen

Ein Kind mit besonderen Bedürfnissen ist zuallererst ein Kind. Als solches braucht es all das, was in diesem Buch besprochen wurde: eine warme, zugewandte und sensible Erziehung mit festen und konsequenten Grenzen sowie vielerlei Entwicklungsmöglichkeiten durch Spiel und Entdeckung.

Der Begriff »besondere Bedürfnisse« meint Ansprüche von Kindern, die in besonderen Bereichen des Lernens und der Entwicklung Unterstützung benötigen. Die Erziehung dieser Kinder ist nicht immer einfach für Sie.

Niemals sollten Sie die Fortschritte Ihres Kindes mit denen anderer Kinder vergleichen; dies gilt vermehrt für Kinder mit besonderen Bedürfnissen. Zwar können bestimmte Muster der Entwicklung oder des Verhaltens mit bestimmten Erkrankungen zusammenhängen, doch nicht zwangsläufig. Jedes Kind ist ein Individuum und passt damit nicht unbedingt in die Schublade, in die die Gesellschaft es einordnen würde.

Wenn man sich Sorgen um die Entwicklung des Kindes macht, kann eine klare Diagnose eine Erleichterung sein. Dann werden Symptome zuge-

Kommunikationsprobleme

Die Kommunikation mit einem Kind mit Lernbehinderung ist für die Eltern anfangs nicht einfach. Schon im Babyalter spüren sie vielleicht, dass etwas »nicht stimmt«; das kann die frühe Eltern-Baby-Beziehung nachhaltig beeinflussen. Die scheinbar ausbleibende Reaktion des Babys setzt vielleicht einen Teufelskreis in Gang, wenn die Eltern daraufhin weniger mit ihrem Baby interagieren und es so weniger Anregung erhält. Besonders folgenreich ist dies, wenn die Behinderung des Kindes schwer zu diagnostizieren ist; dann fühlen sich die Eltern zunächst abgelehnt (oder haben später Schuldgefühle, weil sie die Entwicklungsverzögerung nicht bemerkt haben). Bei Problemen oder Zweifeln wenden Sie sich daher umgehend an den Kinderarzt.

ordnet; man kann mit Eltern in ähnlicher Situation Kontakt aufnehmen oder spezielle Hilfen in Anspruch nehmen. Von dieser Funktion abgesehen, sollten Klassifizierungen wie »besondere Bedürfnisse« oder »Behinderung« aber vermieden werden. Niemals sind zwei Kinder mit braunem Haar oder Sommersprossen genau gleich, genauso wenig zwei Kinder mit Autismus oder Down-Syndrom. Die Diagnose darf sich nur auf die Erkrankung beziehen und nicht auf das Kind. Daher sagt man heute: »Thomas ist ein Kind mit Autismus« statt »Thomas ist Autist«; das Gleiche gilt für Kinder mit Hör- und Sehbehinderungen. Finden Sie Bereiche, in denen die persönlichen Fähigkeiten des Kindes dominieren; so können andere leichter über die Behinderung hinweg- und die wirkliche Person sehen.

Besondere Anforderungen

Auch wenn es mehr Ähnlichkeiten als Unterschiede zwischen Kindern mit besonderen Bedürfnissen und dem »normalen« Kleinkind gibt, sollte man doch realistisch sein und wissen, wo die Unterschiede liegen: Es braucht für vieles länger, es besteht eine zusätzliche finanzielle Belastung für besondere Ausstattung, es gibt viele Arzt- und Therapeutentermine, eine Zusammenarbeit mit Ämtern und Sozialdiensten – all das kann endlos scheinen und sehr belastend sein. Scheuen Sie sich keinesfalls, Unterstützung und Rat von Fachleuten und Pflegekräften einzuholen.

Sie müssen zum Spezialisten für die Krankheit Ihres Kindes werden, damit Sie anderen sagen können, wie sie Ihnen am besten bei der Bewältigung der Situation helfen können. Nehmen Sie auch alle zur Verfügung stehenden finanziellen Möglichkeiten in Anspruch. Im Interesse Ihres Kindes sollten Sie mit allen zuständigen Stellen zusammenarbeiten.

Jedes Verhalten ist eine Form der Kommunikation. Hat Ihr Kind Probleme, sich verständlich zu machen, zeigt sich dies vielleicht in »schwierigem« Verhalten. Die Ursache-Folge-Methode (s. S. 193) hilft den Eltern, die Ursachen dieses Verhaltens herauszufinden. Konzentrieren Sie sich auf den Verhaltensablauf, und nehmen Sie die Auslöser (**1. Ursache**) in den Blick, dann die Art des Verhaltens, das Ihr Kind zeigt (**2. Verhalten**) – z. B. einen Wutanfall und die Konsequenz (**3. Folge**).

Die Versorgung eines Kleinkindes mit besonderen Bedürfnissen stellt eine Herausforderung dar. Achten Sie darauf, selbst nicht zu stark unter Stress zu geraten, und erkennen Sie, wann Zeit für eine Auszeit ist – für Sie

»Die besonderen Bedürfnisse eines Kindes sind genauso Teil seiner Individualität wie sein Fingerabdruck.«

selber. Sie brauchen regelmäßige Erholungszeiten, auch wenn es anfangs schwierig sein kann, eine geeignete Betreuung für Ihr Kind zu finden. Ebenso wichtig ist es, sich Zeit zur gemeinsamen Entspannung mit Ihrem Kind zuzugestehen. Gemeinsame fröhliche Freizeit stärkt die Beziehung zwischen Ihnen.

Entwicklungsverzögerung

Die Entwicklung der meisten Kinder folgt dem gleichen Muster, und Kinder erreichen die Meilensteine in ähnlicher Abfolge, wenn auch zu unterschiedlicher Zeit. Erreichen Kinder wichtige Meilensteine viel später oder verspäten sie sich in mehreren Bereichen (Bewegung, kognitive Fähigkeiten, Sprache, Sozialverhalten und emotionale Entwicklung), spricht man von einer allgemeinen Entwicklungsverzögerung.

Bei manchen Kindern ist die Entwicklung nur in ein oder zwei Bereichen verzögert – so beeinträchtigen bestimmte Krankheiten z. B. Motorik und Sprache. Es gibt viele Ursachen für eine Entwicklungsverzögerung; in 50 Prozent der Fälle lässt sich jedoch keine bestimmte Ursache feststellen. Mögliche beitragende Faktoren sind genetische Störungen (wie Down-Syndrom), eine Gehirnverletzung unter der Geburt oder in der frühen Kindheit, eine Krankheit oder frühe nachteilige Umfeldfaktoren.

Die Diagnose (auf der Basis der Meilensteine) kann längere Zeit erfordern. Bestimmte genetische Krankheiten können früh erkannt werden, manche sind während der Schwangerschaft oder nach der Geburt durch einen Test erkennbar. Bei einem frühen Verdacht auf eine verzögerte Entwicklung wenden Sie sich an den Kinderarzt.

Kinder mit einer Entwicklungsverzögerung brauchen viel Unterstützung. Vielleicht müssen Sie lernen, wie Sie mit Ihrem Kind kommunizieren können (z. B. durch Gebärden oder Bilder als Ergänzung zur Sprache). Die Verhaltenssteuerung kann eine besondere Herausforderung darstellen. In Selbsthilfegruppen treffen Sie Eltern mit ähnlichen Problemen. Die Erziehung eines Kindes mit einer Behinderung ist eine große Aufgabe, für die Sie jede mögliche Hilfe in Anspruch nehmen sollten.

Autistische Störungen

Bei annähernd viermal mehr Jungen als Mädchen wird eine autistische Störung diagnostiziert, die sich oft im Kleinkindalter erstmals zeigt. Jungen

EIN HÜBSCHES KIND *Ein Kind mit Behinderung ist ein liebenswertes Kind, das respektiert und geschätzt werden muss wie jedes andere. Ermöglichen Sie ihm von klein an Erfolgserlebnisse.*

scheinen genetisch und in ihrer Entwicklung anfälliger dafür zu sein als Mädchen. Die Ursachen von Autismus sind noch nicht völlig geklärt; eine Rolle spielt jedoch die Vernetzung der Neuronen im Gehirn in einer frühen Phase der Entwicklung. (Dies bedeutet, dass sowohl genetische Faktoren als auch ein Geburtstrauma ursächlich sein können.)

Autistische Störungen oder autistische Syndrome sind Überbegriffe, die den klassischen Autismus und das Asperger- Syndrom umfassen. Sie sind nicht gleichbedeutend mit einer allgemeinen Entwicklungsverzögerung (s. S. 294). Manche Kinder mit Autismus haben einen durchschnittlichen oder überdurchschnittlichen IQ und lernen auch sprechen; manche erlernen Sprache gar nicht, bei anderen besteht neben dem Autismus eine allgemeine Entwicklungsverzögerung oder eine schwere Lernbehinderung. Allgemein haben Kinder mit Autismus Schwierigkeiten in den folgenden Bereichen:

Beziehung zu anderen Menschen Es fehlt die Fähigkeit, sich auf andere Menschen einzustellen (s. S. 256). Betroffene verstehen nicht, dass andere anders denken oder fühlen als sie selber. Dies führt zu einem offensichtlichen Mangel an Empathie, zu Schwierigkeiten, mit anderen Menschen in

Was Sie tun können

Auf folgende Weise können Sie Ihrem Kind helfen, einige seiner Probleme zu überwinden.

▶ **Spielen Sie entwicklungsgerecht mit ihm** – wenn Ihrem Zweijährigen z. B. das Sprechen schwerfällt, passen Sie das Spiel entsprechend an. Wiederholen Sie seine Äußerungen, machen Sie Bewegungsspiele – so gewinnt seine Kommunikation Bedeutung. Orientieren Sie sich beim Spielzeug an seinem Entwicklungsstadium statt am Alter.

▶ **Fördern Sie seine Sozialkompetenz** – helfen Sie ihm, soziale Fähigkeiten zu entwickeln und mit anderen Menschen zu kommunizieren. Kinder mit Entwicklungsstörungen treten manchmal weniger mit Erwachsenen in Kontakt. Achten Sie auf die Kommunikationssignale Ihres Kindes, und reagieren Sie sensibel.

▶ **Setzen Sie klare Grenzen** – nutzen Sie Strategien der Verhaltenssteuerung, die dem Entwicklungsstand Ihres Kindes entsprechen. Ist es z. B. drei Jahre alt ist, aber in der Entwicklung auf dem Stand eines 18 Monate alten Kindes, setzen Sie Nichtbeachtung und Ablenkungsmethoden (s. S. 85) statt Auszeit (s. S. 70) ein und zeigen einfache Konsequenzen auf. Verhaltenssteuerung ist in jedem Alter und Entwicklungsstadium wichtig.

▶ **Fördern Sie das Selbstwertgefühl** – fördern Sie auch die Stärken Ihres Kindes.

Beziehung zu treten, oder wirkt als Unnahbarkeit. Betroffene scheinen mit anderen nicht über die Befriedigung eigener Bedürfnisse hinaus interagieren zu wollen. Ihr Sozialverhalten wirkt oft unangemessen. Manche Kinder lernen nicht sprechen, andere sprechen Wörter nach, verwenden sie aber nicht sinngemäß oder sprechen in Phrasen oder Versatzstücken. Oft werden nonverbale Signale, wie Körpersprache oder Mimik, nicht verstanden.

Imagination Kindern mit Autismus fehlt meist die Fähigkeit zum imaginativen oder symbolischen Spiel. Beim Spielen neigen sie zu stereotypen Wiederholungen (s. unten). Spielen muss erlernt werden. Viele suchen sinnliche Stimulation – so schlägt ein Kind vielleicht Bauklötze zusammen, um ein Geräusch zu erzeugen, statt damit zu bauen. Der Mangel an Fantasie hängt mit der Sprachentwicklung zusammen. Kinder, die Sprache entwickeln, verstehen und verwenden Wörter nur wörtlich, nicht im übertragenen Sinn. Metaphern und Redensarten wie »Die Ärmel aufkrempeln« oder »Ich bin durch den Wind« verwirren das Kind.

Stereotypes Verhalten und Interessen Kinder mit Autismus haben oft ein eingeschränktes Interessensspektrum und wiederholen stereotype Verhaltensweisen. Ein bestimmtes Thema kann sie geradezu obsessiv faszinieren, und sie sprechen immer und immer wieder darüber oder wiederholen ständig die immergleiche Handlung – z. B. Schnüre zwirbeln. Gewohnheiten, Familienrituale und Vorhersehbarkeit sind für Betroffene wichtig: Das Kind muss Dinge vielleicht in einer bestimmten Weise oder Reihenfolge tun, und alles muss an seinem Platz sein. Veränderung, unplanmäßige Trennung und Verlust sind sehr problematisch.

Wann man mögliche Schwierigkeiten des Kindes das erste Mal wahrnimmt, hängt vom Ausmaß der Problematik ab. Manche Kinder scheinen

Frühe Warnsignale

Im Rückblick erkennen viele Eltern Unterschiede im Tempo oder der Art der sozialen Entwicklung Ihres Kindes. Das Zeigen z. B. erfolgte sehr spät oder gar nicht; es gab Probleme mit dem

Herstellen von Blickkontakt, das Kind zeigte ungewöhnliche Verhaltensweisen, eine verzögerte Sprach- oder Spielentwicklung, kein Interesse an anderen Menschen oder übermäßige

Empfindlichkeit auf Lärm, Texturen, Bewegung, Licht oder Veränderung. Eine frühe Diagnose und Förderung kann entscheidend sein für die Entwicklung eines Kindes mit Autismus.

bis zur Einschulung sozial klarzukommen. Manche können eine normale Schule besuchen, evtl. mit zusätzlicher Förderung. Andere besuchen spezielle Einrichtungen. Doch selbst ein intellektuell sehr begabtes Kind mit Autismus wird in der Interaktion mit Gleichaltrigen Probleme haben und braucht Unterstützung, um nicht isoliert zu werden. (Adressen finden Sie auf S. 310.)

Aufmerksamkeitsdefizit-Hyperaktivitätsstörung (ADHS)

Bei etwa sechsmal mehr Jungen als Mädchen wird dieses Syndrom diagnostiziert. Selten lässt sich vor dem fünften Lebensjahr eine Diagnose stellen, weil so viele Anzeichen von ADHS dem normalen Kleinkindverhalten entsprechen; mit sieben Jahren kann ADHS normalerweise festgestellt werden.

Dem Syndrom liegt eine genetische Disposition zugrunde, die durch Umweltfaktoren verstärkt werden kann. Kinder mit ADHS haben Probleme, ihre Reaktionen zu kontrollieren. Das führt zu Erziehungsproblemen zu Hause. Die Kinder können ihre Emotionen nur schwer steuern; sie brauchen lange Hilfe beim Finden eigener Verhaltensgrenzen und beim Lösen von Problemen. In Kindergarten und Schule sind sie meist sehr impulsiv, erlernen oft nur schwer Sozialkompetenz und Konfliktbewältigung. Es können weitere Probleme bestehen, wie Verhaltensstörungen, und spezielle Lernschwächen, wie Legasthenie oder Rechenschwäche.

Bei diesen Voraussetzungen ist positive Verstärkung erwünschten Verhaltens besonders wichtig. Nehmen Sie Ihr Kind oft in den Arm. Belohnen Sie gutes Verhalten sofort; halten Sie klare Routinen konsequent ein. Mögliche Konsequenzen verdeutlichen dem Kind, was von ihm erwartet wird.

»Mein vierjähriger Janis befolgt Anweisungen eher, wenn ich erst seinen Namen sage und auf seiner Höhe Blickkontakt herstelle.«

Barbara, 43

Kernsymptome bei einem Kind mit ADHS erkennen

Ein Kind mit ADHS hat drei entscheidende Schwierigkeiten:

▶ **Unaufmerksamkeit** Es kann die Aufmerksamkeit nicht längere Zeit aufrechterhalten, ist schnell gelangweilt, hat keine Ausdauer und wird sehr leicht abgelenkt.

▶ **Hyperaktivität** Es ist ständig in Bewegung, unruhig, hat viel Energie und kann nicht still sitzen.

▶ **Impulsivität** Das Kind neigt zu risikoreichem, gefährlichem Verhalten; es sagt und tut Dinge, ohne nachzudenken, und wirkt daher unsensibel.

In manchen Fällen ist eine Medikation in Verbindung mit Verhaltenstherapie empfehlenswert – was Sie natürlich mit einem Facharzt besprechen sollten.

Auch die Eltern brauchen Unterstützung, da Kinder mit ADHS sehr anstrengend sind. Jede Spannung in der Eltern-Kind-Beziehung kann zu einer Eskalation unerwünschten Verhaltens führen. Nehmen Sie Beratung in Anspruch und gestehen Sie sich Auszeiten zu.

Legasthenie, Dyspraxie und andere Störungen

Natürlich machen sich Eltern Sorgen, wenn sich ihr Kind in bestimmten Bereichen viel langsamer entwickelt als erwartet. Störungen wie Dyslexie, die später zur Legasthenie (Lese-Recht-Schreibschwäche) führt, Dyskalkulie (Rechenschwäche), Dyspraxie (Probleme mit der Koordination) oder spezielle Sprachstörungen wie Stammeln sind in den Kleinkindjahren sehr schwer zu diagnostizieren, weil Sprachfertigkeit, Reflexionsfähigkeit, Grob- und Feinmotorik (s. S. 48) noch nicht voll entwickelt sind. Erst mit fünf oder sechs Jahren kann man diese speziellen Entwicklungsprobleme genau aufspüren.

Wenn Ihr Kind nach dem Kindergarteneintritt anhaltende Schwierigkeiten in bestimmten Bereichen hat, sprechen Sie mit den Erzieherinnen und dem Kinderarzt, ob ein Test erforderlich sein könnte. Unterdessen denken Sie daran, dass es Zeit braucht, bis sich die Fähigkeiten Ihres Kindes entwickeln und es sie sicher einsetzen kann. Setzen Sie es nicht unnötig unter Druck, sonst können Ängste entstehen.

Sensorische Schädigung

Eine sensorische Beeinträchtigung kann z. B. eine Seh- oder Hörbehinderung sein. Sind mehrere Sinne beeinträchtigt, braucht das Kind umfassende Förderung. Fachärztliche Betreuung ist in jedem Fall unverzichtbar. Bei betroffenen Kindern können aus vielerlei Gründen Verhaltensprobleme auftreten, z. B. aus Frustration, wenn sie sich nicht richtig verständlich machen können oder nicht verstehen, was um sie herum vor sich geht, oder als Reaktion auf Eltern, die keine Grenzen setzen.

Wenn Sie meinen, dass Ihr Kind an einer sensorischen Beeinträchtigung leidet, sprechen Sie mit dem Kinderarzt, der Sie zu einem Facharzt überweisen kann.

»Andere Menschen mit ähnlichen Schwierigkeiten zu treffen bedeutet, dass wir Freud und Leid teilen und unsere Erfahrungen austauschen können.«

Klemens, 40

■ **Sehvermögen** Sehbehinderungen reichen von Blindheit bis zu Schielen. Oft kann eine Brille das Problem ausgleichen. Bei einer Sehbehinderung kann das Kind visuelle Signale, wie Mimik, nicht wahrnehmen. Daher müssen Sie sehr deutlich sprechen und akustische Signale einsetzen. Hört es etwas, dreht es eher den Kopf hin, um besser zu hören, als hinzuschauen. Nutzen Sie bei der Kommunikation auch andere Sinne (Berührung, akustische Signalgeber).

Ein eingeschränktes Sehvermögen wirkt sich auch auf die Selbstwahrnehmung (z. B. des eigenen Körpers) aus und kann die allgemeine Entwicklung verzögern. Das Kind lernt auch schwerer durch Nachahmung; seine Fähigkeit, durch Spiel und Entdecken der Umwelt zu lernen, ist eingeschränkt. Schaffen Sie eine Umgebung, die das Erkunden ermöglicht.

DURCH BERÜHREN LERNEN *Ein Kind mit Hörproblemen setzt gern andere Sinne zum Erkunden der Umwelt ein; auch ein unauffälliges Hörgerät hilft ihm.*

■ **Hörvermögen** Anzeichen von Schwerhörigkeit zeigen sich oft erstmals, wenn das Kind im Babyalter aufhört zu plappern. Es reagiert nicht mehr, weil es Ihr verbales Feedback nicht hört. Kinder sind gut in der Lage, einen fehlenden Sinn zu kompensieren (und kennen das Leben natürlich nicht anders). Deshalb werden weniger schwere Hörschäden oft bis ins Kindergartenalter nicht erkannt.

Mit einem Kind mit Hörbehinderung kommunizieren Sie über die anderen Sinne, wie das Sehvermögen. Visuelle Anhaltspunkte und Bilder können Routinen oder Verhaltensregeln in Erinnerung bringen.

Die Bedürfnisse der Eltern

Ein Kind mit besonderen Bedürfnissen ist verletzlich und sollte jede Chance erhalten, einen starken Bezug zu seinem Selbst sowie ein gutes Selbstwertgefühl zu entwickeln. Doch die Familien sind meist schwer belastet. Es können auch Spannungen entstehen, wenn Eltern sehr besorgt sind und sich verantwortlich für die Probleme ihres Kindes fühlen. Nehmen Sie Hilfe in Anspruch – Sie verdienen sie. So können Sie auch einmal entspannen und Freude mit Ihrem Kind haben und ihm das familiäre Umfeld schaffen, das ihm den besten Start und so die besten Chancen im Leben ermöglicht. Hilfreiche Adressen finden Sie auf Seite 310f.

Verhaltensprobleme bewältigen

Meist geben sich schlechte Verhaltensweisen von selbst mit zunehmendem Alter; manchmal allerdings sind sie Ausdruck tieferer Probleme. Im Folgenden finden Sie Verhaltensweisen im Grenzbereich zwischen »normalem« und problematischem Kleinkindverhalten – und Lösungsvorschläge.

»Geben Sie Ihrem Kind oft Gelegenheit, ›brav‹ zu sein, damit es nicht als ›böses Kind‹ abgestempelt wird.«

In diesem Buch wurden durchgängig bestimmte Verhaltenstechniken für verschiedene Alters- und Entwicklungsphasen empfohlen. Das generelle Prinzip bei Kleinkindern lautet, gutes Verhalten zu belohnen und Unerwünschtes zu ignorieren sowie konsequent zu sein. Entscheidend für den Erfolg ist, die jeweilige Strategie auf das Alter und den Entwicklungsstand des Kindes abzustimmen.

Jedes unerwünschte Verhalten könnte natürlich als »unartig« bezeichnet werden. Doch bevor ein Kind mindestens drei Jahre alt ist, hat es keinen Sinn, mit dem Kind über sein Benehmen zu diskutieren, weil es Ihre Argumentation nicht verstehen kann. Nasebohren ist ein anschauliches Beispiel. Erklären Sie, dass das unappetitlich ist, aber schenken Sie ihm nicht viel Beachtung. Loben Sie Ihr Kind, wenn es das Nasebohren lässt. Diese Strategie gilt für die meisten unerwünschten Angewohnheiten.

Nackt sein und andere natürliche Instinkte

Kleinkinder haben ein natürliches Körpergefühl. Am liebsten laufen sie nackt herum, statt durch Kleidung eingeengt zu sein. Sie erforschen gern ihren Körper. Zusammen mit der Erkenntnis, dass das »mein Bett« ist und »mein Töpfchen«, entsteht das Bewusstsein, dass es »Pipi und Aa machen« kann.

Jungen wie Mädchen sind von ihren Körperfunktionen und ihren Geschlechtsteilen fasziniert und berühren sie aus Neugier und weil es sich gut anfühlt. Eltern sehen das oft mit Sorge und Verlegenheit und fragen sich, ob das ein sexuelles Verhalten ist, ob sich Kinder damit in Gefahr bringen und wie sie damit umgehen oder ob sie es unterbinden sollen.

Zunächst als Beruhigung: Ihr Kind masturbiert nicht, wenn es seinen Körper erforscht. Auch wenn Jungen gelegentlich eine Erektion haben, ist dies ein rein biologischer Reflex. Kleinkinder sind viel zu jung, um sexuelle Impulse zu haben; es besteht auch keinerlei emotionale Verbindung mit den Gefühlen, die sie erleben, außer, dass es angenehm ist.

Normalerweise besteht kein Anlass zur Sorge. Ob Sie dieses Verhalten locker sehen oder mit Verlegenheit, hängt von Ihrem eigenen Umgang mit Körperlichkeit ab. Ignorieren Sie das Verhalten. Geben Sie keine Kommentare ab. Lassen Sie den Handlungen des Kindes keine Aufmerksamkeit zukommen, indem sie sich darüber lustig machen (und stellen Sie sicher, dass dies auch Geschwister nicht tun). Das sind Reaktionen von Erwachsenen, die für ein Kind dieses Alters unpassend sind. Ihre Reaktionen verunsichern es und verstärken unwillentlich das Verhalten, weil Sie ihm Aufmerksamkeit schenken.

Positives Verhalten fördern

Die konsequente Anwendung einer Erziehungsmethode durch alle Betreuer und in allen Situationen hilft Ihrem Kind verstehen, dass Sie meinen, was Sie sagen. Mit der Zeit wird es sein eigenes Verhalten ohne Ihre Hilfe steuern können.

▶ **Bleiben Sie ruhig** Sie sind das Vorbild Ihres Kindes; es kopiert Ihre Reaktionen und Ihr Verhalten.

▶ **Schimpfen Sie nicht** Keinesfalls Schläge! Sie verstärken negative Verhalten und vermitteln die Botschaft, dass man mit Aggressivität seine Ziele erreichen kann (s. S. 267).

▶ **Nutzen Sie Ablenkung** Dies ist die ideale Taktik, besonders in Verbindung mit Humor (s. S. 85).

▶ **Setzen Sie die Ursache-Folge-Methode ein** (s. S. 193), um festzustellen, was das Verhalten ausgelöst hat.

▶ **Setzen Sie Grenzen** Legen Sie Routinen und Grenzen fest und halten Sie selbst sie ein. Klarheit gibt Kleinkindern Sicherheit (s. S. 151).

▶ **Erklären Sie die Konsequenzen** Kinder ab drei Jahren können verstehen, dass die Nicht-Beachtung von Regeln negative Folgen hat (s. S. 268).

▶ **Stellen Sie sicher,** dass »Nein« »Nein« bedeutet (s. S. 268).

▶ **Kündigen Sie Konsequenzen an** Dies gibt Kinder die Chance zur Verhaltensänderung (s. S. 268).

▶ **Nutzen Sie ein Belohnungssystem** Geben Sie alters- und aufgabengerechte Belohnungen (s. S. 271).

▶ **Loben Sie** Loben Sie Ihr Kind öfter, als es zu kritisieren. Das Verhalten, dem Sie die meiste Aufmerksamkeit schenken, wird verstärkt (s. S. 266).

▶ **Nutzen Sie die Auszeit-Methode** Diese Methode (s. S. 270) ist eine extreme Form der Nichtbeachtung und darf nur als letzte Maßnahme bei einem Kind ab drei eingesetzt werden. Sie ermöglicht dem Kind und Ihnen, sich zu beruhigen.

▶ **Lehren Sie es,** sich zu entschuldigen, und belohnen Sie es mit Liebe und Zärtlichkeit.

Verhält sich Ihr Kind in einer Situation unpassend, konzentrieren Sie sich nicht direkt auf dieses Verhalten. Schimpfen Sie z. B., weil es am Penis spielt, kann dies den Keim für einen gehemmten Umgang mit seinem Körper legen. Lenken Sie das Interesse des Kindes stattdessen auf etwas Aufregenderes, z. B. »Backe backe Kuchen« spielen oder Spazierengehen, oder sagen Sie: »Zeig mir jetzt, wie du dich anziehen kannst.«

Während ein Kind sich zu Hause vielleicht auszieht, steckt es unterwegs eher seine Hände in die Hosen oder Windeln – daher wirkt Ablenkung am besten. Geben Sie ihm etwas zum Spielen oder sprechen Sie mit ihm. Sie können Ihr Kind auch einfach nehmen und wegbringen. Sie können sicher sein, dass es diese Phase bald überwindet, und es profitiert davon, wenn Sie es zu einem entspannten Umgang mit seinem Körper anleiten.

Den Kopf anschlagen

Für Eltern ist es kaum zu ertragen, wenn sie mit anschauen müssen, wie ihr Baby oder Kleinkind immer wieder seinen Kopf an die Wand schlägt – egal wie oft man ihnen gesagt hat, dass das Kind sich nicht verletzen wird. Diese Verhaltensweise deutet darauf hin, dass ein Kind mit seinen Gefühlen überfordert ist, sich beruhigen möchte oder eine Reaktion von Ihnen provozieren will. Versuchen Sie, die Ursache herauszufinden. Vielleicht gehen diesem Verhalten bestimmte Signale voraus? Bringen Sie Ihrem Kind bei, seine Wut oder Frustration auf andere Weise auszuleben, z. B. herumzurennen, um überschüssige Energie abzubauen.

Am besten ignorieren Sie diese Verhaltensweise. Wenn Sie darauf reagieren, erhält Ihr Kind Ihre Aufmerksamkeit und wird dieses Verhalten wieder dazu einsetzen. Kinder besitzen einen Selbsterhaltungstrieb, der sie davon abhält, sich ernsthaften Schaden zuzufügen. Nichtbeachtung, wenn nötig die Festhaltetherapie (s. S. 200) sind die richtige Haltung. Meist legt

»Mitten in einem Wutanfall fängt Lilly an, ihren Kopf an die Wand zu schlagen, um unsere Aufmerksamkeit zu provozieren – vor allem, wenn wir ihr etwas verboten haben. Ich finde das fürchterlich und kann es kaum ignorieren.« Stefan, 31

sich dieses Verhalten mit zwei bis drei Jahren, wenn Kinder andere Wege der Selbsttröstung finden. Mit fortschreitendem Spracherwerb kann Ihr Kind Ihnen seine Gefühle verbal mitteilen.

Probleme beim Sauberwerden

Am Ende des dritten Lebensjahres sind die meisten Kinder tagsüber ganz sauber (s. S. 128), aber es dauert oft länger, bis sie auch nachts trocken sind. Ist Ihr Kind mehrere Tage nacheinander nachts trocken geblieben, können Sie es ohne Windel ins Bett legen. Reduzieren Sie tagsüber aber nicht die Flüssigkeitszufuhr. Flüssigkeit ist nicht nur für seine Gesundheit wichtig, sondern es lernt nur durch das Spüren

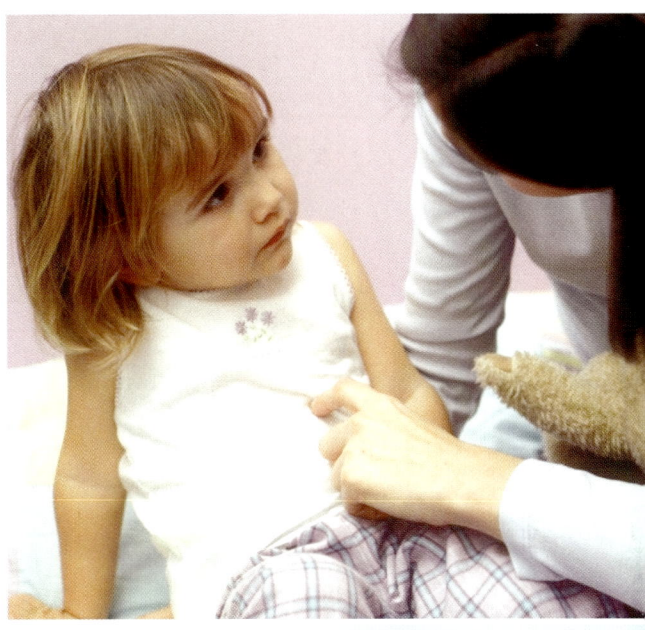

einer vollen Blase, wann es Wasser lassen muss. Plötzliches Bettnässen kann auf ein Problem des Kindes hinweisen, also forschen Sie vorsichtig nach. Anhaltendes Bettnässen bei einem älteren Kind kann mithilfe eines speziellen Alarmweckers behoben werden. Loben Sie es, wenn es trocken bleibt, aber machen Sie kein Aufheben, wenn es ein Malheur gibt. Eine Betteinlage aus Plastik unter dem Laken spart nachts ggf. viel Zeit. Nächtliches Einkoten erfordert meist eine längere Behandlungszeit.

Veränderungen der Toilettengewohnheiten (sobald es sauber ist) können Ausdruck körperlicher oder emotionaler Probleme sein. Konsultieren Sie den Kinderarzt, und lassen Sie eine körperliche Untersuchung vornehmen, da Verstopfung und andere Verdauungsprobleme Schwierigkeiten bei der Darmentleerung sowie Schmerzen verursachen können. Eine ärztliche Untersuchung ist erforderlich, um dies auszuschließen.

Erlebt Ihre Familie eine Phase der Veränderung, die für Ihr Kind schwierig oder belastend ist, liegen hier vielleicht die Gründe für Einnässen oder Einkoten. Sprechen Sie mit anderen Betreuungspersonen Ihres Kindes, z. B. einer Erzieherin, um herauszufinden, wo die Probleme liegen mögen. Zeigen Sie Ihre Besorgnis nicht Ihrem Kind, sondern schenken Sie ihm Zuwendung, und ziehen Sie ihm ggf. wieder eine Windel an.

Wenn Ihr Kind sehr lange einkotet, wenden Sie sich an den Arzt. Er kann überprüfen, ob die Nerven Ihres Kindes die Informationen richtig

NACHTS TROCKEN SEIN

Mit der Zeit bleibt Ihr Kind dank Ihrer liebevollen Unterstützung nachts trocken. Erwarten Sie nicht, dass dies kurzfristig geschieht, und üben Sie keinen Druck aus.

übermitteln oder ob es Hilfe dabei braucht, neue Toilettengewohnheiten zu erlernen. Anhaltendes Einkoten (vor allem, wenn es schon sauber war) kann Ausdruck von Spannungen oder Problemen im Leben Ihres Kindes sein. Der Kinderarzt kann Ihnen helfen, mögliche Ursachen zu finden und Sie ggf. zu einem Spezialisten oder Kinderpsychologen überweisen.

»Alle Verhaltensweisen des Kindes sind zu bewältigen – mit Umsicht und, wenn nötig, mit fachlicher Hilfe. Ihre Befürchtungen dürfen das Problem nicht noch verschlimmern.«

Manche Kinder verschmieren den Stuhl mit den Fingern. Dahinter kann Stress stehen oder ein medizinisches Problem. Sprechen Sie mit dem Arzt, wenn es öfter als einmal vorkommt. Bei einem Kind mit besonderen Bedürfnissen, wie Entwicklungsverzögerung oder Autismus (s. S. 294), kann es andere Gründe geben: Vielleicht ist ihm dieses Gefühl irgendwie angenehm, oder es sucht die elterliche Aufmerksamkeit?

Was auch die Probleme sein mögen: Schenken Sie dem entsprechenden Verhalten keine Aufmerksamkeit. Es darf nicht negativ beurteilt werden. Schon ein kleines Kind empfindet Bettnässen, Einkoten oder Kotschmieren als beschämend, also verstärken Sie negative Gefühle nicht.

Warum Probleme auftreten

Schwere Verhaltensprobleme bei kleinen Kindern können im Wesentlichen auf zweierlei Art interpretiert werden: als Folge unklarerer elterlicher Botschaften und fehlender Grenzsetzungen oder als Ausdruck von Kummer oder Angst. Manchmal liegen beide Gründe vor.

Weil sich die kommunikativen Fähigkeiten des Kindes gerade erst entwickeln, sind Taten in diesem Alter wirksamer als Worte. Jedes Verhalten ist daher im Kontext seiner Ursache zu sehen – und dort ist auch die Lösung zu suchen. Am wichtigsten – trotz all Ihrer Ängste und Frustrationen: Die kompetentesten Eltern sind die, die in ihren Reaktionen ruhig, konsequent und klar sind.

Kindesmisshandlung erkennen

Jedem geht es wohl zu Herzen, wenn er etwas über Kindesmisshandlung oder -missbrauch liest oder einen Fall kennt – vielleicht sogar in der eigenen Familie. Tatsächlich werden Kinder in den allermeisten Fällen von Menschen missbraucht, die sie kennen.

Kleinkinder besitzen ein geringes Ausdrucksvermögen und wenig Welterfahrung; daher ist es schwer für sie, uns ihre Belastungen mitzuteilen, ja überhaupt zu verstehen, dass etwas »nicht richtig« ist. Gravierende, plötzliche Veränderungen im Verhalten können Ausdruck davon sein, dass im Leben des Kindes etwas geschieht, was es quält.

Eine mögliche Ursache solcher Verhaltensveränderungen ist Missbrauch, aber es gibt noch viele andere. Doch leider ist es traurige Realität, dass einige Kinder Missbrauch erleben, und daher ist es wichtig, dass alle Eltern achtsam sind – und auch Alarmsignale erkennen (s. S. 307).

Die Grundrechte des Kindes

Jedes Kind hat Grundrechte: auf Bindungen, auf ein dauerhaftes Zuhause, auf Erziehung und Bildung und, besonders wichtig: das Recht auf geistige und körperliche Unversehrtheit und bestmögliche Gesundheit. Besteht die Gefahr, dass Kinder zu Schaden kommen, hat das Jugendamt das Recht und die Pflicht einzugreifen – bei körperlichen oder geistigen Beeinträch-

Hilfe für misshandelte und missbrauchte Kinder

Misshandelte und missbrauchte Kinder sind Opfer von mentalen, emotionalen und Verhaltensproblemen der Erwachsenen, die sie missbrauchen. Sie sind nicht dafür verantwortlich, was mit ihnen geschieht; dieses Gefühl wird ihnen aber oft vermittelt. Sie brauchen vorsichtige und einfühlsame Unterstützung, um ihre Erfahrungen zu verarbeiten (im Spiel, Gespräch oder bei einer Familientherapie), oft über längere Zeit. Mit Geduld, Zuwendung und fachlicher Hilfe können diese Kinder dennoch zu starken, positiv denkenden Erwachsenen heranwachsen.

tigungen der Entwicklung, körperlicher Misshandlung, sexuellem Missbrauch, Vernachlässigung und emotionaler Schädigung.

Körperliche Misshandlung Sie ist ziemlich häufig. Trotz Verbots werden auch heute noch viele Kinder körperlich misshandelt: durch Schläge, Schütteln, Stoßen und andere Formen körperlicher Übergriffe, die Spuren hinterlassen. Kinder mit schwierigem Verhalten, das die Eltern an ihre Grenzen bringt, werden häufiger körperlich misshandelt.

Kinder unter fünf und Kinder mit besonderen Bedürfnissen sind stärker gefährdet. Eltern, die unter besonderen Belastungen leben, wie niedrigem Einkommen oder Eheproblemen, oder allein erziehen, mangelhafte soziale Unterstützung haben oder in schlechter psychischer Verfassung sind, neigen eher zu Misshandlungen (wobei das keinesfalls unvermeidlich ist).

Denken Sie daher daran: Wenn ein Kind als schwierig, berechnend oder destruktiv betrachtet wird, wenn die Eltern unrealistische Erwartungen an die Entwicklung haben oder wenn ein Elternteil emotional distanziert ist, steigt das Risiko körperlicher Misshandlung. Selbstwahrnehmung, eine Sensibilität für eigenen Stress sowie ein gutes Netzwerk helfen dabei, die Grenze nicht zu überschreiten, wenn man müde, angespannt oder der Kinder überdrüssig ist. Bauen Sie sich ein soziales Netzwerk auf, das Ihnen ein Gefühl des Rückhalts gibt, um Überlastung und Erschöpfung zu vermeiden.

Sexueller Missbrauch Sexueller Missbrauch bedeutet, einen jungen Menschen dazu zu zwingen oder zu verführen, sexuelle Aktivitäten anzuschauen oder daran teilzunehmen – egal ob sich das Kind des Geschehens bewusst ist oder nicht. Dazu gehört körperlicher Kontakt ebenso wie nicht körperliche Handlungen (z. B. einem Kind pornografische Bilder und Sexualakte zwischen anderen zeigen oder es zu sexuell unangemessenem Verhalten anstiften). Der Erwachsene missbraucht dabei seine Macht. Die Auswirkungen sind sehr schädlich für das Kind.

»Kinder sind verletzlich und brauchen Erwachsene, die ihre Interessen schützen. Spricht oder handelt ein Kind so, dass Sie einen Missbrauch vermuten, ist es wichtig, ihm zu zeigen, dass Sie ihm glauben und etwas unternehmen.«

Man schätzt, dass in Amerika und Europa jedes dritte bis vierte Mädchen und jeder siebte bis achte Junge mindestens einmal sexuell missbraucht wird (nach einer weit gefassten Definition). In Zeiten des Internets wird die Gefahr sexueller Ausbeutung von Kindern noch größer.

Vernachlässigung Die anhaltende Nichterfüllung der grundlegenden körperlichen, psychischen und emotionalen Bedürfnisse führt ziemlich sicher zu einer Verschlechterung der körperlichen und geistigen Gesundheit und Entwicklung des Kindes. Diese Kategorie der Gewalt gegen Kinder ist schwer festzustellen und zu bestimmen – sie ist auch subjektiver –, betrifft aber annähernd die Hälfte aller Fälle von Gewalt gegen Kinder.

Emotionale Misshandlung Wird ein Kind anhaltend schlecht behandelt, hat dies langfristig schwere Folgen. Erhält ein Kind andauernd die Botschaft, dass es unerwünscht, wertlos, nicht geliebt, nicht »richtig« ist und keinen Respekt verdient, entstehen tiefe Unsicherheit und Angst. Es fühlt sich in Gefahr. Emotionale Misshandlung kann mit anderen Formen der Gewalt auftreten – sexuellem Missbrauch, körperlicher Misshandlung oder Vernachlässigung. Die langfristigen Auswirkungen emotionaler Misshandlung auf das Verhalten und das Selbstwertgefühl eines Kindes sind sehr nachteilig.

Anzeichen möglichen Missbrauchs

Natürlich kann es andere Gründe für das Auftreten folgender Auffälligkeiten geben. Wenn mehrere oder alle dieser Alarmsignale häufig zu erkennen sind, sollte man nachforschen, ob etwas in der Entwicklung oder Behandlung des Kindes nicht stimmt.

▶ Das Kind zeigt sexualisiertes Verhalten und Spiel, spricht über Sexualakte und verwendet nicht altersgemäße Wörter.

▶ Das Kind wirkt verwahrlost, schmutzig und ungepflegt.

▶ Das Kind hat unerklärliche oder ungewöhnliche Verletzungen oder blaue Flecken.

▶ Es gibt plötzliche Veränderungen im Verhalten des Kindes: Es macht Sachen kaputt, wird sehr anhänglich oder hat plötzlich große Angst vor bestimmten Orten und Menschen.

▶ Das emotionale Verhalten verändert sich: Es ist z. B. plötzlich sehr ängstlich, schreckhaft oder wütend.

▶ Das Kind zeigt anhaltend aggressives und destruktives Verhalten.

▶ Das Kind hat ein chronisch schwaches Selbstwertgefühl und kein Selbstvertrauen und spricht schlecht von sich selbst.

Kinderschutz liegt in der Verantwortung eines jeden; wenn Sie vermuten, dass ein Kind gefährdet ist, ist es Ihre Pflicht, dies dem Jugendamt oder anderen Stellen mitzuteilen.

Familienzeit

In Ihrer Freizeit lernt Ihr Kind Sie als ganze Person kennen, statt nur als jemand, der von der Arbeit heimkommt und sich um seine Bedürfnisse kümmert. Doch leider passen die Freizeitbedürfnisse Erwachsener nicht immer problemlos mit den Bedürfnissen von Kleinkindern zusammen.

URLAUBSZEIT *Freie Zeiten im Kreise der Familie sind wichtig. Ferien erfordern Planung, Flexibilität und Sinn für Humor, tun aber allen gut.*

Warum soll in einem Familienurlaub nicht jeder auf seine Kosten kommen? Die Eltern sollten sich abwechseln, um auch Zeiten für sich allein zu haben; Sie können mit einer anderen Familie wegfahren und die Kinderbetreuung teilen. Kleine Kinder mögen auch kurze kulturelle Erlebnisse mitmachen, und jeder Ort, der sportliche oder Outdoor-Aktivitäten bietet, hat in der Regel auch einen Spielplatz.

Urlaub mit Kleinkindern

Kleine Kinder brauchen keinen teuren Urlaub in einem Luxushotel. Sie wollen einfach Ihre Gesellschaft und Freiraum, um Neues zu erkunden und zu spielen. Doch Ihr Kind braucht im Urlaub auch seine Routine. Wenn Sie seinen Tag nach der vertrauten Abfolge von Schlaf, Essen und Spiel gestalten können, macht es Unternehmungen leichter mit – und ist weniger quengelig.

Lassen Sie Ihr Kind unterwegs nicht unbeaufsichtigt; verwenden Sie immer einen Autokindersitz, und gurten Sie es sicher an; sagen Sie ihm, dass es auf Gefahren achten soll. Erklären Sie ihm, was zu tun ist, wenn es verloren geht. Zum Beispiel: »Geh nie mit Fremden mit. Bleib, wo du bist, und warte auf Mama. Ich finde dich wieder.«

Besondere Anlässe

Was immer der Anlass sein mag – eine Geburtstagsparty, eine Hochzeitsfeier, ein religiöses Fest oder einfach eine Einladung zum Essen –, die Vorstellung, einer Einladung mit Ihrem unberechenbaren Kind nachzukommen, kann ziemlich beunruhigend sein. Doch mit etwas Planung lassen sich Probleme und Stress vermeiden.

So werden besondere Anlässe erfolgreich gemeistert:

■ Lassen Sie Ihr Kind zwei oder drei Spielsachen und Bücher auswählen, die es mitnehmen kann. Eine interessante Beschäftigung lenkt es ab.

■ Wenn Ihr Kind alt genug ist, erklären Sie ihm, dass es sich gut benehmen soll und dann auch eine Belohnung bekommt.

■ Ist es ein formeller Anlass, üben Sie in Rollenspielen ein, wie man »Hallo«, »Bitte« und »Danke« sagt.

■ Sind Sie zu seiner normalen Schlafenszeit vermutlich nicht zu Hause, nehmen Sie Schlafanzug und Waschzeug mit. Bringen Sie es in seinem Schlafanzug nach Hause, das verhindert Unruhe bei der Heimkehr.

■ Wenn es tagsüber aufdreht, bringen Sie es einfach aus dem Raum an einen ruhigen Ort. Die normalen Erziehungsstrategien gelten (s. S. 301); denken Sie aber daran, dass unbekannte Orte, fremde Gesichter und viel Lärm für ein kleines Kind zu viel sind. Es kann sich nur wehren, indem es Sie provoziert und Sie so wissen lässt, dass es auch noch da ist.

Die Zukunft

Welche Hoffnungen, Pläne und Erwartungen Sie auch an die Elternschaft haben mögen – Ihre Erfahrungen als Eltern werden anders sein als Ihre Erwartungen: Sie haben mehr Spaß, mehr Freude, erleben mehr Außergewöhnliches – aber es ist auch anstrengender, unberechenbarer und intensiver, als Sie je für möglich gehalten hätten!

Erziehung ist ein instinktiver Prozess, der auf verschiedenen Emotionen gründet: Liebe, Staunen, Sorge, Schuld, aber vor allem Freude. Ich möchte Eltern mit ehrlichen und objektiven Ratschlägen und Handlungsmöglichkeiten ausstatten, die Mutter oder Vater dorthin stellen, wohin sie gehören – ins Zentrum des Lebens ihres Kindes. Jeder von uns ist verantwortlich für das künftige Wohlergehen unserer Kinder, aber zu Hause, und besonders in den Kleinkindjahren, sind Sie der wichtigste Mensch im Leben Ihres Kindes.

»Der wahre Gradmesser für die Stellung einer Nation ist die Sorge um ihre Kinder ... ihr Gefühl, geliebt, respektiert und in den Familien und Gesellschaften, in die sie hineingeboren wurden, willkommen zu sein.« UNICEF-Bericht 2007

Hilfreiche Adressen

Erste Hilfe
www.erste-hilfe-fuer-kinder.de
www.kinderaerzte-im-netz.de

Giftnotruf
030/1 92 40
089/1 92 40
0551/1 92 40
www.giftnotruf.de

Elterntelefon
„Nummer gegen Kummer"
0800/1 11 05 50 (kostenlos)
www.elterntelefon.org

Deutscher Kinderschutzbund –
Bundesverband e.V.
Hinüberstr. 8
30175 Hannover
Tel.: 0511/30 48 5-0
www.dksb.de

Deutsche Liga für das Kind
Charlottenstr. 65
10117 Berlin
Tel.: 030/28 59 99 70
www.liga-kind.de

Deutsche Gesellschaft für Kinder-
und Jugendpsychiatrie, Psycho-
somatik und Psychotherapie
(DGKJP)
Geschäftsstelle
Reinhardtstraße 14
10117 Berlin
Tel.: 030/28 09 65 19
www.dgkjp.de

GfG
Gesellschaft für Geburtsvorberei-
tung, Familienbildung und Frauen-
gesundheit
Bundesverband e.V.
Antwerpener Str. 43
13353 Berlin
Tel.: 030/45 02 69 20
www.gfg-bv.de

Arbeitsgemeinschaft
Freier Stillgruppen (AFS)
Bornheimer Str. 100
53119 Bonn
Tel.: 0228/3 50 38 71
www.afs-stillen.de

La Leche Liga Deutschland e.V.
Dannenkamp 25
32479 Hille
Tel.: 0571/4 89 46
www.lalecheliga.de

Tagesmütter Bundesverband für
Kinderbetreuung in Tagespflege e.V.
Moerserstr. 25
47798 Krefeld
Tel.: 02151/1 54 15 90
www.tagesmuetter-bundesverband.de

Verband alleinerziehender Mütter
und Väter – VAMV
Hasenheide 70
10967 Berlin
Tel.: 030/6 95 97 86
www.vamv.de

Bundesarbeitsgemeinschaft
»Mehr Sicherheit für Kinder« e.V.
Heilsbacherstr. 13
53123 Bonn
Tel.: 0228/68 83 40
www.kindersicherheit.de

Bundesverband Elterninitiativen
(BAGE e.V.)
Einsteinstr. 111
81675 München
Tel.: 089/4 70 65 03
www.bage.de

Kindernetzwerk e.V. für kranke und
behinderte Kinder und Jugendliche
Hanauer Str. 15
63739 Aschaffenburg
Tel.: 06021/12 03-0
www.kindernetzwerk.de

Deutscher Bundesverband für
Logopädie e.V.
Augustinusstr. 11 a
50226 Frechen
Tel.: 02234/37 95 30
www.dbl-ev.de

Bundesverband Legasthenie und
Dyskalkulie e.V.
Postfach 1107
30011 Hannover
Tel.: 0700/31 87 38 11
www.legasthenie.net

Bundesvereinigung Stotterer
Selbsthilfe e.V.
Zülpicher Str. 58
50674 Köln
Tel.: 0221/1 39 11 06
www.bvss.de

ADHS Deutschland e.V.
Postfach 410724
12117 Berlin
Tel.: 030/ 85 60 59 02
www.adhs-deutschland.de

BFS – Bund zur Förderung
Sehbehinderter
Düsseldorfer Str. 50
41460 Neuss
Tel.: 02131/ 1 76 30 91
www.bfs-ev.de

Bundesverband »Hilfe für das autis-
tische Kind« e.V.
Bebelallee 141
22297 Hamburg
Tel.: 040/5 11 56 04
www.autismus.de

Arbeitskreis Down-Syndrom e.V.
Gadderbaumer Straße 28
33602 Bielefeld
Tel.: 0521/44 29 98
www.down-syndrom.org

Internationale Zwillings- und
Mehrlingsinitiative
Bethlehemstr. 8
30451 Hannover
Tel.: 0511/2 15 19 45
www.abc-club.de

Deutsche Gesellschaft gegen
Kindesmisshandlung und
-vernachlässigung (DGgKV) e.V.
Königsweg 9
24103 Kiel
Tel.: 0431/67 12 84
www.dggkv.de

Zentrum für trauernde Kinder und
Jugendliche e.V.
Doventorscontrescarpe 172 D
28195 Bremen
Tel.: 0421/34 36 68
www.trauernde-kinder.de

Adressen in Österreich

Vergiftungszentrale
Allgemeines Krankenhaus Wien
Währinger Gürtel 18–20
Ebene 6a
1090 Wien
Tel.: 01/4 04 00 22 22
www.akh-wien.ac.at/viz

**Österreichisches
Hebammen-Gremium**
Postfach 438
1060 Wien
Tel.: 01/5 97 14 04
www.hebammen.at

La Leche Liga Österreich
www.lalecheliga.at

**Österreichische Gesellschaft für
Kinder- und Jugendheilkunde**
www.docs4you.at

**Gesellschaft für seelische
Gesundheit in der frühen Kindheit
e.V.**
Univ.-Klinik für Kinder- und
Jugendheilkunde Graz
Auenbruggerplatz 30
A-8036 Graz
Tel.: 0316/3 85 - 37 59
www.gaimh.de

**ArGe Selbsthilfe Österreich
Koordinationsstelle:
Selbsthilfe Kärnten**
Kempfstraße 23/3. Stock
Postfach 108
9021 Klagenfurt
Tel.: 0463/50 48 71
www.selbsthilfe-oesterreich.at

**Österreichische Plattform für
Alleinerziehende**
Carnerigasse 34
8010 Graz
Tel.: 0316/67 53 44
www.alleinerziehende.org

Österreichische Autistenhilfe
Eßlinggasse 13/11
1010 Wien
Tel.: 01/5 33 96 66
www.autistenhilfe.at

Adressen in der Schweiz

**Bei Vergiftungen:
Schweizerisches
Toxikologisches
Informationszentrum**
Freiestrasse 16
8028 Zürich
Notfall-Nummer: 01 2515151

Pro Familia Schweiz
Marktgasse 36
3011 Bern 23
Tel.: 031/3 81 90 30
www.profamilia.ch

Schweizer Hebammenverband
Rosenweg 25 C
3000 Bern 23
Tel.: 031/3 32 63 40
www.hebamme.ch

**Berufsverband Schweizerischer
Stillberaterinnen**
Postfach 686
3000 Bern 25
Tel.: 041/ 6 71 01 73
www.stillen.ch

La Leche Liga Schweiz
www.lalecheliga.ch

**Schweizerische Vereinigung der
Elternorganisationen**
Bibenlosstrasse 6
5620 Bremgarten
Tel.: 056/6 33 42 10
www.sveo.ch

**Schweizerischer Verband
alleinerziehender Mütter und
Väter (SVAMV)**
www.svamv-fsfm.ch

Tagesfamilien Schweiz
Hörenstrasse 42
9113 Degersheim
www.tagesfamilien.ch

**Elternverein Autismus Schweiz
Autismus deutsche Schweiz**
Fischerhöflirain 8
8854 Siebnen
Tel.: 055/4 40 60 25
www.autismus.ch

**Stiftung KOSCH
Koordination und Förderung von
Selbsthilfegruppen in der Schweiz**
Laufenstrasse 12
4053 Basel
Tel.: 061/3 33 86 01
www.kosch.ch

www.elternnotruf.ch
www.behindertenforum.ch

Register

»Das
Wichtigste
ist, heraus-
zufinden,
was zu Ihren
eigenen
Ansichten
passt und
Ihnen und
Ihrer Familie
hilft.«

Dank

Dank der Autorin

Ganz herzlich danke ich meinem besten Freund und Geschäfts-
partner, Sam Richards, der auf so vielfältige Weise zum Entstehen
dieses Buches beigetragen hat.

Dank schulde ich auch der wunderbaren Stephanie Jackson für
die Vermittlung zu DK und der liebenswerten Corinne Roberts, die
dieses Buch mit ihrem Team – Emma Forges und Dawn Bates – so
professionell realisiert hat.

Besonderer Dank geht an die so vielseitige Sarah Sutton, mit der
die Arbeit jedes Mal ein Vergnügen ist und es hoffentlich noch oft
sein wird. Darüber hinaus danke ich besonders der Psychologin Dr.
Sarah Gregory, die wertvolle Erkenntnisse zum Text beigetragen hat.

Und schließlich gilt meine Liebe und mein Dank dem besten Ehe-
mann – Bruce – sowie unserer großartigen Lilly und dem fabelhaften
Jack.

Mit besonderem Dank an

Esther Ripley und Dawn Bates für ihr professionelles Lektorat
und Emma Forge für die professionelle Gestaltung; KK; Katherine
Howard von KHP; Emma Mauger; Jane Stanton; die Eltern, die uns
ihre Geschichte erzählt haben; und auch an Doris Vivienne und die
Eltern, Erzieherinnen und Kinder der Nursery Class der Collis Primary
School, Middlesex, www.collis.richmond.sch.uk; und an Kate von
Kindertots, www.lekinderclub.com

Bildnachweis

Der Verlag dankt folgenden Personen und Unternehmen für die
freundliche Genehmigung zum Abdruck ihrer Fotos:
(Legende: o-oben; u-unten; m-Mitte; l-links; r-rechts)

40 Getty Images: Barros & Barros. **60 Getty Images:** Camille
Tokerud. **90 Getty Images:** Erin Patrice O'Brian. **95 Bubbles.**
100 Getty Images: Gary Bryan. **126 Alamy Images:** Photo-
fusion Picture Library (u). **196 Getty Images:** Seiya Kawamoto.
202 Getty Images: Tara Moore. **207 Getty Images:** Maria Spann.
211 Getty Images: Bill Sykes Images. **220 Alamy Images:** Leblond.
255 Getty Images: Reggie Casagrande(o). **259 Alamy Images:**
Felipe Rodriguez. **265 The Wellcome Institute Library, London:**
Anthea Sieveking. **274 Getty Images:** Erik Soh. **294 John Birdsall**
Photo Library: John Birdsall. **299 John Birdsall Photo Library:**
John Birdsall. **303 Mother & Baby Picture Library:** Ian Hooton.
308 Getty Images: Macduff Everton

Cover vorne: Photolibrary
Foto der Autorin: © Jim Marks, www.marks.co.uk
Alle anderen Abbildungen © Dorling Kindersley
Weitere Informationen finden Sie unter www.dkimages.com

Zum Weiterlesen

Bei Dorling Kindersley erschienen:

Annabel Karmel:
Gesünder kochen für Babys und Kleinkinder

Steve und Shaaron Biddulph:
Glückliche Kinder. Der Erziehungsratgeber für die ersten sechs Jahre.

Dr. Jane Collins:
*Elternratgeber Gesunde Kinder – Entwicklungsphasen,
Kinderkrankheiten, Erste Hilfe.*

Mary L. Gavin, Steven A. Dowshen, Neil Izenberg:
Kinderleicht. Gesunde Ernährung und Bewegung für Ihr Kind.

Su Laurent, Peter Reader:
Unser Baby Monat für Monat. Die ersten zwei Lebensjahre.

Rob und Kathy MacKay:
So lernen Kinder schwimmen. Sicherheit, Spiel und Spaß im Wasser.

Tim Seldin:
*Kinder fördern nach Montessori. So erziehen Sie Ihr Kind zu Selbst-
ständigkeit und sozialem Verhalten.*

Miriam Stoppard:
*Das Großeltern-Buch. Der Ratgeber für eine ganz besondere
Beziehung.*

Margot Sunderland:
*Die neue Elternschule. Kinder richtig verstehen – ein praktischer
Erziehungsratgeber.*

Bernard Valman:
Kinderkrankheiten. Mit 40 praktischen Diagnosetafeln.

Desmond Morris:
Das Wunder der ersten Lebensjahre.

Diese und viele weitere Bücher, weiterführende Informationen und
Bezugsquellen finden Sie im Internet unter
www.dk.com